①タイ北部でせんべい納豆を作るシャン族の女性、サーオ・ゲーオさん。

②シャン族の代表的な家庭料理「ナンピック・トナオ」。納豆味のたれに野菜をつけて食べる。

③油で揚げたせんべい納豆。左が「根ニラ」入り、真ん中はプレーン、右は米入り。

④北タイ族の蒸し納豆「トナオ・

の葉の包みを開けると、
唐辛子で味付けされたペ
状の納豆が姿をあらわす。

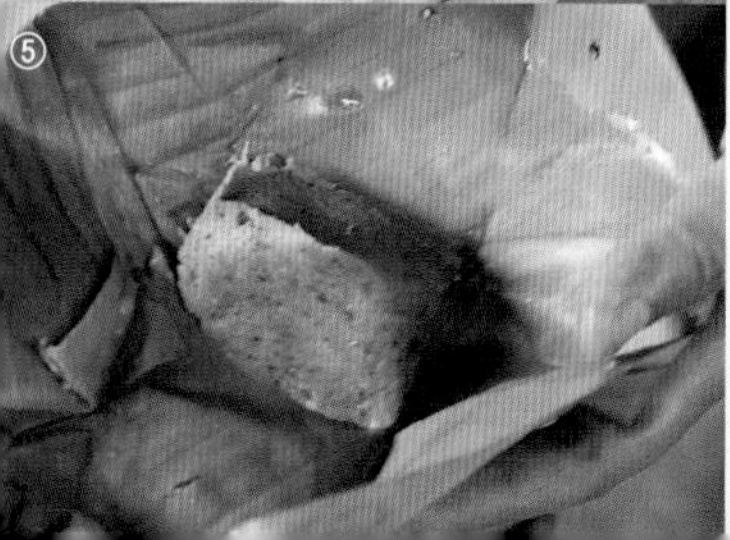

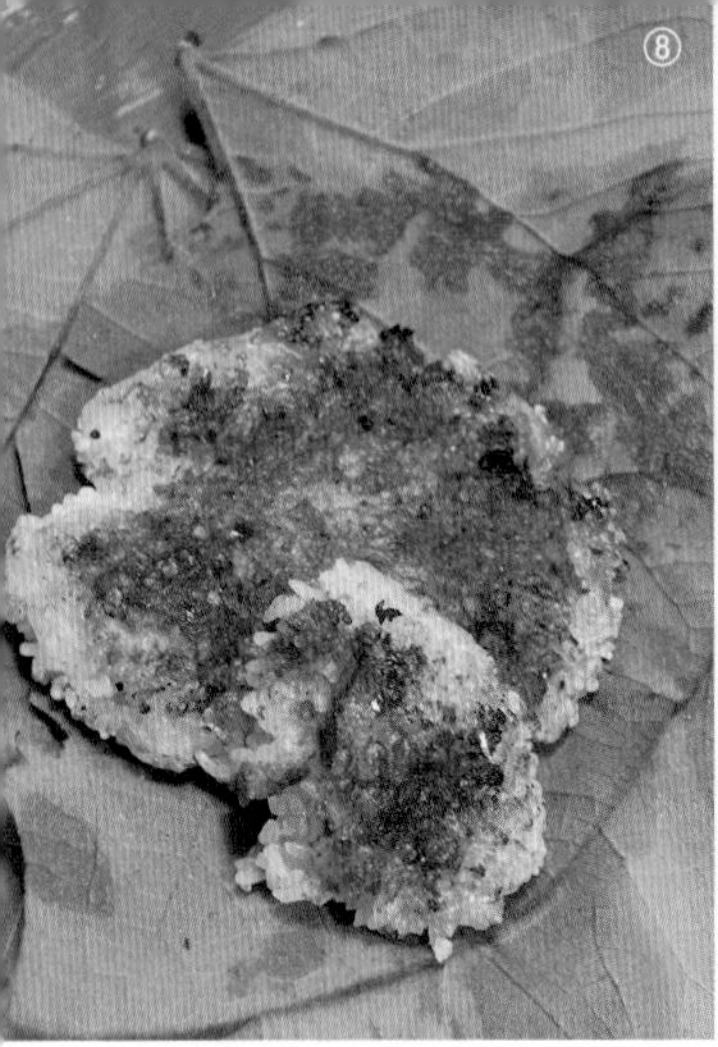

⑥日本から持って行った藁苞納豆の匂いを嬉しそうに嗅ぐ、シャン族の美人女将。
⑦チェントゥンの〝納豆村〟で見つけた発酵中の納豆。青い葉っぱに包まれている。
⑧餅米に味噌納豆をつけて焼いたもの。焼きおにぎりのような香ばしさ。包んでいた葉っぱは⑦の写真と同じイチジク属のもの。

⑨チェントゥンの市場で見かけた納豆売りのおばさん。
⑩湖のほとりの黄金のパゴダが輝くチェントゥンの町。

⑪旧友センファーのお母さんが作ってくれた納豆料理の数々。納豆と海苔のディップ、青葉の納豆汁、納豆と野菜の炒め物、納豆と生姜の和え物など。

⑫シャン族の民族衣装をまとうセンファーのお母さん（右）と通訳のナン・ノム。
⑬納豆を仕込むのに使うシダ。
⑭出来上がった納豆を臼に入れ杵で搗いてペースト状にする。

⑮早朝のミャンマー・カチン州ミッチーナ。
⑯カプラジャンの仕込んだ納豆。発酵中なので触るとホカホカと温かい。
⑰納豆作りの達人カプラジャン。

⑱市場で買った納豆を屋台のラーメンに入れてみた。最高の朝食。

⑲納豆について語り合うシーク教徒のおじさんと竹村先輩。
⑳ビワの葉で作った納豆。
㉑ブータンの〝酸味納豆〟をパクつく「国際納豆犬」のマド。

㉒納豆を探してたどりついた、ネパール南東部のモングラバリ市場。

㉓〝跳ねっ返りの天使〟ルビナは上村愛子似の美少女。
㉔モングラバリ市場で納豆を売っていたリンブー族のおばあさん。

㉕ネパールの納豆民族がこよなく愛する、発酵した乾燥野菜「グンドゥルック」と納豆の和え物。

㉖ミャンマー・インド国境に近いナガ族の村。納豆用の大豆を煮ていると、キリスト教会の牧師一行がやってきて、ミサが始まった。

㉗しっかりと熟成されたナガ族の「古納豆」。

㉘茶室のような家屋で納豆汁をつくるナガ族の男性。

㉙ナガ族の新年祭に集う民族衣装の人々。彼らは数十年前まで首狩り族だった。

㉚中国湖南省の鳳凰古城。明朝の町並みがそのまま残っている。

㉛出来たての納豆に塩を振る苗族のおばあさん（右端）。
㉜苗族はシダの葉を利用して納豆をつくる。
㉝鳳凰古城の料理店で食べた納豆入り回鍋肉。

新　潮　文　庫

謎のアジア納豆

そして帰ってきた〈日本納豆〉

高野秀行著

新　潮　社　版

11317

謎のアジア納豆

そして帰ってきた〈日本納豆〉

目次

写真　著者
地図製作　島田隆
網谷貴博（アトリエ・プラン）

謎のアジア納豆

そして帰ってきた〈日本納豆〉

――馬鹿《ばか》なやつがいれば、どこかで何かが生まれる

岩手県西和賀町《にしわがまち》で「幻の雪納豆」をつくっている中村一美さん談

プロローグ　日本は納豆後進国なのか？

辺境の旅ではときおり〝奇跡〟としか言いようのない出来事に遭遇する。

二〇〇二年のあのときもそうだった。私は森清《きよし》というカメラマンと一緒に、ミャンマー（ビルマ）北部カチン州のジャングルを歩いていた。カチン独立軍という反政府少数民族ゲリラの協力を得て、中国の国境からインド国境まで旅をしようとしたのだ。

中国国境に近いカチン軍の拠点から歩き始めて二日目。不慣れなジャングル・ウォークにヘトヘトになった私たちは、密林が途切れた平原にある小さな村にたどり着いた。カチン軍の将校二人と高床式の民家にあがらせてもらうと、家の主《あるじ》が軽い夕食を出してくれた。

食事を見て、私と森は目を疑った。

白いご飯に、生卵と納豆が添えられていたのだ。納豆は見た目からしても匂《にお》いを嗅《か》いでも、日本のものと変わらない。出されたスプーンでかき混ぜるとよく糸を引いている。

「何これ？」

「納豆卵かけご飯だ！」

私たちは歓声をあげた。とりわけ、辺境に慣れていない森はカチン料理が喉《のど》を通らず、毎食ご飯を残していたから、喜びようは尋常でなかった。

さっそく私たちは納豆をよくかき混ぜてご飯にかけ、上から卵を落とし、食べはじめた。

炊《た》きたてのご飯の湯気と納豆の匂いを嗅ぐと自分の家に帰ってきたような気がした。納豆は醬油《しょうゆ》でなく塩で味つけされていたが、完璧《かんぺき》なまでに日本の納豆と同じ味。

夢を見ているようだった。

――なぜ、こんなところに日本と全く同じ納豆があるのだろう？

そう思ったのは夢中で食べ終えてからだったが、そんな思いもやがて忘却の彼方《かなた》に消え去った。なにしろこのときはなんとか生き延びてインド国境にたどりつくことが唯一《ゆいいつ》最大のテーマであり、それ以外は膨大にして些細《ささい》なエピソードにすぎなかった。不思議なことに、その後カチンのジャングルを一カ月以上歩いたが、糸引き納豆にお目にかかることは二度となかった。なおさら夢だったのではないかと思いそうになる。

アジアの納豆はいつも衝撃的に現れる。

カチンの糸引き納豆よりさらに十年近く遡《さかのぼ》るが、いちばん最初に見た納豆もそうだった。タイ北部の町・チェンマイに住んでいたとき、当時「麻薬王」と呼ばれていたクンサーの地下宝石工場で出くわしたのだ。クンサーは父親が中国人（漢族）、母親がミャンマーの少数民族であるシャン族で、この頃は「シャン独立」を掲げた反政府ゲリラを率い、タイ・ミャンマー国境付近に拠点を置いていた。一方では、軍隊維持のため、アヘンと宝石（ルビーやサファイヤ、翡翠《ひすい》など）のビジネスに余念がなく、チェンマイにも秘密の工場をいくつも持ち、部下のシャン族や中国人に経営させていた。私は偶然、そのような経営者の弟と友だちになり、工場に出入りして、ご飯を御《ご》馳走《ちそう》になったりもした。

あるとき、妙になつかしくてホッとする味の野菜スープが出た。まだ二十代半ばだった私は「うまい、うまい」と無邪気に飲み干した。すると、友だちがにやにやしてこう言う。

「高野さん、このスープ、何が入っているかわかる？」

「なに？」

「納豆だよ」

「え？　納豆!?」

友だちは六年間、日本に出稼ぎに行っていたことがあり、日本語が堪能《たんのう》だった。私が呆気《あっけ》にとられていると、台所から変な物体をもってきた。

「ほら、これ」

それは直径十センチくらい、厚さ二、三ミリの薄っぺらい円盤状の物体だった。茶色くて乾燥しており、薄焼きせんべいのようだった。

これを火に炙《あぶ》ってから杵《きね》でついて粉にしてスープに入れたという。

こんなものが納豆？　豆の形もとどめてないし、糸も引かないのに？　彼によれば、「日本と同じ納豆を作ってから潰《つぶ》して乾燥させている」とのことだった。実際、このせんべい状物体の匂いは納豆そのものだし、先ほど飲んだスープの「なつかしくてホッとする味」とは言われてみれば納豆の味だった。

その後も、チェンマイの市場でときおりそれと同じせんべい状の納豆が売られているのを見たし、シャンの独立運動を行っているゲリラ関係者（チェンマイにはそういう人たちが多かった）の家に行くと、しばしば納豆味のスープや煮物を御馳走になった。

初めの頃はどうしてミャンマーの少数民族がこんな納豆を食べているのか不思議に思ったが、やがてすっかりそれに慣れ、その疑問を忘れてしまった。なにしろ、私はその頃、シャン州の独立運動や麻薬地帯潜入計画で頭がいっぱいだったし、腹が満たされれば食うものなんかなんでもいいという年頃でもあった。

最初にせんべい納豆に出会ってから約二十年以上、そしてジャングルで糸引き納豆に驚喜してからも十年以上がたった。東日本大震災が起きた頃である。私は在日外国人の取材をよく行っていた。プライベートでも外国人と会う機会が多かった。そのようなとき、いつも気になることがあった。居合わせた他の日本人が外国人——おうにして日本滞在の長い人——にしばしばこんな質問を投げかけるのだ。

「納豆は食べられますか？」

答えが「食べられます。好きです」だったりすると、「えー、すごい！」と大げさに感心し、逆に「食べられません」だと、「やっぱりね」というように、どことなく優越感を漂わせた顔をする。まるで納豆が日本人に仲間入りするための踏み絵であるかのようだ。

その度に「納豆は日本人の専売特許じゃないだろう……」と強い違和感がこみあげる。シャン族やカチン族の納豆を思い出すからだ。

——なんて話をすると、彼らは一様に驚く。「え、ミャンマーに納豆なんてあるんですか!?」「納豆って日本だけのもんじゃないの？」

ほら、どうだ！　と今度はこちらが優越感に浸るのだが、腹立たしいことにそれも一瞬のことだ。なぜなら彼らが矢継ぎ早に質問を浴びせるからだ。

「それって日本の納豆とは同じなんですか？」「どうやって作るの？」「料理の仕方は？」「同じ納豆菌を使ってるんですか？」「日本から伝わったの？　それとも向こうの方が原産地なの？」……。

ここで私は絶句する。

正直言って、全然わからないのである。幾度となく食べているのだが、何しろ十年から二十年前の話である。シャン族の納豆は形状がまるで日本のものとちがっていて、改めて問い詰められると本当に納豆なのかどうか自信がない。カチンの糸引き納豆に至っては夢か幻のような気もする。作り方や納豆菌など、皆目見当がつかない。

「いやあ、どうだったっけかな……」と照れ笑いを浮かべるだけ。質問した側も拍子抜けだ。まるで私が誰よりも無知蒙昧《むちもうまい》な輩《やから》のようで心外なことこの上ない。

というようなことが積もり重なっていたところに、またもやビッグインパクトに出くわした。たまたまその年（二〇一三年）、私は家族でタイを旅行することになってい た。タイ北部に暮らすシャン族の友人たちにも会うことが確実なので、出かける前にちょっとばかりシャン語を習った。かつて多少習ったことがあるが、すっかり忘れてしまっていたからだ。教えてくれたのは東京に二十年暮らすシャン族のサイさん。

あるときサイさんに「日本の納豆はどうですか？」と聞いてみた。すると彼曰《いわ》く、

「おいしいけど、日本の納豆は味が一つしかないからね」

意表を突かれた。味が一つしかないって……。まるでプレーンしかないヨーグルトとか、バニラ味しかないアイスクリームみたいな言われようだ。

サイさんは続ける。「シャン族の人は豆でも食べるし、乾燥させて炙っても食べる。唐辛子味もあれば、ニンニクや生姜《しょうが》の味もある。いろんな味や食べ方があるんですよ」

外国人に納豆について諄々《じゅんじゅん》と教え諭されてしまったのである。最大級の衝撃だった。

納豆は日本独自の食品ではないとは思っていたものの、日本人に面と向かって訊《き》かれ

るとそう答える自信がない。かたや、シャン族の人の話を聞いていると、あたかも日本が納豆文化圏における後進国のような気がしてくる。

一体全体、シャンやカチンの納豆とは何なのだろう。

今から考えれば、これが〝アジア納豆〟という未知なる大陸への入口だった。

〝アジア納豆〟とは私の造語で、日本の納豆に対し、アジアの大陸部で作られている納豆を指す。正確には「アジア大陸納豆」と呼ぶべきだが、長いので略して「アジア納豆」としたい。

調査に訪れてみると、アジア納豆はとんでもなく範囲が広かった。国でいえば、タイ、ミャンマー、ネパール、インド、中国、ブータン、ラオスに及ぶ。民族はもっと多彩だ。例えば、ミャンマーだけで納豆を食べている民族がいくつあるのだろうか。五や十ではきかないだろう。しかも民族ごとにそれぞれ作り方や食べ方がちがう。「え、こんな納豆があるの？」「こんな食べ方をするの？」と何度驚いたことか。しかも一つ謎《なぞ》が解けると、また一つ新しい謎が生まれる。それらの謎はインターネットでも解決できず（情報がないのだ）、現場に行って自分の目で確かめるしかない。

なにより想定外だったのは、取材が進むにつれ、自分がもう一つの未知なる大陸に吸い込まれていったことだ。それは〝日本の納豆〟である。アジア納豆と日本納豆はどうちがうのか。その問いに答えるためには日本の納豆について知らねばならないが、日本納豆も謎に包まれていた。日本納豆を探索するうちに千利休《せんのりきゅう》から源義家《みなもとのよしいえ》、蝦夷《えみし》にまでたどりついてしまうとは夢にも思わなかった。日本納豆の「素顔」はあまりにも意外なものだった。

そして、最終的には二つの未知なる大陸は、「納豆」という超巨大なブラックホールに吸い込まれていった。納豆とは何か。納豆菌とは何か。どこで生まれてどのように広まっていったのか。

気軽に始めた探訪ルポのつもりが、三年間、夢中で追究するはめになってしまった。もはやほとんど納豆探索中毒であり、逆にいえば、納豆はそれほど奥深く、面白いものだったのだ。

いったい何種類の納豆を食べたことか。自分でもいくつ納豆を作ったことか。疑問。発見。驚き。笑い。煩悶《はんもん》。絶句……この連続である。

たかが納豆と言うなかれ。納豆を見れば、民族の歴史や文化がわかる。文明論にも行き着く。赤いネバネバとした糸で何もかもがつながっていく。

これから未知の納豆ワールドへみなさんをご案内しよう。

◎註

私は日頃、民族を表すのに「シャン人」というように「族」ではなく「人」を使用している。「族」は「遅れている地域の民族」という偏見が含まれるように思うからだ。その証拠にヨーロッパ人である旧ユーゴスラビアの民族は「セルビア族」とか「アルバニア族」などと呼ばれない。しかしながら、本書には国をまたいで実に多くの民族が登場する。タイ人とタイ族など、国籍なのか民族名なのかで意味が大きく変わる場合もあるし、混乱しやすい。また、中国のように公式に「漢族」「傣族《タイ》」のように「族」を使用する国もある。よって、今回に限っては民族を「〜族」で表記することをお許し願いたい。

岩手県西和賀(第十二章)
“雪納豆と菓子箱納豆”
モンゴル
秋田県南(第九章)
“日本のシャン州の納豆汁”
朝鮮民主主義
人民共和国
日本海
日本
大韓民国
黄海
中華人民共和国
長野県飯田
(第七章、第十三章)
“ビワ納豆”、“笹納豆”、
“トチの葉納豆”
東シナ海
鳳凰古城(第十一章)
“納豆入り回鍋肉”
台湾
太平洋
ベトナム
南シナ海
フィリピン
ナガの古納豆
インドネシア

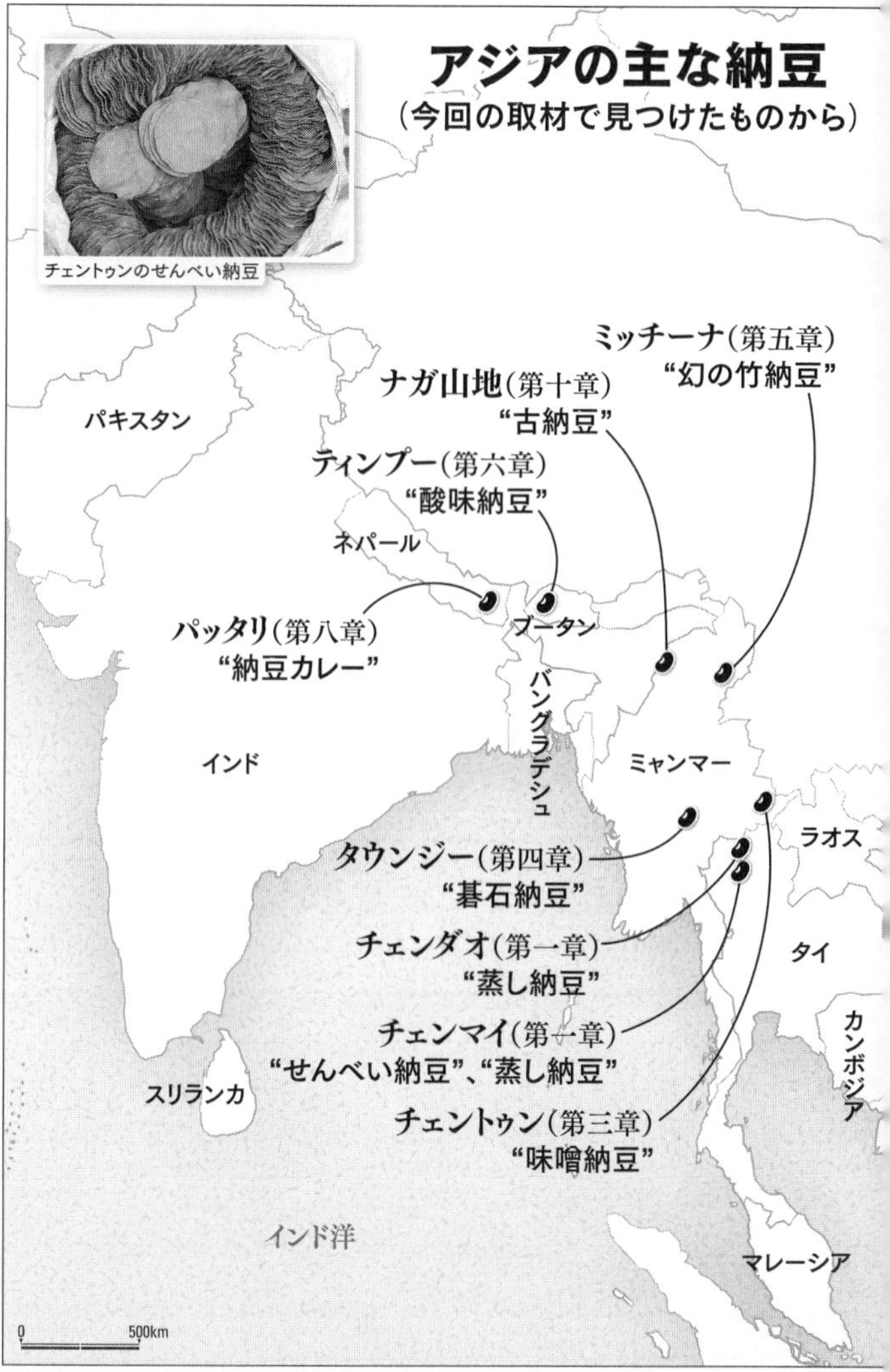
アジアの主な納豆
(今回の取材で見つけたものから)
チェントゥンのせんべい納豆
ミッチーナ(第五章)
"幻の竹納豆"
ナガ山地(第十章)
"古納豆"
ティンプー(第六章)
"酸味納豆"
パキスタン
ネパール
パッタリ(第八章)
"納豆カレー"
ブータン
バングラデシュ
インド
ミャンマー
ラオス
タウンジー(第四章)
"碁石納豆"
チェンダオ(第一章)
"蒸し納豆"
タイ
チェンマイ(第一章)
"せんべい納豆"、"蒸し納豆"
カンボジア
スリランカ
チェントゥン(第三章)
"味噌納豆"
インド洋
マレーシア
0
500km

第一章　納豆は外国のソウルフードだった!?

チェンマイ／タイ

シャン文化の導師、大いに納豆を語る

チェンマイに到着したのは七月の終わりだった。雨季の真《ま》っ直中《ただなか》で、ときには激しいスコールが屋台街のビニールシートを叩《たた》き、ときには日本の梅雨のようなじめつく雨が金色の仏塔を静かに濡《ぬ》らしていた。

チェンマイはタイ北部の中心地であると同時に、〝古都〟として知られる。実際に緑豊かな土地に仏塔やお寺の大きな屋根がそびえ立つ景色は奈良のそれによく似ている。私など先にチェンマイに親しんでいたものだから、奈良に行ったとき「チェンマイそっくり！」と驚いてしまったほどだ。

ところが、チェンマイと奈良は決定的にちがうところがある。奈良は現在の日本につながる大和王朝の都だったのに対し、チェンマイは現在のタイ王国（ラタナコーシン朝）に吸収合併されるようにして消滅した「ランナー王国」の都なのである。

ランナー王国は途中ビルマの支配下に入ったりラタナコーシン朝の朝貢国《ちょうこうこく》になったりと紆余曲折《うよきょくせつ》を経つつも、十三世紀から二十世紀初めまでなんと七百年近くも続いた。

日本で言えば、鎌倉時代から昭和初期までだ。ランナー文字というビルマ文字に似た文字をはじめ、さまざまな独自の文化をもつのも当然だろう。バンコクのタイ文化より中国色が薄い分、タイ民族のオリジナルに近い文化が残っている気配があり、それゆえ全国のタイ人にもある種の「なつかしさ」を感じさせるようである。

以上のようなことがわりとすらすら出てくるのは、私がかつてチェンマイに通算二年ほど暮らし、タイ国立チェンマイ大学で日本語を教えていたことがあるからだ。「観光」の授業ではお寺の案内とか、チェンマイの伝統料理とか、ランナー王国の歴史などを日本語でどのように言うか、せっせと学生や観光ガイドに教えていた。日本語を教えながら、現地の文化を習っていたとも言える。

プロローグに書いたように、シャンの納豆に初めて出会ったのもこのチェンマイだ。一九九二年だから、二十年以上前のことである。以後、数年に一度の割合でこの町を訪れている。

雨の合間をつくように、レンタバイクを駆ってチェンマイ旧市街から一キロほど北のターニー市場に向かった。後ろには妻、そして妻はスリング（抱っこ紐《ひも》）に愛犬のマドを入れていた。

なぜ犬なのか。深い理由はない。うちは夫婦に犬という〝二人と一匹家族〟。家族旅行なら全員で行っていいだろうと思っただけだ。でももしかしたら、ただの旅行で日本からタイに犬を連れてきたのは私たちが史上初かもしれない。

　市場の建物の二階で私たちを迎えてくれたのは、旧友センファーと奥さんのアーン、そしてアーンの従姉妹《いとこ》たちだった。

「タカノ、ほんとに犬を連れてきたのか！」センファーが笑いながら握手してきた。

「君はいつも人とはちがうことをするな」

「センファーだってインドの導師《グル》みたいだぞ」私も笑いながら手を握りかえした。

　彼は束ねた長い髪を後ろで編み、怪しげな髭《ひげ》を生やしていた。チャイナ服に似たシャン族の民族衣装を着こんでいる。新興宗教の教祖さながらだ。

「ずいぶん変わったもんだ」と思う。センファーに会ったのは五年ぶりだったが、彼と初めて会ったのは二十年以上前のチェンマイ大学時代である。ふとしたきっかけで当地のシャン族コミュニティに出入りするようになり、私より二つ年下のセンファーとも親しくなった。

　当時二十三歳だったセンファーは髪を七三に分け、チェックのシャツをいちばん上のボタンまでとめて、まるで中学の学級委員のようだった。そして学級委員がクラス会で喋《しゃべ》るような口調で「ビルマの軍事政権が倒れ、シャン州が独立する日が来るのを願っている」と語っていた。

シャン族はミャンマー最大の少数民族である。その数ざっと五百万、ミャンマー全人口の一割弱を占める。多くはタイと国境を接する東北部のシャン州に住んでいる。

自称は「タイ（Tai）」。タイ王国のタイ族（Thai）とは民族的に親戚《しんせき》筋に当たり、タイ族はシャン族のことを「タイ・ヤイ（大タイ）」、自分たちを「タイ・ノーイ（小タイ）」と呼ぶ。これからわかるように、本来シャン族は「自分たちより先に生まれ偉大だ」という意味のはずなのだが、今となってはタイ・ヤイには「山のタイ人」という、蔑視《べっし》のニュアンスが含まれているように感じる。

タイ語とシャン語は日本の標準語と沖縄語くらいの違いがある。シャンというビルマ語や英語の呼び名も「シャム」が訛《なま》ったものだ。本来は彼らの自称を尊重し「タイ」と呼ぶべきだが、混乱をさけるため「シャン」と書くことにする。

ミャンマーでは、主立った少数民族はほとんど全《すべ》てが第二次大戦後まもなく反政府ゲリラを結成し、民族独立運動を展開していた。ミャンマーが軍事政権の統治下におかれると、対立や戦争は激化した。シャンもその一つだ。おかげで、シャン州の人々の多くは独立運動家、ゲリラ兵士、一般人を問わず、弾圧されて難民化したり、出稼ぎに来たりで、タイ北部に出てきていた。私が暮らした一九九〇年代、その数は十万人を超えると言われ、タイ北部の中心地であるチェンマイはシャン独立運動の一大拠点と化していたのだ。

センファーと私は反政府運動の雑用係みたいなことをしていた。難民や避難民に支援物資を配るとか、独立運動のリーダーたちをバイクで運ぶとか、集会所の掃除とか。ここで私は民族、宗教、戦争、独裁、人権侵害、独立、難民、援助、麻薬、ジャーナリズムといった諸問題を実践でイロハから学ぶこととなった。学ばなかったのは食文化くらいだ。例えば納豆とか。

常に周りが深刻かつ劇的な状況だと、地味な存在は見過ごされがちになる。本当は食文化こそその民族を理解するのにひじょうに重要な要素なのだが。

やがて、私もセンファーもシャンの武装闘争には見切りをつけることになる。さすがにシャンのゲリラが軍事政権を倒し、国家として独立するなどありえないことがわかったからだ。

私はシャンから離れ、ミャンマーの他の少数民族地帯、さらには中東、アフリカに向かった。センファーはミャンマーで観光ガイドとして生計を立てつつ、シャン州内外でシャン伝統文化の普及宣伝に努めている。現在はシャンの若者たちの間で有名な存在らしい。文字通り、〝シャン文化の導師《グル》〟なのである。

この市場の二階にも彼が主宰する文化団体の店があった。シャンの服、シャン語歌謡のCD、シャン暦のカレンダーなどが売られている。店の前にテーブルと椅子《いす》を並べ、そこが私たちの昼食会の場となっていた。

生や茹《ゆ》でた野菜をピリ辛のタレで食べる「ナンピック・オーン」、豚肉の酸《す》っぱいサラダ「サ・ムー」、シャン州に独特の果実で煮込んだ鶏肉「ガイ・フン・マック・ウォー」、魚の揚げせんべい「ポン・パー」、揚げ豆腐「トーフ・クー」……。

何もかもが懐《なつ》かしい。名前こそ忘れてしまっていたが、「あー、こういう料理をセンスック（ゲリラの元リーダーの名前）のところでよく食べたよなあ」とか「あいつと一緒にこれ食ったよなあ」などと思い出す。どれもシャン料理らしく、独特の酸味やスパイスが効いている。

そして、何と言っても納豆。納豆はシャン語では（タイ語でも）「トナオ」という。正確にはシャン語で「トー・ナウ」、タイ語で「トゥア・ナオ」なのだが、「トナオ」と言った方がシャンとタイの人どちらにもよく伝わるし日本人にも覚えやすい。本書ではこれで通すことにする。

ナットウをひっくり返したような音で、よく日本人にこれを話すと「嘘《うそ》でしょ！」とまるで私が寒いギャグを飛ばしたかのような反応をされるが、本当にそう言うのである。しかし、これは半分は偶然でない。というのは、トナオ（トー・ナウ／トゥア・ナオ）の「トー／トゥア」は中国語の「豆《トウ》」から来ているからだ。シャン／タイは日本と同様、歴史的に中国文化圏の辺境に位置しており、シャン語とタイ語には日本語と同じくらい中国語からの借用語が見られる。いっぽう、ナウ／ナオは「腐る」、つまりトナオとは「腐った豆」という意味だ。

センファーの奥さんアーンが皿に火で炙《あぶ》ったトナオを出してくれた。

シャンの納豆、トナオは前述したように薄焼きせんべいみたいな形状をしている。まん丸で直径十〜十五センチ、厚さは二、三ミリ。茶色くて表面はせんべいより平らだ。とても納豆には見えないが、鼻を近づけると、故郷の大地のようにほんわかと懐かしい納豆の匂《にお》いがする。

せんべい状のトナオは生で食べることはなく、直火で炙るか油でさっと素揚げするという。指で塩をつまんで振りかける。翳《かじ》るとパリッと割れ、厚めのポテトチップのようだが、生よりさらに香ばしく、うっとりと目を細めてしまう。

私の膝《ひざ》に乗っていたマドもフンフンと熱心にトナオの匂いを嗅ぐ。犬を飼ってない人には意外かもしれないが、たいていの犬は納豆が好きだ。マドもそう。実はこの犬、「おかめ納豆」で知られる日本最大手の納豆メーカー「タカノフーズ」本社のある茨

揚げて砕いたせんべい納豆とタマネギの和え物。

納豆料理を虎視眈々と狙うマド。

城県小美玉《おみたま》市で地元保健所に捕獲された元放浪犬。詳しい素性は不明なものの、水戸納豆の本場出身なのである。仔犬《こいぬ》のときから納豆に親しんでいた可能性大だ。

アーンは私たちと話をしながら、パリッと手でトナオを割ると、ひょいとマドにあげた。バリバリ食べるマド。人も犬も、トナオの受け渡し（？）に実に自然体。

「シャンの犬もトナオが好きなのよ」とアーンが言うと、「いや、もう食べ飽きて見向きもしない犬だっているよ」とセンファー。

食事中は積もる話や近況報告に夢中になっていたため、食後、お茶をいただきながら、ようやくシャンのトナオについて聞くことができた（ちなみに、私はセンファーとは英語とタイ語のチャンポン、アーンとはタイ語で話をしている）。

センファーによれば、トナオは大きく三種類に分けられるという。

①トナオ・ケップ（せんべい状の納豆）

②トナオ・サ（糸引き納豆）。トナオ・メッ（粒納豆）とも呼ばれる。日本の納豆と同じ形状のもの。

③トナオ・ウ（ブロック状の納豆）

私は②も③も見た記憶がない。センファーによれば、糸引き納豆は主に油や香菜などと和《あ》えて食べるという。また、せんべい納豆は今のように焼いたり揚げたりしてそのまま食べられるが、細かく砕いて煮物やタレに入れることが多い。つまり調味料としても使えるのだ。粉にしたものを「トナオ・ポン（粉納豆）」と呼ぶという。

③のブロック状納豆はもっぱら調味料として削って使われる。これはシャン州北部に多く見られる形状だそうだ。

「トナオを入れるとなんでもおいしくなるんだ」とセンファーは言う。旨味《うまみ》が出るからだろう。「シャンのアジノモトだよ」グルはにやっとした。アジノモトは初め日本から伝わったが、現在は中国製やタイ製の商品がミャンマーで広く使われている（味の素株式会社の商品と区別するためカタカナ表記にする）。

「朝はトナオとご飯を炒《いた》めてトナオ・チャーハンをよく食べる」とか「シャンのゲリラは本当に食べるものがないときは米とトナオだけ持って戦地を点々とする」など、トナオの話を始めると、センファーはいっそう饒舌《じょうぜつ》になった。

「今の若者はシャンの伝統文化に興味をあまり持たない。ビルマ族の文化が強すぎるんだ。でもトナオだけは別。トナオが嫌いだって言うシャンの若者はいない」

センファーとアーンは十年ほど前に結婚したが、そのときお寺にトナオを寄進したという。「お寺には小坊主《ネーン》がたくさんいる。彼らもトナオが好きだから、喜ばれるんだ」

私も妻も彼の話に圧倒された。日本人の納豆など、全く太刀打ちできない世界だからだ。日本人は納豆が好きだといっても大半の人は朝、副食としてご飯にかけるだけである。納豆を使った創作料理もあるが、あくまでそういう食べ方をする人もいるという程度だ。でも、シャン族は誰もがさまざまな形で食べる。おやつとしてつまみ、調味料として料理に入れ、結婚のときにお寺に寄進する。シャン族にとって納豆は単なる食べ物ではない。文化だ。

感嘆する私たちにとどめを刺すように彼は言った。

「トナオは僕たちのソウルフードなんだ」

導師《グル》は二十年前、シャン独立の夢を語ったときより歯切れがよかった。そしてなんだか得意気だった。

せんべい納豆の作り手を発見！

シャンのせんべい納豆を実際に作っている場所に行ってみたかった。だが、思わぬ障壁が立ちふさがった。せんべい納豆はタイ北部のいくつかの場所で作られているようだが、いずれもチェンマイから遠い。バスで行けば一日以内で着くが、なんとタイの長距離バスは例外なく犬の持ち込みが禁止なのだという。チェンマイまでは鉄道で来たのでよくわからなかったのだ。

　犬のために納豆が見に行けないという意味不明な状況に陥ってしまった。

　しかたない。もともと家族旅行が先にあったわけだし、諦《あきら》めてチェンマイから七十キロのところにあるチェンダオという町に移動した。チェンダオは何もない小さな町だが、自然が豊かで郊外の森や原っぱの中には質素なバンガローが点在している。犬を遊ばせるにはもってこいの場所だ。扇風機がガタガタ回るチェンダオ行きの近距離ローカルバスでは犬については何も言われなかった。

　だが、人生はわからない。ほぼ偶然、この町でせんべい納豆に遭遇したのだ。朝飯を食べた定食屋のおばさんにふと「この辺にシャンの村はない？　シャンのトナオが見たいんだけど」と訊《き》いたところ、おばさんは「シャンの村は知らないけど、ふつうのタイ人でトナオを作ってる人なら、町の近くに住んでるよ」とあっさり言う。

　一般のタイ人は納豆をまったく食べない。バンコクの人は存在すら知らない。チェンマイを中心としたタイ北部の人たちのみ、たまにゲーン（肉や野菜をスパイスで煮込んだ料理）に入れるという。おそらくシャン族の影響なのだろう。ただし、トナオ入り料理を食べるのは、好きな人でも年に数回程度だという。そういう話を聞いていたので、町中で納豆を作っているタイ人なんかいるのかと半信半疑で出かけてみた。

「市場に向かう道をまっすぐ行って幼稚園とお寺を過ぎたあたり」というおばさんの漠然とした情報を頼りに、私、犬、妻という二人と一匹乗りスタイルでバイクを走らせた。

一体どこだろう、本当に見つかるのかなと疑問に思っていたところ、とある民家が目に入り、「あ、あれだ！」と妻と同時に叫んだ。そして二人とも爆笑してしまった。民家の庭には所狭しと丸いせんべい状の茶色い物体が並べられていたからだ。これほどわかりやすいトナオ製造所はない。

年配のおばさんが奥でなにやら作業していたので声をかけ、「日本のライターです。トナオに興味があります」と自己紹介すると、おばさんは意外なハイテンションで「日本人？　うちの娘は日本にいるのよ。私も日本に行ったことがある！」とまくしたてた。

「え、娘さん、日本のどこにいるんですか？」びっくりして訊《たず》ねると、「名前、忘れた。ちょっと待って」と家の中に入り、アルバムを持ってきた。「これを見ればわかるんじゃない？」

娘さんと日本人のダンナさん、それに小さい子供が大きな公園みたいなところで遊んでいる写真が何十枚も貼《は》られていた。家の近くの公園だという。当初はどこかわからなかったが、ある写真に「偕楽園《かいらくえん》」と記された看板がうつっていた。

水戸か！

「娘さんのところで日本のトナオを食べました？」と訊くと、やはりニコニコ顔で、

「食べた、食べた。箱に入ってるやつね」

「ここのトナオとちがうでしょ？」

「そうそう、豆がすごくネバネバしてた。すごく長いネギを切って、あとは何か黄色いものを入れてた」

タイには小ネギしかないから長ネギは異常に長く見えたのだろう。「黄色いもの」とは辛子にちがいない。

味は？　と訊くと、「おいしかった」とあっさり。

チェンダオのトナオ作りのおばさんは水戸納豆を食べていた。あまりに意外な展開で頭が追いつかない。おばさんも私たちも完全にナチュラルハイ状態になっていたからなおさらだ。

少し冷静になり、初めから順を追って話を聞いていった。

おばさんの名前はサーオ・ゲーオ、六十四歳。チェンダオに生まれ育ったが、意外というか案の定というべきか、両親はシャン州から移住してきたシャン族だった。ト

ナオはなにしろシャンのソウルフードなので、お父さんの時代から普通に自分たち用に作り、市場でも売っていた。娘のサーオ・ゲーオおばさんもそれを引き継いだというわけだ。

トナオの作り方も訊いてみた。

まず大豆を見せてもらったが、日本の極小粒納豆の大豆とほぼ同じ大きさ。かなり小さいわけだ。それを一斗缶に入れて炭火でぐつぐつと丸一日煮る。

ここまでは日本の伝統的な納豆造りとほぼ同じ。昔の日本ならこのあと藁苞《わらづと》で豆を包むのだろうが、この家ではそんなことをしない。化学繊維で編んだ「プラスチック袋」に詰めて発酵させるのだ。プラスチック袋は日本の土嚢《どのう》袋によく似ており、通気性がある。アジアやアフリカでは肥料だけでなく穀物を入れるのにも広く用いられ、たいてい「プラスチック袋（バッグ）」と呼ばれているので、本書でもそう呼ぶことにする。シャン州では発酵させるために木の葉っぱを使うとセンファーに聞いていたが、おばさんは何も入れないという。袋に納豆菌がついているのだろうか。

二晩寝かせたあと、豆を取り出す。「日本の納豆ほどネバネバしてない」と彼女は言う。それを鉄製のシンプルな機械でせんべい状に伸ばす。平たくしたトナオは天日干しにするが、今は雨季。かなりの量のトナオを炭火の上に並べて乾燥させている。

「天気がよければ半日で乾くけど、今は雨がよく降るでしょ？　あまり時間がたつと臭くなっちゃう」とおばさんは言う。洗濯物同様、屋内干しをすると生乾きの嫌な匂いがついてしまうらしい。雑菌が繁殖するということだ。

せんべい納豆は市場の店に一枚一バーツ（約三円）で売る。店は三枚で五バーツ（十五円）という価格で販売する。いたって零細な商売である。

おばさんに好きな納豆料理を聞いてみた。

「トナオ・メッ・コー（粒納豆炒め）とナンピック・トナオ（納豆のナンピック）」という答え。私は見たことがないが、前者は糸引き納豆（粒納豆）に卵と唐辛子、トマトを混ぜて炒めた料理だという。後者はナンピック（納豆と各種調味料を混ぜたタレ）に野菜をつけて食べる料理だ。ともにシャン特有の料理であり、タイ人は絶対にこんな食べ方はしないという。

おばさんはそう話しつつ、すでに乾いたせんべい納豆を一枚取り出し、炭火で炙ってくれた。私はパリッと二つに割り、一つを妻に渡して、一つは自分で齧った。もう一つ割ってマドにやった。

できたての香ばしい納豆の香りにホッとする。初対面の人の家なのに気持ちがくつろいでしまう。おばさんも水戸の娘の家で、日本の納豆を食べて同じような気持ちを味わったのだろうか。

納豆文化圏の人間は納豆を食べると落ち着いてしまい、それを強く追究しようという気にならなくなる。おばさんが水戸納豆を「おいしかった」の一言であっさり片付けているのも、私が今までシャンの納豆にあまり関心を持たなかったのもそれが一つの理由なのかもしれないと思ったのだった。

諸行無常の〝蒸し納豆〟

翌日、再びサーオ・ゲーオさんを訪ねた。いろいろと疑問点があったからだ。ところが、行ってみれば不在。

もしかして納豆を卸しに行ったのではないかと、市場に出かけてみた。市場の乾物売り場にはトナオがあったが、売り手のおじさん曰《いわ》く「サーオ・ゲーオのもんじゃない。他の人のだ。（別の場所で開かれる）朝市で買ってくる」。なんでもここチェンダオではトナオを作る人が三人いるという。

朝市も他のトナオ屋も初耳で、チェンダオのトナオ状況が闇《やみ》に溶けそうになった。なにより私たちは明日はチェンマイに帰らねばならない。

諦めて宿に戻ろうとしたときである。サーオ・ゲーオおばさん宅から数百メートル走ったところに、やけに立派な施設を見つけた。広大な敷地に厳《おごそ》かな門構え。バイクを停めて看板を眺めたら、なんと日本語で「ゆめみき幼稚園」と書いてあった。

「なんだ、こりゃ？」

ちょうど門から若い女性の先生が出てきた。挨拶《あいさつ》すると、この先生は「ここはカワムラ先生という人が作った日本の幼稚園です」となかなか流暢《りゅうちょう》な日本語で言う。

案内しましょうと申し出てくれたので、好意に甘えることにした。

園児はもう帰宅したあとで誰もいなかったが、素晴らしい幼稚園だった。田んぼに囲まれ、チェンダオ山を間近に望み、敷地も建物も広々としている。でも室内の様子は言語（日本語）を含めて日本の幼稚園そっくり。教育もしっかりしていそうだ。子供のいない私でも「うちの子をこんな幼稚園に行かせたい」と無駄な欲求にかられてしまう。

それはさておき、納豆である。

ダメ元で先生に「トナオを知っています?」と訊いたら、「はい、知っています」とニコッと笑った。「この隣に作っている家族があります。毎日匂いがここまで来ます」

なんてことだろうか。タイに作られた日本の幼稚園で、ご丁寧なことに園児は毎日納豆の匂いを嗅ぎながら日本式の教育に親しんでいたのだ。ますますうちの子をここにやりたくなった。マドでもいい。

「トナオを見たいですか？」と先生が言うので、ありがたく案内してもらうことにした。

バイクに乗り、小ぶりな水田とバナナの木の陰を通り抜けると、風通しの良さそうな木造の平屋が現れた。訪《おとな》いを入れると、愛想のよい五十年配の夫婦が出てきた。主に相手をしてくれたのは夫のパイさん。快くトナオについて話を聞かせてくれた。

ここでもトナオ作りにタネ、つまり木の葉や稲藁などは使っていない。プラスチック袋だけだ。昔はタイ語で〝ヒエン〟や〝トゥン〟などと呼ばれる木の葉を使っていたが、森がなくなり葉っぱを集めにくくなったのでやめてしまったという。

宿に帰って調べると、それらの木はともにフタバガキ科ショレア属の樹木で、私にもなじみ深いものだった。フタバガキ科の樹木は世界の熱帯に広く自生するが、そのうちショレア属は東南アジアからインドにかけての熱帯雨林に多い。高さ二十五メートルにも達する巨木だ。この木の「板根《ばんこん》」という文字通り巨大な板みたいな根っこは、昔ミャンマーのジャングルを歩いていたとき、しょっちゅう出くわした。

日本人に身近なところで言えば、よく合板に使われる「ラワン材」はこのフタバガキ科の樹木から切り出したものである。

また、平家物語で有名な「沙羅双樹《さらそうじゅ》」もフタバガキ科ショレア属だという（日本ではこの熱帯の巨木が自生しないので、寺院などではツバキ科のナツツバキで代用されているそうだ）。沙羅双樹の花の色は盛者必衰《じょうしゃひっすい》の理《ことわり》をあらわしていたが、その葉は納豆の製造に使われていたとは、琵琶《びわ》法師もびっくりだろう。

しかし、チェンダオでは熱帯雨林の消滅とともに葉を使った納豆作りも廃《すた》れたということらしいので、たしかに諸行無常ではある。

サーオ・ゲーオおばさんにせんべい納豆の食べ方を訊いてなかったので、このパイさんたちに訊いたら、「私たちはゲーン・パッガーッ（菜っ葉の汁物）やカノムチン（米粉の麺類）に入れる」という。「北タイの人たちはそうだ」

え？　と思った。北タイの人たち？

てっきりシャン族だと思っていたら、この夫婦は意外にもタイ人、正確にはチェンマイを中心とするタイ北部の多数民族、「北タイ族」だった。

「北タイ族」とはつまりランナー王国時代からこの地に住んでいるタイ人のことだ。タイ語あるいは北タイ語で「コン・ヌア（北の人）」とか「コン・ユアン（ユアン人。「ユアン」の意味はよくわかっていない）」などと呼ぶ。チェンマイ周辺の人は誇りをもって「コン・ムアン（都の人）」と名乗る。「都」とはもちろんランナー王国の都チェンマイの意味だ。

意表を突かれたのはそれだけではない。

「チェンダオでは昔、普通にトナオが作られていたが、作る者はだんだん減っていった。最近の若い人たちはトナオが臭いと言って食べようとしない」と言う。

念のため、もう一度確認したが、やはりこれも北タイ族のことであった。チェンダオだけではなく、チェンマイでも他の地域でも、北タイでは広く納豆が食べられていたとのことである。

北タイ族はシャン族同様、かつては納豆民族だったのだ。

「ランナー王国には独自の文化がありました」などという表現をかつて私は学生たちに教えていたが、その文化の中に納豆も含まれていたとは……。

しかもパイさんによれば、せんべい納豆だけでなく、トナオ・メッ（粒納豆）もよく食べるという。卵と一緒に炒めたりするとおいしいと、サーオ・ゲーオおばさんと同じことを言った。

私が驚いていると、彼らはにこやかな顔で「今もトナオを作っているよ。こっちにおいで」と手招きした。七輪のような炭火の上でアルミの蒸し器からしゅうしゅうと美味《おい》しそうな湯気が立ちのぼっている。ただ湯気の匂いは小麦粉や豚肉でなく、なじみある納豆のそれだった。一体なんだろう？

パカッとフタを開けると、まるで飲茶《ヤムチャ》に出てくる焼売《シューマイ》か何かのように、小さな緑の葉っぱの包みがきれいに積み重ねられていた。

楊枝《ようじ》を外して、包みを開くと、茶色とも灰色ともつかない、つややかなペースト状の食べ物が姿を現した。

「トナオ・ムッ」とパイさんは微笑《ほほえ》む。

見たことも聞いたこともない納豆だ。味見すると、塩と唐辛子で味付けされているが、たしかに納豆の味。でも熱くてなめらかでふかふかして、舌の上でとろけるよう。

〝蒸し納豆〟と呼ぶほかない。

「昔はこのトナオ・ムッとご飯をもって、田んぼや畑に出かけたもんだ」とパイさんは言う。冷たいトナオを持っていき、お昼になると、その場でこのように蒸して食べたのだそうだ。ご飯に蒸し納豆がこの辺の農民の日常食だったわけだ。

うーん、参った。シャンの影響だけではない。ここにもオリジナルの納豆があった。これぞランナー王国独自の納豆である。

マドが興味津々《しんしん》という顔をしているが、唐辛子入りなのであげられない。それを察してかどうか、奥さんのエーさんがせんべい納豆を何枚か炭火で焼き、ちょこっと割って、マドにひょいとくれた。それを躊躇《ちゅうちょ》なくぱくつくマド。本当にマドはどこでも納豆をもらっている。この家には大型の雑種犬がいたが、やはりトナオが大好きだとのことだ。

私とパイさん夫妻は直接タイ語で話していた。蒸し納豆を試食しながら楽しく談笑していて、ふと気づくと、幼稚園の先生が驚いたというか怪訝《けげん》な顔でこちらを見ていた。

彼女は生粋の北タイ族だが、なにしろ若いし、町育ちのインテリだ。北タイ族の人がこんなにもトナオを日常的に食べているのが不思議でならないようだ。しかも、日本人の夫婦が大喜びでそれに付き合っている。日本に行ったことのない彼女は、日本の「納豆」がいかなるものかもよくわかってないらしい。

「ナットウとは何ですか？」と訊くので、「トナオのことですよ」と答えたら、気の毒なことにますます頭が混乱している様子だった。

「ライムやタマリンドの木で豆を煮ると酸っぱい味になる」

チェンマイに戻ると、私はトナオ・ムッについて、あらためて調べてみた。センファーの奥さんであるアーンと、彼女の友だちで、生粋のチェンマイっ子であるオムさんという女性と一緒に、チェンマイ郊外の市場にトナオ・ムッを見に行った。

オムさんによれば、チェンマイもチェンダオ同様、むかし農家ではよくトナオ・ムッを食べていたという。「(現在七十代の)両親も子供の頃、食べていた」というから、少なくとも一九五〇年代くらいまではチェンマイで定番の食べ物だったらしい。

今ではふつうの市場では売っていることもない。

私たちが訪れたのはチェンマイ郊外のサンパトーンという場所で毎週末開かれる朝市だった。驚くなかれ、「北タイ最大の市」だという。全然知らなかった。

もともと水牛や牛など家畜を売る市場だったのが、近年ではありとあらゆるものが広大な敷地内で売られている。誰でも場所代を払えばものを売ることができるので、プロだけでなく、近隣の農家や素人衆《しろうと》もゴザに品を広げている。

私たちを案内するオムさんも、いつもここで衣類の販売を行っているという。

ウシガエルの串焼きという強烈な商品の横に、トナオ・ムッを発見した。農家のおばさんが売っていたのだ。

チェンダオで見たものとは全然ちがっていた。炭火の上でじかに焼かれたものだったのだ。蒸し焼きと言えばそうだが、葉っぱが焦《こ》げて、中の納豆もやや焦げ臭い。日本のレストランで出しても人気を呼びそうな、鍋《なべ》の中でふっくらと仕上げられたチェンダオの上品な蒸し納豆とは比べるべくもない粗っぽい品物だ。

もっとも、チェンマイっ子のオムさんが言うには、「お年寄りが、昔をなつかしんで、ときどきこれを買って食べるんです」。ということは、かつて農家の人が田畑で食べていたものは、本来こちらに近いのかもしれない。

売り手のおばさんに話しかけ、そのままお宅にまでついて行って話を聞いた。

納豆の作り方自体はチェンダオの人たちと同じだが、面白いことに、豆を煮るときの薪《まき》が大切なのだという。

「ラムヤイの木やココナッツの殻を使うとトナオがよい香りになる。でもライムやタマリンド、マヨーン（ウルシ科の木）を使うと味が酸っぱくなり、マイ・キ・レック（鉄刀木《たがやさん》）だと苦くなる」

ラムヤイは北タイ名産の甘い果実で、ココナッツも当然甘い。そしてライム、タマリンドは実が酸っぱい。〝マヨーン〟の実というのは初耳だったが、ひじょうに酸っぱくて料理に使われるとのこと。

つまり、甘い実のなる木を燃やして豆を煮ると甘い香りになり、酸っぱい実のなる木で豆を煮ると味が酸っぱくなる――果実の味と連動しているのだ（マイ・キ・レックについてはよくわからないが、この木は樹皮を煎《せん》じて薬として飲むというから、やはり「苦み」の連想がはたらいているのかもしれない)。

それだけではない。納豆を仕込むのに、ここでもプラスチック袋を使用しているが、かつてはバナナの葉を籠《かご》に敷いて煮豆を包んだという。バナナの葉も「連想」が働くらしく、実が甘いバナナの葉で包むと、納豆もおいしくなるとのことだった。

ランナー王国の納豆作りではなにやら妙に精神《スピリチュアル》的なこだわりがある。七百年も続いた王国は滅亡し、その納豆も消滅しつつある。両者は連動しているにちがいない。バンコクの王国に吸収されたのちは、食文化も次第にバンコク的なものにとって替わられていったのだろう。それを考えると、そのこだわりは「信心」のようにも見え、諸行無常の切なさを感じないわけにはいかなかった。

「日本人も納豆を食べる?　本当!?」

シャンと北タイの納豆についていろいろな発見があった。家族旅行のついでにしては充実した取材だった。

一つ、興味深かったのは、シャン族、北タイ族を問わず、納豆をよく食べたり作ったりしている人は、「日本人も納豆を食べる」と言っても、てんで驚かないことだ。

「へえ」とにこにこするのがせいぜいである。人間は生まれながらにして等しく納豆を食べるものという、納豆平等思想を植え付けられているのだろうか。

一般日本人の「納豆を食べるのは自分たちだけ」というユダヤ人顔負けの「納豆選民意識」を苦々しく思っていた私だが、こんなに反応が薄いと物足りないし、ちと淋《さび》しい。本場の人に相手にされない田舎者になったような気分でもある。

ところが、チェンマイ最後の日のこと。またしてもセンファーたちに招かれ、市場の二階で昼食会に行ったとき、びっくりするような反応に出くわした。

この日の主賓は私たちでなく、さらに毛色の変わった人だった。チェンマイに十四年住み、英語・タイ語・シャン語がぺらぺらのノルウェー人女性のリサ。シャン名「ムウェー・ソグン（銀の森）」。一人でシャン難民支援のNGOを主宰し、タイとの国境地帯でクリニックを開いているという。彼女はシャン州では有名なシンガーソングライターでもあり、シャン語ポップスのCDを何枚も出している。なんともユニークな人である。

その彼女が言う。

「シャン族はとにかく毎日トナオを食べる。とくに年配の人はトナオなしではいられない。最初の頃は参ったわ。臭くて食べられなかったの。シャン族は、どの家に行ってもトナオが出る。出された四品全部がトナオだったときはどうしようかと思った」

そう言いつつ、彼女は美味しそうにトナオ料理を口に運ぶ。なにしろ、私たちのリクエストで、この日もすべてトナオ料理だ。

シャン族と暮らして何カ月か経つうちに、いつの間にかトナオが美味しく感じられるようになったという。

「あなたたちはトナオに興味があるの？」と彼女が訊くので、「うん、日本にもトナオがあるし、僕たちも好きだから」と答えた。

すると、彼女は箸《はし》を落としそうなほどに驚き、叫んだ。

「日本人もトナオを食べる!?　ほんとう!?」

「本当だよ」

「ファンタスティック!!」

納豆を食べると言って欧米人に驚愕《きょうがく》されるとは夢にも思わなかった。妻と二人して狐《きつね》に化かされたような気分に陥ったが、リサの興奮はまだ収まらない。

「その日本のトナオはシャンのトナオと同じなの？」「作り方や食べ方はどうなの？」

「同じように発酵させるの？」……。

……いや、だから。まだそういうことはよく知らないんだって。

あろうことか、ノルウェー人にまで問い詰められてしまった。いよいよ本格的に納豆探究を行わなければならないと痛感したのであった。

第二章　納豆とは何か

マイ納豆ヒストリー

　シャン族や北タイ族が食べている納豆とは一体何なのだろうか。それを考えるためには、そもそも「納豆とは何か」を知る必要がある。

　一見、簡単にみえて、いざ調べ始めるとてつもなく難しいことだった。納豆は子供の頃から身近にありながら、決して深く考えたことのない食品だったからである。日本人といえども、出身地や年齢、家庭環境、個人的嗜好《しこう》などにより、納豆への親しみ方は千差万別だ。読者のみなさんの参考になるよう、まずは私の「納豆個人史」を振り返ってみたい。

　私は一九六六年（昭和四十一年）、東京都の田舎・八王子市打越町《うちこしまち》で生まれた。住宅地と同じくらい田んぼや畑が多いという環境である。

　子供の頃の納豆の記憶といえば、母親が八百屋《やおや》から買い物籠《かご》に入れて買ってくるワラに包まれた納豆だった（あのワラの筒は「藁苞《わらづと》」と呼ぶと今回の取材で初めて知った）。黄色い辛子はついていたが、「タレ（調味液）」はついていなかった。

当時の納豆の味がどうだったかなど詳しく覚えているはずもないが、正直言ってあまり好きではなかった。朝食にときどき出るので、仕方なくご飯にかけて食べていただけである。

もっとも当時の私は豆腐も味噌汁《みそしる》も漬け物もあまり好きではなかったから、納豆云々《うんぬん》より、和食自体が苦手だったと言える。

その嗜好が一変するのは大学生になってから。一九九〇年代前半、都内にある三畳一間のアパートで一人暮らしするようになると、ほぼ毎日納豆を食べるようになった。理由は「安くて美味《うま》いから」。ついでに言えば、豆腐ともやし炒《いた》めも常食しており、「もし大豆に強力な発がん物質が発見されたら俺はアウトだな」と内心不安を抱いていたくらいである。

納豆は昔に比べて美味《おい》しくなったような気がするが、定かではない。タレがつくようになったからかもしれないし、実家ではやらなかった「納豆に生卵をかける」という食べ方にハマっていたからかもしれない。

二〇〇一年に結婚すると、妻も納豆が好きだったので、ほぼ毎朝、食べるようになった。食べ方はいくつかある。まず、朝食時はご飯にかける。納豆だけのこともあるが、たいていネギかオクラ、あるいは鰹節《かつおぶし》を混ぜて食べている。猫の好物である鰹節をかけた納豆は「にゃんとう」と我が家では呼ばれている。

中でもこれら三つを全部混ぜ、黒酢、七味唐辛子、醤油《しょうゆ》、ラー油、ごま油で味付けしたものを「オクラにゃんとう」と呼び、私の得意料理（？）の一つとなっている。

他には、妻がときどき「納豆オムレツ」を作る。パックの納豆をネギや青のり入りの卵でふんわり包むのである。絶品であり、私もときどきチャレンジするが、何年経《た》っても「駆け出し」の域から出ない主夫にとっては難易度が高く、まだきちんとできた様《ため》しがない（私は二〇一一年から主夫になっている）。

それから、挽《ひ》き割《わ》り納豆を油揚に包んで焼いた「きつね焼き」。挽き割り納豆は海苔《の》《り》でそのまま巻いてビールのつまみにすることもある。

こう考えていくと、私の納豆利用度は、5段階で評価すると、3と4の中間くらいだろうか。質量ともに日本国民の標準よりやや高いという程度。

いっぽう、好きだと言っても、「このメーカーのものが好き」「これは嫌い」といったこだわりはなかった。今回の取材が始まるまで、スーパーに売られている大手メーカーの商品のうち、いちばん安いものを自動的にレジ籠に放り込んでいた。正直言うと、納豆に美味いまずいなどあるのかと思っていたほどだ。「しょせん納豆は納豆だし……」程度の認識であった。ただし大粒はご飯にからまないので苦手、もっぱら極小粒を選んでいた。

以上である。

納豆総本山の衝撃

そんなごく普通の現代納豆人である私は、納豆がどういうものなのかまるでわかっていなかった。

アジア納豆が日本の納豆と同じかどうかを知るには、納豆とは何かについて知る必要がある。そこで全国納豆協同組合連合会（納豆連）の事務所を訪れた。ここは納豆製造業者による全国的な納豆団体で、傘下《さんか》に業界最大手のタカノフーズほか百七十二社（二〇一三年当時）もの納豆企業を抱える。いわば「納豆総本山」だ。

毎年、納豆の日本一を決定する「納豆鑑評会」を主催したり、「ミス納豆」を選出したりするなど、納豆の宣伝普及活動に努めている。

東京メトロ稲荷町《いなりちょう》駅近くの事務所を訪ねると、専務理事の松永進氏と広報担当の緒《お》方則行《がたのりゆき》氏が快く応対してくれた。しかし、返された言葉は〝衝撃的〟だった。

「アジアの納豆を取材しているんですが」と切り出すや否《いな》や、「東南アジアに納豆みたいなものがあるのは知っていますが、納豆とは似て非なるものですね」と言われてしまったのだ。

総本山の公式見解によると、アジア納豆は納豆ではないのか！

異端の宣告を受けた信者のように、思考停止に陥りかけたまま、話の続きを聞いた。

納豆とは、総本山の定義によると、「煮た大豆の表面に納豆菌が増殖し、『納豆の糸』といわれる独特な粘質物ができるとともに、納豆特有の風味を生じた食品」である。

そもそも、納豆菌は「枯草菌《こそうきん》の一種」だという。枯草菌は四億年以上前、つまり人類が誕生するはるか前から世界中に広く存在する菌であり、仲間も多種多様。例えば、生物兵器として知られる炭疽菌《たんそきん》なども仲間なので、日本では「納豆菌を他の枯草菌と分けるべき」という考え方もあるそうだ。

いずれにしても、納豆菌は納豆を作るために人間が開発したのではなく、自然界に大昔から存在するものだ。それに人類が気づいたのは明治三十九年（一九〇六年）のこと。東京大学の澤村眞《さわむらまこと》博士がワラで作った納豆から、「煮豆を発酵させて納豆にする菌」を発見、「納豆菌 Bacillus natto SAWAMURA」と名付けた。

「それが近代納豆の始まりで、百年以上の歴史があるんです」と総本山の松永氏。

以後、さまざまな学者や業者の尽力により、納豆菌のみを使用した納豆作りが進められてきた。ワラには他にもさまざまな雑菌がついている。それらの雑菌を排除し、衛生的で、質の安定した納豆が作られるようになった。

特に、「糸引きが強い」「匂《にお》いが少ない」「ビタミンＫ２を多く含む」納豆を作る納豆菌の研究に力が注がれてきたという。

なるほど。総本山が「アジア納豆は日本の納豆とは似て非なるもの」と呼ぶ根拠がなんとなくわかった。「納豆菌はそもそもワラなどの枯草にいるもの」、そして「近代以降はワラ由来の納豆から分離した純粋培養の納豆菌により納豆が作られている」という二点に拠《よ》っているようだ。

総本山では、その他、「納豆が発酵するベストの状態は菌糸という白い糸が出ているとき」とか「大豆の収穫が十月なので、納豆はもともと冬に作るものだった」とか「なぜ水戸が納豆の本場になったか」（これについては後で触れる）など、参考になる話をふんだんに聞くことができた。

もちろん、アジア納豆が納豆ではないという部分は納得できるものではなかったが。

その問題は先送りし、作り方を学びに行こう。

「おかめ納豆」で有名なタカノフーズの工場を見学に行った。前述したように、マドが捕獲された茨城県小美玉市にある。

見学でわかったことは、二つあった。

まず、納豆の作り方はいたってシンプルであること。①大豆を蒸し、②その大豆に納豆菌をふりかけながらパックにつめる　③室温四十五度の部屋で十七、八時間発酵させる　④室温五度の部屋で二十四時間冷却し熟成させる。以上。

見学コースはガイドさんがしきりにクイズを織り込みながら進められたが、それもそのはず、クイズでも入れなければ見学なんか十分ももたず終わってしまう。後に私は味噌作りも体験したが、こちらは納豆よりはるかに複雑な工程だった。味噌の見学でクイズなど織り込んでいたら時間がかかってしかたないだろう。

もう一つ、現代の納豆生産が高度に工業化されていることにも驚いた。業界一位のシェアを誇るタカノフーズだから特にそうなのだが、巨大な設備、完全に滅菌した作業室、全自動の納豆菌注入とパッキング……。どう見ても、この工場とアジア納豆の生産現場――例えばチェンダオのサーオ・ゲーオおばさんの家――は、途方もなくかけ離れている。これでは比較対象になりえない。

タカノフーズの見学コースには「納豆博物館」なるものがあり、伝統的な手造り納豆の製法が絵や図で説明されていた。方法はいくつもあるが、基本は同じようなものだ。

①大豆を煮る　②藁苞に入れ、毛布やむしろで包む　③火の近くなど温かい場所に二、三日置く。

うーん、工場とはあまりにちがいすぎて、実感が全然わかない。というより、この伝統納豆と現代の納豆は同じものと言えるのだろうか。私の混乱は深まるばかりだ。

「昔ながらの納豆作りが見たい」と思った。それを見ないとアジア納豆との比較ができない。味噌については今でも手造りのメーカーはあるし、なにより個人で作っている人が大勢いる。納豆を手造りする個人や業者が簡単に見つかるだろうと思いきや、驚いたことに、ネットでも口コミでもさっぱり見つからない。総本山である納豆連の人たちも首をかしげるほどだ。

ただ、藁苞納豆を作っている会社は全国でもいくつか存在する。その中でいちばん自宅に近い、東京都府中市にある登喜和《ときわ》食品を訪ねた。

「今の納豆は個性がなくてつまらない」「昔の納豆は必ずしも出来がよくなかったが、それだけに納豆に付加価値があった」と公言する遊作《ゆうさく》誠《まこと》社長は、納豆業界では非主流派に属する人だろう。

「伝統的な納豆を後世に伝えたい」という遊作社長の高い志で利益に乏しい藁苞納豆を生産しているのは素晴らしい。だが、残念ながら、ワラに付いている自然の納豆菌は使用していなかった。

ワラで直接大豆を包んで発酵させることを保健所が決して許可しないというのである。煮沸では死なない病原菌はたくさんいるし、納豆は生で長時間置いておく食品なので特に基準が厳しく設定されているらしい（保健所によっては稀《まれ》に許可される場合もあるようだが）。

理由はそれだけではない。

「ワラで作ると納豆の質が安定しないので、仮に保健所の許可が下りても、消費者から苦情が来て、商品として成立しないでしょう」と言うのだ。

それでも登喜和食品では、市販の納豆菌を使いながらも、たいへんな苦労をして、藁苞納豆を作っていた。だいたい今の時代、とくに東京では有機農法で作られたワラを入手するのも容易でない。東日本大震災以降は放射性物質による汚染の心配も出てきた。

このような事情で、ここでは藁苞納豆を作るために、まずワラについた納豆菌を他の雑菌と一緒に死滅させるという、面倒な手順を踏んでいる。納豆菌は「芽胞《がほう》」というカプセルのような殻に包まれており、摂氏百度でも死なない。百十度の高温に三十分さらすと、ほとんど死滅するという。この温度なら、同じ芽胞を作って、熱に強く毒性のあるセレウス菌や破傷風菌も死ぬ。要するに完全に滅菌される。そして、まっさらな、いわば「空き家」となった稲藁に、純粋培養の納豆菌を吹き付ける。

この作業には十分意味があると遊作社長は言う。

「納豆菌はもともとワラに住んでいたんですよ。それに比べてプラスチックパックはマンション。人間だって、マンションより木の家の方が居心地いいでしょう？」

稲藁には空気を通す穴がたくさんあいていて、納豆菌が住みやすい構造になっているとのことだ。

藁苞に入れると、納豆が長く持つし、発酵がゆるやかに続くので、キムチのように味の変化を楽しむことができるという。

「納豆は本来、保存食品。賞味期限は一週間だけど、実は一カ月だってもつ」とのことだ。

納豆は発酵が進むとアンモニア臭を出す。要するに臭くなり、ふつうの人は「もう食べられない」と思って捨ててしまうのだが、遊作社長曰く「別に害はないんです。

ヤギのチーズみたいなもの。それが好きだって言う人もいるしね」

感心しつつも、やはり今ひとつ実感がわかない。納豆は霧の彼方《かなた》にぼんやりと浮かぶのみだ。

私がタイから持ち帰ったサーオ・ゲーオおばさんのせんべい納豆を見せると、社長はしげしげとそれを眺め、やおら質問を発した。

「この藁みたいなものは何？」

言われてみれば、長さ五ミリほどの細かい藁みたいなものがせんべいの全面に散らばっている。

え、シャンのトナオにもワラを使っているのか？

私はにわかに動揺した。もしワラを使っているなら、日本の昔の納豆と変わらない。センファーにはそんな話を聞いてないが、なにしろ「話」だけで自分の目で見てないのだ。社長の率直かつ鋭い質問は続く。

「雑菌は入ってないのかな。藁は煮沸している？」

「藁は全然使わないの？」

「このやり方でどうやって安定した質を保っているの？」

……。

何も答えられなかった。またしても無知蒙昧《むちもうまい》な輩《やから》に転落した気分だ。総本山では異端審判を受け、非主流派では質問攻めにされる。

アジア納豆はやはり「納豆とは似て非なるもの」なのだろうか。あるいは昔の日本同様、ワラを使った納豆なのだろうか。それとも、ワラは使わないが、しかし日本と同じ納豆なのだろうか。

今の私には判断のしようがない。アジア納豆について知らなすぎるのだ。やはり家族旅行のついででは限界がある。もう一度、アジア納豆を一から取材し直さねばなるまい。

それに私はまだ北タイとシャンとカチンの納豆しか見ていない。アジアには他にも納豆を作って食べる民族はいくつもあるらしい。もっとすごい納豆があるかもしれない。シャン族のエリア以外に「本場」がないとはいえない。

それを見に行かなければならない。いや、必要性がどうのでなく、自分の目でぜひ確かめてみたい。

かくして本格的にアジア納豆取材に出かけることにしたのだった。

第三章　山のニューヨークの味噌《みそ》納豆

チェントゥン／ミャンマー

シャン族の美人女将《おかみ》は日本の納豆をどう見たか

「納豆はわれわれのソウルフードだ」と豪語するミャンマーのシャン族。満を持してその本場であるシャン州へ出かけたのは二〇一三年十一月のことだった。

同行するのは早稲田大学探検部の先輩で、フリーのテレビディレクターとして数々の辺境ドキュメンタリーを作ってきた竹村拡《たけむらひろむ》さん。彼がミャンマーやタイでドキュメンタリー番組を作るのを私が手伝ったこともあれば、私がアフリカ・サハラ砂漠のマラソン大会に出場した際に（別の後輩と一緒に）映像を撮ってもらったこともある。最近では互いに「主夫」を務めていることもあり、「いかにして家族の不評を買わずに昨日の残り物をリサイクルするか」など料理について語り出すと止まらなくなる。納豆探索にはうってつけのパートナーだ。

ふつうシャン州へ行くなら、ミャンマーの旧首都にして随一の大都会ヤンゴンから入る。だが、私たちはそうせず、チェンマイに飛んだ。

タイ北部とシャン州は文化圏としてつながっていることを前回の旅で実感したから

だ。納豆に関しても二つの地域は糸引きあうような連帯感を見せている。ならば、タイ北部からそのままシャン州へ移動して、共通点や相違点を見ていく方が理に適《かな》っているると思ったのだ。

チェンマイ到着早々、私たちは市内にあるシャン料理店「フン・カム」に出かけた。ここは私の旧友センファー夫妻の行きつけの店で、前回の滞在中に連れて行かれたのだ。

「チェンマイにはシャン料理店がいくつかあるけど、ここがいちばん美味《おい》しい。本物のシャン料理だよ」と彼らが絶賛するとおりだった。なによりこの店のよいところは、ごく一般の家庭料理からレストランならではの凝った料理までなんでも出すことだろう。

客はほぼ百パーセント、シャン族。裏通りにひっそりとあり、看板もないので、ふつうのタイ人がぶらっと来ることはないのだろう。

しかし、実はこの店、何よりも派手な〝看板〟がある。店名ともなっている美人女将のフン・カムだ。年齢は二十代後半だろうか。ぱっちりした目と抜けるように白い肌、仕草は色っぽく、言葉遣いにはキレがあって、男まさり。姉御《あねご》肌というやつだ。

シャン州にいたときはテレビやラジオのアナウンサー、それにカレンダーのモデルなどをやっていたという。

この日は髪を後ろにまとめ、細めのジーンズにパンプス、モスグリーンの腰がくびれた厚手のジャケットをまとい、そのお洒落《しゃれ》さに「これからパーティにでも出かけるのか」と思ったくらい。

挨拶《あいさつ》したら、いきなり「あなたは前よりハンサムになったね！」とシャン語で言ってウインクする。

「ノーン（「妹」の意。年下への呼称）もキレイになったね」と返せば、

「あたし、ノーンじゃないよ、〝ピー〟（お姉さん）だよ」と笑う。

初っぱなから彼女のペースである。

だが、この店に来たのは若女将と親しむためではない。取材だ。竹村先輩にシャン料理を食べてもらうのだ。私のパートナーとして、まずはシャン料理を知ってもらわなければならない。フン・カムとは対照的に無口なダンナさんが黙々と料理を作り、フン・カムが陽気な足取りで運んでくる。

腹が空《す》いていた先輩は片っ端からパクパクと食べて、「うわっ、うめえ！」と声を上げた。

前回のチェンマイ滞在中、何人もの日本人の友だちやその家族をここに連れてきており、みんなに喜ばれていたが、先輩ほど嬉《うれ》しそうにパクついた人はいなかった。「シャンの人たちってこんなに美味《うま》いもん、食べてるんだ！」と先輩は感嘆したものだ。

よかった。これで安心して「アジア納豆探索隊」をスタートできる。

そして、いよいよ本日のメインイベント。私は府中の登喜和食品からもらった藁苞《わらづと》納豆を持参してきていた。それを「納豆の本場」であるシャン族に食べさせたら、どういう反応を見せるのか試すつもりなのだ。

「日本のトナオがあるよ」と若女将フン・カムを呼ぶと、まるでマドのように興味津々《しんしん》の面持ちで寄ってきた。彼女と一緒に苞を開ける。私は私で彼女の反応に興味津々。

果たして彼女は納豆を見ると、「あー、トナオ・サ（糸引き納豆）なのね」と柔らかく微笑《ほほえ》んだ。驚くでも喜ぶでもない。その顔に浮かぶのは〝馴染《なじ》みの人に出会った〟というような親愛の情だった。そう、私たちがシャンのトナオやトナオ入りの料理を食べたとき感じるのと同じものだ。

そのまま藁に顔を埋めるように匂《にお》いをかぎ、「ホーム・ホーム（いい香り）」とうなずいた。

外国人がここまで藁苞納豆に自然な態度をとるのである。「我らは納豆に選ばれし民」と思い込んでいる日本人全員に見せてあげたいと思ったほどだ。

ただ、この反応は正直言って私にも意外だった。というのは、シャン族の納豆はあまり糸を引いてないと聞いていたからだ。でも、彼女は一粒つまんで口に入れ、「味も同じだね〜」と屈託がない。「ただシャンのトナオは一週間でできるけど、これは作ってから一カ月も経《た》っているみたいねー」

うーん、ちょっと大げさではあるが、なかなか的を射た意見だ。もらったときすでに十分発酵したこの納豆はうちの冷蔵庫で数日間を過ごし、さらにチェンマイのこの店に持ってくるまで常温（二十〜三十度）で二日以上を経ている。私たち日本人にとっても、やや発酵しすぎな代物《しろもの》だったのだ。

フン・カムが厨房《ちゅうぼう》にいるダンナさんを呼んでくると、彼もまた納豆の粒を口にして「うん、同じだ」と静かにつぶやいた。

「よし！」と私はひそかに拳《こぶし》を握った。

竹村さんとフン・カム夫婦によって、重要なことが確認されたのだ。すなわち、日本人がシャンのトナオを食べても「納豆と同じ味と匂い」と感じられ、シャン族の人が日本の納豆を食べても「シャンのトナオと同じ」と感じられるということだ。納豆の特徴とは「独特の匂いと味、そして糸引きにある」と日本納豆宗の総本山・納豆連のお二方も言っている。それなら「日本とシャンの納豆は同じ」と言うしかないではないか。

しかし、日本納豆はシャン族の厨房において、さらに意外な経験を味わうことになる。フン・カムとダンナが「これ、炒《いた》めるよね?」と当然のように言ってきたのだ。炒める? この過度にネバネバした納豆を? 自分のシャン語がおぼつかないので聞き間違いかと思ったが、彼らは私の答えを待つこともなく、さっさと半分の納豆を器にあけ、厨房に持って行ってしまった。私たちも慌《あわ》てて後を追う。

ダンナはタマネギ、生姜《しょうが》、唐辛子を刻み、中華鍋《なべ》で先に少し炒めたあと、納豆をドバッと放り込んだ。自分が長年親しんできた納豆が香味野菜と一緒に油炒めされ、プツプツ小さな気泡を出して活発に弾《はじ》けていくのを見ると、なんだかうちの穏やかな七十すぎの母親が目の前で急にサルサダンスを踊り出したような違和感と驚きにとらえられた。

時間にして三分くらいか。パクチーを入れて出来上がり。木のテーブルの上に皿がぽんと置かれた。味見すると、他の野菜類を混ぜているのに、納豆の香りはより濃厚になったよう。油や唐辛子の匂いを差し置いて「いちばん乗り！」という勢いでもわっと立ちのぼる。

「トナオは熱するといいのよ。香りが出るから」こちらの心を見透かしたようにフン・カムが言う。

たしかに。「生」にこだわりがちな私たち日本人が気づきにくいポイントだ。

彼女の反応はさらに面白い。パッと顔を上げて「餅米《もちごめ》、ほしいよね？　ね？」私がうなずくと、ダンナから小銭をひったくるようにとって、外へ飛び出した。ものの三分くらいで鈍く光る白い米の入ったビニール袋を手にして帰ってきた。近くの屋台で買ってきたのだろう。チェンマイを中心とする北タイは餅米文化圏である。

「やっぱりトナオには餅米よね～」

餅米のかたまりを納豆につけ、口に入れると、「おいしい～」とニコニコ。水を得た魚というか、ものが本来あるべき場所におさまる心地よさが伝わってきた。

私たちも同じように、変わり果てた登喜和食品の納豆を餅米につけて食べてみる。生より固めの豆をこりっと噛《か》むと、納豆の旨味《うまみ》が口の中にパツンと弾ける。油でコーティングされた分、旨味が凝縮されたようだ。一度も食べたことがない味なのに、昔からよく知っている味に思えた。糸引きがなくなっているのに、旨味が変わっていないことも驚きだった。

この頃になると、フン・カムは完全にお友だちモード。店のオーナーと客という関係を忘れたように、一緒にテーブルを囲み、トナオやナンピックを味わいながら、納豆について語り続けては飽きない。

「トナオは朝でも夜でも食べる〜。毎日、毎月、毎年食べる〜。お父さん、お母さんがいなくてもトナオはある〜」と、まるでそんな歌があるかのように、納豆礼賛《らいさん》の文句がするすると彼女の唇からこぼれてくる。

かと思えば、急に「シャン族でトナオを食べない人は一パーセント。日本人は？」と訊《き》いてくる。

うーん、と私たちは考え込む。「みんながみんな、食べるわけじゃないですよね」と私が言うと、先輩も「そうだなあ、西の人は食べない人も多いから、二割くらいかな」

日本人の二〇パーセントは納豆を食べないと伝えると、フン・カムは「え、食べない人がそんなに!?」と心底驚いた顔をした。間違いなくこの日いちばん驚いていた。

もう「すみません」と謝るしかない。

納豆に関する名言製造機械と化したフン・カムだが、私がいちばん印象に残ったのは、「シャン族の苗字《みょうじ》はトナオ、ビルマ族の苗字はンガピ」というビルマ語の表現だった。

ンガピとはエビを発酵させて作る調味料で、ビルマ族がとても好む。フン・カムによれば、ビルマ族はもともとトナオをあまり食べない。一方、シャン族はトナオばかりでンガピを食べない。だから、「シャンといえばトナオ、ビルマと言えばンガピ」というような言い回しができたのだろう。

「日本人の苗字は？」と訊かれて、私と先輩はまた顔を見合わせた。

私たちの苗字？　毎日それなしではいられないというもの。納豆でないのは間違いない……。

「醤油《しょうゆ》だと思う」と答えると、フン・カムは納得していた。シャン族も中国人（漢族）の影響で麺《めん》類などに若干醤油を使う。

「タイ族（一般的なタイ人）の苗字は何だと思う？」今度は私が訊くと、彼女は小首を傾《かし》げて「ナンプラーかな」と答えた。まあ、そうだろう。

さて、ここで気づいたことがある。ビルマ族の主要な旨味調味料（ダシ）はンガピ。タイ族はナンプラー。どちらも海の魚介を使った発酵調味料だ。ちなみにタイ族もンガピをよく食べる。しかるに、タイ族とビルマ族にはさまれたエリアに住むシャン族はどちらも使わない。

結局のところ、シャン族の人々は魚介類が届きにくい内陸の高地に暮らしているということがポイントなのだろう。そしてその代わりに納豆が旨味調味料として発達したのだろう。もちろん、納豆は、平野部に比べて川魚が入手しにくく家畜も養いにくい内陸の高地では貴重なタンパク源でもある。

アジア納豆。それは山の生活を支える食品にして旨味調味料なのではないかという仮説が浮上したのである。

桃源郷の味噌納豆

仮説を胸に抱きつつ、いよいよシャン州を目指す。ミャンマーの東北部に位置し、タイとラオスと中国に接するこの州は面積ざっと十五万平方キロ。北海道と東北地方を足してもまだ及ばないほど広大な土地だ。「北部」「南部」「東部」に大きく分けられ、同じシャン族でも言語や文化が異なるとされる。納豆もきっとそうだろう。

まず向かったのは東部の中心地、チェントゥンだ（チャイントンまたはケントゥンとも呼ばれる）。私はこの町に特別な思い入れがある。あれは今から二十年も前、私がチェンマイに住んでいた頃だ。チェントゥンが初めて外国人に開放されたというニユースが入り、真っ先にタイ国境から陸路で入った。国境から山をうねうねと登り、峠を下ると、そこは桃源郷のような場所だった。

広い盆地の真ん中に美しい湖と黄金のパゴダ。取り巻く田んぼと古い高床式の家屋。そして、なんといっても市場だ。朝の清冽《せいれつ》な空気の下、周辺の山々からさまざまな山岳民族の女性が集まってきていた。竹の籠《かご》を背負い、銀の飾りや原色の鮮やかな衣装をまとい、素足に草履、裸足《はだし》のままの人もいた。山のものを売り、里のものを買って帰るのだ。とても現代とは思えない反面、その賑《にぎ》わいと活気は「都」としか言いようがなかった。あんなに魅力的な市場は世界の他のどこでも見たことがない。

あの夢のような市場にも納豆が売られていたはずなのだ。当時、気づかなかっただけで。一体それはどんな納豆だったのか。なによりも先にそれが知りたかった。

私たちは二十年前と同じルート、つまりチェンマイから陸路でチェントゥンをめざした。

国境の町（ミャンマー側）タチレックを朝九時過ぎに出発すると、バスはぐいぐい高度をあげていく。

以前、難儀した悪路はいまやきれいに舗装され、大型バスはすいすいと走り、午後三時には着いてしまった。町は一見、変わってなかったが、新しいホテルがいくつも建っている。だがどこも満室。チェントゥンはミャンマーの中央部とタイを結ぶ交通の要所として大いに栄えているらしい。ようやく町外れのゲストハウスに部屋を見つけたときには、もう日が暮れていた。

宿のおかみに、どこか飯を食えるところはないかと訊《たず》ねると、住み込みで働いている十歳くらいの子供が一緒に行ってくれた。町は街灯が一切なく、真っ暗。人通りはまばらで、ときおりトラックが爆音を響かせ通り過ぎるのみ。誰か案内してくれる人がいないと、勝手のわからない外国人は歩くに歩けない。

案内してくれた店は裸電球一つがポッと灯《とも》る屋台の串焼き屋だった。炭火の上に肉や練り物、魚などをのせて焼いている。闇夜《やみよ》の灯りに虫が集まるように男女が集まっていた。私たちもその虫の仲間入りをした。飛び交っているのはタイ語に似ているが、もっと音が柔らかいシャン語である。

私も怪しげなシャン語で豚のモツやゆで卵などを注文すると、店の女の子が「餅米は？」と訊く。「もちろん」と答えると、今度は「焼く？」。温め直してくれるわけだ。同じく餅米を常食とするタイ北部ではこんなサービスはない。

すこぶる面白く思い、再度「もちろん」。だが、次の問いは予想だにしなかった。

「トナオ（納豆）、つける？」

なんと、もう納豆登場か！　早すぎる。

これまでタイ北部ではずっと自分から納豆を探し求めてきた。向こうから提案されたのは初めてだった。三度目の「もちろん!!」

しかし、いったいどんなトナオだろうか。見せてもらうと、どろどろした赤いタレみたいなものだった。これが納豆？

怪訝《けげん》な顔をする私たちに構わず、女の子は包みから餅米を取り出した。包みといっても、直径五十センチほどもある、裏がビロードのように毛羽立った大きな木の葉っぱだ。平べったい冷えた餅米を炭火の網の上にのせ、表面にトナオのタレをスプーンですくって塗りつける。炭火に炙《あぶ》られて香ばしい匂いが立ちのぼる。

この匂い、この光景……何かに似ているとしばらく考えてわかった。

「これ、焼きおにぎりそっくりですね」私が言うと、先輩も「ほんとだ」。

女の子は両面を丁寧に焼くと、再び葉っぱにご飯をくるみ、串と一緒にビニール袋に入れてくれた。

宿に帰ると早速、味見。布のような葉っぱの包みを開き、米をちぎる。ごわごわ、ほかほか、はまさに焼きおにぎりの感触。口に入れると、けっこう辛い。納豆と言うより味噌。辛味噌だ。ただ塩気が薄いため、ちょっと上品に感じられる。そして、しばらく噛んで飲み込み、鼻から息を抜くと、はっきりと納豆の風味が鼻孔に感じられた。

「味は納豆だけど、使い方はまるっきり味噌なんだな」先輩も言う。

思い出の桃源郷で出会った最初の納豆。それは〝味噌納豆〟だった。

メトロポリタンの市場

夜は毛布二枚重ねでちょうどいいくらいの冷え込みだった。翌朝、白い息を吐きながら、バイクタクシーに乗って市場にでかけた。

二十年前の夢のような風景が今時残っていると期待してはいなかった。とくにミャンマーはここ数年の経済発展がすさまじいのである。案の定というべきか、市場の周りには何百という数のホンダや中国製のバイクがびっしり駐車されており、携帯やスマホを手にした人も少なくない。中国雲南省の田舎の市場のようでもある。

一方で、この市場ならではの独特さも感じていた。ひとしきり歩いてからその理由に気づいた。とにかく静かなのだ。

市場というのは世界中どこでも騒々しいものだ。売り子が大声で客を呼び、荷物運びが「どけ、どけ！」と怒鳴る。でもここは、よそ見しているとすぐ誰かにぶつかるほど混雑しているのにもかかわらず、ひそやかなのである。

私が二十年前に感じた「山の都」という印象は、空気が澄んでいて近代文明から隔絶された山の民が多いという理由だけではなく、この静けさも一因だったのだ。一般に洋の東西を問わず、山の民は大声を嫌う。それがこの市場でも厳然と生きているのである。

さて、私たちは納豆を探して歩き回った。チェントゥンは田舎とはいえ、シャン州きっての大きな町なのだ。納豆売り場がドーンと展開されていると期待していた。そこでいろいろな納豆を見比べ、この土地を代表するような納豆を見極めたうえで、その製造現場を取材しようという魂胆だった。

ところが、全然見つからない。なぜ、シャン族の土地で、彼らのソウルフードが売られてないのか。

二時間近く、市場の内外を歩き回った。市場も町も見れば見るほど面白い。チェントゥンは実に不思議な場所だ。どこの町にもある「主要言語」がない。

いちばんよく耳にするのはシャン語。でもここチェントゥンの方言（クン語と呼ばれる）や他の土地の方言が混ざっている。

茶店などではビルマ語が使われている。両替商はみんな中国人（漢族）なので中国語（雲南方言か普通話《プートンホワ》）。山岳民族もけっこう中国語で私たちに話しかけてくる。さらにここではタイのテレビ放送が普通に見られるとのことで、シャン族ならたいていタイ語がわかる。

共通語が四つもあり、どれも決定的に優勢ではない。私も相手に合わせて、なんとなく四つの言語を使い分ける。主要言語が不明だと誰がここの本場の人かわからない。私のシャン語や中国語が下手でも誰も気にとめない。

民族のバラエティも豊富だ。色の白いシャン族、ごつごつした感じの雲南系漢族、色黒で彫りの深いインド系、頭に黒い布を巻き、お茶を売っているタイ・ローイ族、銀細工の帽子をかぶり、全身を銀と青、赤、黒の民族衣装で覆《おお》ったアカ族の女性もいる。

人種のるつぼ、あるいは民族のモザイクと言うべきか。あまりにいろんな人がいるので、誰がどの民族かも気にしないような雰囲気はまさにメトロポリタン。

「まるでニューヨークみたいだ」と一度も行ったことのないくせに勝手に思った。

「ニューヨークはすごく居心地がいい」という話をしばしば耳にするが、きっとこういう多民族多言語の中に紛れ込む気安さなんだろうなと想像してしまった。チェントゥンからニューヨークを想像する人はあまりいないと思うが……。

しかし。問題なのはこの〝山のニューヨーク〟に納豆が見つからないことだった。

——おかしい……。

内心、焦《あせ》りだした頃、ようやく一軒見つけた。三十歳くらいのシャンの女性が一人、せんべい納豆の屋台を出していた。訊くと、「自宅で作っている」という。

私と先輩は顔を見合わせた。「どうしようか？」「うーん……」

我々としてはやっぱり「これがチェントゥンの代表的な納豆です！」と日本の読者に見せられるような納豆製造現場に行きたい。こんな個人の内職みたいなやつじゃなくて……と思うのだが、選択肢は他にないのである。

もう一つ、実際問題として、このおねえさんが私たちの取材を受けてくれるかどうか。いきなり見も知らぬ外国人のおっさん二人が「家に行って納豆作りを見せてほしい」と言ったら、たいていの女性は困惑するだろう。しかも、竹村先輩は体格がよく、色がインド系のように黒い。坊主頭《ぼうず》に麦わら帽子、首には手ぬぐい、だぶだぶのズボン、草履履きで、まるで色黒の寅《とら》さんか、筋肉質の裸の大将みたいな風貌《ふうぼう》である。ぱっと見はかなり怖い。

でもダメ元で訊いてみたら、おねえさんは「ライ、ライ！（いいわよ！）」と明るく返してくれた。彼女の名前はナン・ホン。作っているのは彼女のおばさん（母の姉）夫婦で、ここから一時間ほど離れた村に住んでいる。毎日、朝六時から八時半くらいがトナオ作りの時間だとのこと。

彼女はその場でおばさんに携帯で電話し、あっという間に約束を取り付けてくれた。

「大丈夫。明日、六時半頃に行くって言っておいたから」

ナン・ホンはてきぱきと言った。すばらしい。さすが山のニューヨーカー。田舎の人らしからぬ社交性と実務能力を持ち合わせている。話がえらく早いのだった。

葉っぱを使った納豆作り

翌朝、まだ暗いうちに宿を出て、ナン・ホンの伯母夫妻が住むタオフエ村へ向かった。宿で借りたトヨタ・ハイラックスのハンドルを握るのはサムという若者だ。ナン・ホンとはシャン語で簡単な会話こそ成立していたが、取材用の込み入った話は難しい。宿に出入りしていた観光ガイドのサムに通訳（英語・シャン語）として同行を頼んだのだった。

サムは素《す》っ頓狂《とんきょう》な紫色のカウボーイハットをかぶりつつ無愛想という、ちょっと掴《つか》み所のない男だったが、納豆の話になると、別人のように熱い口調で語り出した。

「シャン語で〝トナオ・タイ（シャンの納豆）〟って言葉がある。『本当のシャン族』

って意味だ。そのくらいシャン族はトナオが好きなんだよ。チェントゥンでも年配の人がいる家ではたいてい手造りしているよ。うちでも一年に一回、十二月に作る。一年は優にもつね」

そうか。手造りする家が多いから、市場ではあまり売ってないのか。

またサム曰《いわ》く「チェントゥンでトナオを作るのはシャン族だけ。ビルマ族も少数民族も中国人も食べるけど、作らない」（これは後で本当だと確かめられた）。

こんな二十歳《はたち》そこそこの若者でも納豆について誇らしげに語るから感心してしまう。

やっと明るくなった頃、稲刈りの終わった田んぼに囲まれた集落に車は止まった。高床式の木造家屋の家は、オレンジの屋根瓦《がわら》が古びて黒ずみ、それが日本の古寺のようなわびさび感を醸《かも》し出していた。

ある家の庭でハーフパンツ姿の中年男性が何か作業をしていた。それがナン・ホンの（義理の）伯父、ルン・クイ（クイおじさん）だった。

われわれは挨拶も抜きで〝トナオ小屋〟に通された。高さ一メートルほどの小さな小屋の中を覗《のぞ》くと、直径八十センチほどの大鍋に大量の豆が、炎の出ない程度の炭火でじわじわ煮込まれていた。

その横には毛布と蚊帳《かや》に覆われたものがおいてある。ほかほかと温かい毛布をめくると、バレーボール大の籠が十個ほど現れた。

「おお、これが発酵中のトナオか」

納豆の発酵を見るのは初めてだった。意外だったのは籠の内側に青い葉っぱが敷かれていたこと。シャン州では発酵にワラではなく、木の葉っぱを使うと聞いていたが、てっきり乾いた葉だと思っていた。前述したように、枯草菌は世界のどこにでも存在し、例えば土や木の葉などにも見られるとされている。でも、この「枯草菌」という名称に引っ張られるのだろう、「納豆菌も枯草菌の一種だから枯草《かれくさ》でよく見つかる」と日本の納豆関係者は口をそろえる。当然、私もそう思い込んでいたわけだ。だが、実際には青々とした葉っぱである。しかも、それは餅米を包むのに使うのと同じ葉っぱだった。あとで調べたがクワ科イチジク属の葉のようだ。これに納豆菌かそれに類する菌が付着しているらしい。

「こんな青々とした葉っぱを使うのか！」と率直に驚いてしまった。

ここでは三、四日かけて発酵させるという。

急な階段をきしませて高床の家に上がった。床下で豚を飼っているようで鳴き声が聞こえてくる。奥さん（ナン・ホンの伯母）であるパー・プック（プックおばさん）がせんべい納豆をせっせと作っていた。私たちが挨拶すると、にこにこ微笑んだが、手はとめない。

クイおじさんは発酵済みのトナオを加工する作業を行っているところだった。七、八個の籠が並んでいる。その一つを摑むと、葉っぱをどけ、中の豆をプラスチックのたらいにザザッとあけた。触ると粒は柔らかい。匂いも納豆、口に入れても納豆の味がする。ただし、糸はほとんど引いていない。

私はじっと目をこらしたが、ワラの類《たぐ》いは一切入っていない。発酵した大豆のみだ。やはり、ワラは使っていない。この青い葉っぱだけで納豆を作っているのだ。

おじさんはそれを片手ですくい、手回しのミンチマシンの漏斗に流し込んだ。

「うちの田舎でも昔、家で味噌を作ってたんだけど、これと全く同じもんを使ってたよ」と長野県出身の竹村先輩が驚いたように言う。

ハンドルを回すと、まるでパスタか蕎麦《そば》のように麺状の納豆がにゅるにゅる出てくる。もちろん、麺ではなく、つかむとぐちゃぐちゃ。この納豆ペーストを手のひらでくるくるっと団子状に丸める。それをおばさんがパタパタとはたくようにして、せんべい状に伸ばす。素手では納豆が手にくっつくので、白い毛がびっしり生えた葉っぱを手のひらに当てている。

平たくしたトナオを竹の台の上にきちんと並べていく。いっぱいになると、外に干

手で叩くようにペースト状の納豆をのばす。

す。「朝早く、霧があるときに干すといい」とおばさんは言う。だからトナオ作りの作業は四時半から九時くらいまでに行うそうだ（おばさんたちは時計を持ってないようだから時間は適当である）。

「家内制手工業っていえばそうだけど、けっこうシステマティックだな」と先輩。訊いてみれば、毎日十キロくらいのせんべい納豆を作るという。原料の大豆は約一万チャット、売り上げが約二万チャット、つまり一日の純益は一万チャット。一カ月では三十万チャットになる。日本円にして約三万円。公務員の月給が一万円に満たないミャンマーでは相当よい収入である。

隣の家でもトナオを作っていた。こちらは唐辛子入り納豆。同じ納豆に唐辛子を混ぜるというわけではない。豆は堅めで、納豆の味も薄めだ。

「こっちは発酵に一日か二日しかかけない。味付けするからそれで十分」とのこと。

臼《うす》に、納豆のペーストを入れると、ニンニク、生姜、唐辛子、塩、アジノモトを加え、杵《きね》でつく。

「この味付けトナオは、すぐに料理が作れて便利だ」とサムは説明する。なるほど、ここに調味料が全部入っているわけだ。カレーのルウや「××の素」的な調味食材に似ている。常に手抜き、いや手軽な調理を追い求めている主夫としては大変そそられる。

「でも、辛いものが好きじゃない人や子供がいると使えない」とサムは釘《くぎ》をさす。出来合いの調味料は味の調整ができないという意味だ。その辺も日本の「××の素」と同じだ。

そういえば、と思いだし、隣のおじさんに「日本ではワラでトナオを作るんですが、ここでは使わないんですか？」と訊いてみた。なにしろ、この家は田んぼに取り囲まれており、稲藁もそこかしこに積んである。

すると、おじさんは「ワラ？」と変な顔をして首を振った。

「使わないね。そういう方法は聞いたことはあるけど、隙間《すきま》から豆がこぼれるし、手間がかかってしょうがないだろう」と言う。

へえ。一応、ワラで作る方法はシャンのどこかである（あるいは「あった」）らしい。知ったうえで、やり方が面倒だと却下しているのだ。

「日本では編んだワラで豆を包むんです。で、それを火の近くに置く」と説明すると、彼は「あー、それならわかる。同じ考えだ」と笑った。

納豆の話でわかりあえる。なんだかとても嬉しくなった。

「おい、高野〜」と竹村先輩の声がした。先輩は村の中の撮影に出かけ、戻ってきたところだった。

「他の家でも納豆つくってるよ。あちこちに干してある」

驚いたことにこの村は三十二軒中二十二軒がトナオを作っているという。

「ここはトナオで有名な村だよ」今頃になってサムがさらりと言った。「着いたら、思い出したんだ」

知らないうちに、私たちはチェントゥンを代表する納豆村で取材をしていたのだった。

消えたチェントゥンの巨大せんべい納豆

一通り作業工程を見終えると、クイおじさんがせんべい納豆を焼いたものと餅米、それに味噌納豆を出してくれた。せんべい納豆は味付き（唐辛子入り）とプレーンの二種。作りたては新鮮でおいしい。匂いも味もピンと「立っている」。酒蔵見学で飲む酒を思い出す。

二種類のうち、やはり、プレーンの方が豆の風味が強い。チェントゥンで一般的な味噌納豆は「トナオ・エム」と呼ばれる。トナオのペーストに生の生姜と唐辛子を入れ、容器に保存したものだ。保存中も発酵し、だんだん酸《す》っぱくなるが、「それも美味しいんだ」とサム。

トナオというのは実に食欲をそそる。朝飯を食ってきたので満腹だったのに、一口味見するつもりがどうにも止まらない。

餅米は大きい塊をぐいっと引きちぎり、真ん中に味噌納豆を練り込むように付け、口に押し込む。いかにも「農家の飯」だ。押し込む。ちょっとおにぎりにも似ている。

それを見て、突然ハッとした。

「そうか、餅米だから味噌納豆なのか！」

餅米はジャポニカ米のように粘り気がある。だからおにぎりのような形に握ることができ、味噌状の調味料を塗りつけるとちょうどいい。でも、パラッとした一般のタイ米（うるち米）にはなじまないだろう。

思えば、北タイ特産の「蒸し納豆」、あれも味噌納豆の一種だと言える。蒸し納豆を食べながら、「これ、何かに似てる……」とずっと思っていたが、答えは「味噌」だった。「蒸した熱い味噌」なるものを食べたことがなかったので、すぐに結びつかなかったのだ。

北タイでは米と蒸し納豆を野良《のら》仕事の昼飯に持っていったというのも、昔の日本で米と味噌を田畑に持って行って食べていたのに似ている。

「チェントゥンの人はだいたい家では餅米を食べる」とサムは言う。シャン州では餅米を食べるところもあるし、そうでないところもあると聞く。もしかしたら、北タイからチェントゥンにかけての地域は餅米文化であるがゆえに味噌納豆が発達したのかもしれない。

ところで、この村はなぜ「納豆村」になったのか。聞いてみれば、その理由が面白い。

クイおじさんとサムによれば、昔チェントゥンでは人の顔より大きい巨大せんべい納豆を作っていたという。サムの祖母の頃にはまだ存在し、使うときはハサミで切ったそうだ。日本の海苔《のり》みたいだ。

いっぽう、この村は百数十年前、シャン州の北部から移住してきた人たちが作ったという。北部のシャン族は昔から小型のせんべい納豆を作っていた。サム曰く「おいしいトナオを作るには、とにかく勤勉でなきゃいけない。豆を煮る鍋をよくチェックするとかね。でもチェントゥンの人間は怠け者だからダメだ。北部の人のほうがきちんと仕事をする」。

「気候の温暖な南部より寒い北部のほうが人間が勤勉」という話は世界のあちこちで聞くが、シャン州もそうなのだろうか。ともあれその結果、チェントゥンの粗い巨大納豆はこの村が作る北部の質の安定した小型納豆に駆逐され、消滅してしまったという。今ではこの村に限らず、誰もが小型納豆を作っている。

人に歴史ありと言うがチェントゥンの納豆にも知られざる歴史があるのだ。サムの語りは、味噌納豆でさらに燃え上がる。彼の母が味噌納豆作りの名人だというのだ。それは満更、この村の話と無関係ではなかった。

サムの母は、シャン州北部に隣接する中国雲南省の西双版納《シーシュアンパンナー》（シャン語で「シップソンパンナー」）という地域の出身で、やはり北部のシャン族である。チェントゥン出身のサムの父に嫁いだあと、「カオ・プン」という西双版納でよく食べる軽食の店を始めた。それが評判になり、今ではマンダレーやヤンゴンにまで空輸されるほどだという。そして、彼曰く「うまいトナオなくしてうまいカオ・プンなし」。

カオ・プンにも味噌納豆をかけるらしい。でもそれはトナオ・エムでなく、「トナオ・モン」という西双版納の味噌納豆。豆を煮る前に二十分も乾煎《からい》りして焦《こ》がす。だから黒っぽい色で味も濃いという。

せっかくなので、彼の自宅に行ってみた。市内の中心地で、湖にも近い立派な家だ。広い庭の一角に屋台のような店が作られている。ちょうどお昼どきで、お母さんがせっせとお客にカオ・プンを出している。カオ・プンは米粉を寒天のように固めたものだった。大皿から切り分け、小皿にとると、豆腐のようにぷよぷよと震える。

お客はというと、びっくりしたことにほとんどが若い女子。しかもこんな田舎でどうして？と首をひねるほど、派手なメイクに、華美な服装をしている。そしてみんな、細い。彼女たちはカオ・プンをその場で食べたり、ビニール袋に入れて持ち帰ったりしている。

そうか、タイと同じなんだと思った。チェントゥンではタイのテレビが見られるし、タイに遊びに行ったり出稼ぎに行ったりする女の子も少なくないと聞く。ファッションも真似《まね》しているのだろう。タイの女の子は「棒」のような体型を理想とし、ダイエット願望も日本女子の比ではない。そのため、昼はごくごく軽い麺などで済ますことが多い。このカオ・プンだって、とても食事になるようなものには見えない。軽いおやつ程度だ。おそらくチェントゥンでも若くてお洒落な女子の間にタイの影響が浸透しているにちがいない。だから派手で細いのだ。

お母さんに挨拶し、女の子たちの間に入ってカオ・プンを試した。カオ・プン自体の味はうっすらとした米の甘みだけだが、それにややしょっぱい味噌納豆をつけると、ちょうどいい。チュルンとした喉《のど》ごしと同時に、味噌とも納豆ともつかない風味がツーッと胃壁に滑り落ちていく。私と先輩の感想は完全に一致した。

唐辛子入り納豆せんべいを作るため、材料を杵で搗く。

カオ・プンをほおばるお洒落系の女子。

「これ、味噌田楽みたいじゃん！」

カオ・プンは柔らかめのコンニャクみたいな味と食感だし、トナオ・モンにいたっては味も色も八丁味噌そっくりだ。唐辛子がきつくないので、余計甘く感じる。串には刺さってないものの、前に名古屋で食べた味噌田楽そっくりなのだ。

そういえば、名古屋の若い女子は派手好みで有名だ。チェントゥンは山のニューヨークと思っていたが、意外と名古屋にも近いことが判明したのだった。

第四章　火花を散らす納豆ナショナリズム

タウンジー／ミャンマー

シャン州は信州？

シャン州東部の町チェントゥンで味噌《みそ》納豆を堪能《たんのう》した私たちは、次に同州南部の中心地であり、州都でもあるタウンジーへ飛んだ。

チェントゥンも朝肌寒かったが、標高千四百メートルほどのタウンジーはさらに冷え込みがきつく、まだ十一月というのに最低気温はなんと四度。この年は例年になく冬が寒かったとはいえ、とても熱帯の国ミャンマーにいるとは思えない。

そんな高原の町タウンジーに、私たちは二つの大きな目標をもって降り立った。一つはシャンの納豆を最初から最後まで自分で作ってみること。もう一つはシャンの納豆料理を習うこと。

これまでは「知る」が目的だったが、今回は一段階進めて「体験する」が眼目である。

最初の目標はすんなり叶《かな》った。シャン文化の伝道師であるセンファーが「母がタウンジーに住んでいる。料理も上手だし、ぜひうちに来て母に習いなよ」と呼びかけてくれていたのだ。

もっとも彼も奥さんのアーンも仕事で忙しいというので、彼らの知り合いで英語の上手なナン・ノムという若い女性が通訳兼助手として付き合ってくれた。

お母さんが住んでいるのは郊外に建てられたばかりのマンション。半年前センファーが大枚はたいて購入したものだ。お父さんは早くに亡《な》くなったため、お母さんの一人暮らし。「パー・レーヌー（レーヌーおばさん）」と呼ばれていた。私たちが訪れたときはセンファーのお姉さんがヤンゴンから来て滞在中だった。

部屋に入ると、フローリングのすっきりした床に丸いちゃぶ台がおかれ、窓側には仏壇、反対側にはダイニングキッチンという造り。お母さんもお姉さんも、やや色黒だが、日本人的な顔立ちをしており、ここで写真を撮ったら、「田舎のお母さんが一緒に暮らしている普通の日本のマンション」だろう。

「よくいらっしゃった」と、私たちは大変歓迎された。ただ、こちらがチェントゥンの納豆村で入手した美しいせんべい納豆をお土産がわりに渡したとき、お母さんはさして嬉《うれ》しそうな顔をしなかった。

――シャンの納豆なのに。どうしてだろう？

なんてことを思ったのは、私がまだシャン族の納豆原理主義者ぶりをよく理解してなかったからだ。

実はこの家には山ほどせんべい納豆があった。お母さんは段ボール箱の中味をかき混ぜながら、「これはムンパンのトナオ、これはライカ、これはムンナイ……」と産地の名前をあげて一つずつ見せる。

タウンジーの市場ではピンダヤという町の納豆が何カ所かで売られていたので「ピンダヤは？」と訊《き》くと、「おいしくない」とばっさり。

「じゃあ、おいしいのは？」

「ムンナイ」

お母さんはシャン州南部の町ムンナイの出身である。

「ムンナイのは香りがいいのよ」とお母さん。「匂《にお》いを嗅《か》いでごらん」

手にとってふんふんと犬のように匂いを嗅いだが、ムンナイのトナオは他のものに比べて匂いが薄すぎるように思えた。といっても、他のが特によい香りだったわけでなく、どれも似たり寄ったりというのが正直な感想である。

でも、お母さんによれば、大豆の煮方がちがうのだという。他の場所では鍋《なべ》に水をいっぱい入れて煮る。チェントゥンもそうだった。ところが、ムンナイでは水を少量しか入れない。つまり、「煮る」より「蒸す」に近い感じなのだ。

後から知ったことだが、これには意味があった。通常納豆菌は豆の糖分を分解して発酵を進めるが、煮すぎると水に大豆の糖分が流れ出てしまい、菌はタンパク質を分解して発酵してしまう。そうなると、アンモニア臭、要するに臭みが出やすい。それもあって日本の納豆メーカーはどこも大豆を煮ないで蒸している。

そのときはそんな理屈は知らなかったし、仮に知っていたとしても、風味は「微々たるちがい」にしか思えなかった。なるほど、納豆原理主義に従えば、シャン州の中でも「自分の出身地の納豆がいちばん」という結論になるのか。

「郷土愛が強いんですねえ」半ば呆《あき》れてつぶやくと、信州・飯田市出身の先輩が感心するように言った。「長野県と同じだ」

以後、「シャン州は信州なんじゃないか？」というのが先輩の口癖のようになった。

世界で最も和食に近い料理

翌日から料理教室が始まった。

朝、市場でナン・ノムと食材を買い出し、お母さん宅へ持って行く。

本日は四品、教えてもらうことになった。最初はシャン料理の定番中の定番であり、竹村先輩が「味噌汁」と表現した「パッガーッ・ゲーン（青菜汁）」。

まずせんべい納豆を油で揚げる。もしくは炭火で炙《あぶ》る。大半の料理の元は納豆なので、常にここから料理が始まるのだ。

たっぷりの油を中華鍋に注ぎ、よく熱すると、せんべい納豆を一枚、放り込む。ほんの四、五秒ずつ表裏を揚げて、引き上げる。

次にそれを焼き物の臼《うす》と木の杵《きね》で搗《つ》く。ここはマンションなので、階下に音が響かないように、座布団《ざぶとん》みたいなクッションを敷き、その上でトントン搗く。揚げたてのトナオを搗くと、ふわっと納豆の香りが立ちのぼり、早くも食欲が刺激される。

すっかり粉にすると、次は他のものをつぶす。タイ料理も臼で搗く下拵《したごしら》えがめっぽう多いが、シャン料理も同じようだ。

最初はピーナッツ。その後はニンニク、タマネギ、トマトといった野菜類をすべてハサミで切って臼に入れ、搗く。どれもゴルフボール大なので可能な技だ。トマトを臼で搗く光景は初めて見た。

これらを鍋に入れて煮立てる。お母さんはクノールの鶏がらダシも入れた。納豆のダシだけで作ると思っていたので少しガッカリ。

「昔はトナオだけだったのよ」とお母さんは言う。「でも、ある日、アジノモトを入れたら、あまりの美味《おい》しさにびっくりしちゃった。それからアジノモトが大好きになった」

お母さんは屈託なく笑う。身も蓋《ふた》もない話だが、日本で戦後世代がたどったのと同じ道だ。もっとも日本では昔から「化学調味料は体に悪い」と信じ、決して使わなかった人たちも若干いる（うちの母もそうだ）。ミャンマーでも、一部の人たちは同じことを言う。センファーもその一人だ。

「センファーが嫌がるから、今はアジノモトじゃなくてクノールを入れているの」とのことである。うーん、人工的なうま味調味料という意味では同じだと思うが。

最後にパッガーッと呼ばれる少々サニーレタスに似た堅めの青菜を入れて煮込み、完成。

二番目の料理は、「ナンピック・キン」（生姜《しょうが》の和《あ》え物）。〝ナンピック〟とは本来、「辛い汁」を意味するが、どうやら納豆をはじめとする調味料や香辛料をまぜたものの総称らしい。

粉にした納豆、薄切りの生姜、それに千切った唐辛子を臼に入れて一緒に搗く。

「もっと強く！」とお母さんが言うので、それに従うと、今度は生姜が臼から床にこぼれてしまい、慌《あわ》てて拾って臼に戻したところ、「ムライ（ダメ）！」とお母さんに叱《しか》られた。なかなかうまく行かない。ビデオカメラを回しながら、先輩がにやにやしている。

根気強く搗くと、だんだんペースト状になってくる。そこに鶏がらダシをまた入れる。

この間、お姉さんとナン・ノムはネギやパクチーのおいしい部分だけより分け、長さもそろえている。タマネギやニンニク、人参《にんじん》の皮をきれいに剝《む》き、同じ大きさに切っている。おそろしく丁寧な作業だ。今まで、ナンピックは、タレを作るのに手間がかかるだけで、あとはほとんど生野菜を切るだけなので簡単だと思い込んでいたが、とんでもない。全部の料理の中でもっとも時間がかかっているかもしれない。

こういう地味で目立たないところに心血を注ぐところも、日本的だ。

私の方は、タレ作りを続ける。小ネギとパクチーを洗って手に持ち、ハサミで微塵《みじん》に切り、納豆生姜ペーストに加える。

「これでいいですか、アチャーン（先生）？」と訊くと、お母さんは「あたしはアチャーン・トナオ（納豆先生）だよ」とにやり。「臭い先生だ」

お母さんはなかなかユーモアのある人なのだ。

これで完成。

三番目の料理は、「ナンピック・タオ（海苔《のり》のディップ）」。

〝タオ〟と聞いて初め首をひねった。タイ語で海苔のことだからだ。タイで海苔といえば、魚の練り物に巻いてタイスキ（タイ風鍋）に入れるか、寿司《すし》で使うぐらい。前者は中華風、後者は日本風であり、要は外国の食材を取り入れているだけだ。

しかし、驚いたことにシャン州には海苔があった。正確には川海苔だが、二十センチ四方の紙状にしており、日本人なら誰がどう見ても海苔。保存方法までどうしてこんなに似ているんだろう。ただ、表面がかなり毛羽立っているので、紙よりは薄布に近いが（ラオスにも海苔は存在すると後で知った）。

柔らかい繊維質の海苔を鍋で乾煎《からい》り。続いて、ピーナッツも炒《い》り、箕《み》（竹で編んだお盆のような籠《かご》）の上で皮を剝く。

海苔を臼で搗く。サクサクという音とともに青のりに似たみずみずしい香りが立ちのぼる。

黄色い丸茄子《まるなす》をみじんに切り、水に浸してから塩をつけ、茶こしで濾《こ》す。

生姜をみじん切り。包丁でなく小さなナイフで行うので、不慣れな私は疲れてしまう。手を止めて「はあ」とため息をついたら、お母さんがパッとナイフをひったくり、サクサクと鮮やかな手さばきで一瞬にして終わらせた。

「だって私は七十七歳。子供のときからやってるんだよ」

トマトに深い切り込みを入れ、二つに開き、それを水煮にする。湯むきしやすくするためだ。

通訳のナン・ノムが調理を手伝ってくれているため、私はお母さんやお姉さんとシャン語でやりとりしていた。タイ語に近いチェントゥンのシャン語とちがい、こちらのシャン語は通じにくいのだが、食材の名前や「煮る」とか「臼で搗く」といった料理法、「甘い」「酸《す》っぱい」などの味、「生の」「火が通った」などの食材の状態を表す単語などは、タイ語とひじょうに似ていて助かる。タイ族もシャン族も食べ物へのこだわりが並外れている。食関係の単語はタイ系民族に共通する基礎語彙《ごい》なのかもしれない。

この頃になると、この場にいる人たち全《すべ》ての息が合ってきた。

お姉さんが鍋に何か液体を入れているのを見て、カメラを回しながら竹村先輩が日本語で「それ、何？　油？」と訊くと、姉さんは「ナム、ナム（水よ、水）」と当たり前のようにシャン語で答える。立派に以心伝心している。

川海苔、納豆、ピーナッツ、ニンニク、生姜、ネギ、パクチー、湯むきしたトマト、茄子、炒《いた》めた唐辛子を全て臼に入れ、また潰《つぶ》す。終わったら、タレを器に入れる。トナオを揚げたときに使った油をタレに加え、最後に水を注いでようやく完成。

「なんて手間のかかる料理なんだ！」と驚嘆してしまった。

私は今までいろんな国・民族の料理を取材してきた。煮込みなど、保存して何日も食べる料理などにはたいそう手間がかかるものはあったが、当日に食べきる料理でこんな手間暇のかかるものは初めてお目にかかった。

四番目。トナオ・メッ・コー（粒納豆炒め）。これはレシピ風に手順を示す。

①タマネギを炒める。
②つぶしたニンニクとクミンを投入。
③つぶしたトマトを投入、ヘラでさらによくつぶす。
④トナオを投入。かなりじっくり炒める。
⑤火を止める直前にネギとパクチーを投入。

出来上がった料理をちゃぶ台に並べると壮観だった。

「青菜の納豆味の煮込み」は先輩曰く「味噌汁」、納豆生姜はまるで谷中《やなか》生姜に辛味噌をつけたみたいな味だし、それに納豆の香味野菜炒めと、とどめは納豆と川海苔のディップ。

　全くの外国料理でこれ以上和食に近いメニューが存在するだろうか。ちょっと唐辛子が効いているだけなのだ。

　どれも味が想像できるが、実際に食すと、想像の斜め上を行くような美味しさ。私と竹村先輩は「おおっ！」という感嘆の声を何度もあげてしまう。

　シャンのトナオは糸引き納豆にしてもせんべい納豆にしても、生の状態では日本の納豆とは匂いも味もちょっとちがう。せんべい納豆は風味が薄い気がするし、糸引き納豆はやや臭みを感じる。ところが、不思議なことに火を通すと日本の納豆とほぼ同じ味と香りになる。

　ご飯がまた納豆料理に合う。お母さんの家では普段うるち米を食べているが、これはタイやミャンマーの一般的なインディカ米と異なり、粒が短く、ちょっと粘り気がある。日本米にとても近いのだ。

「シャン米」とミャンマーでも呼ばれ、人気があるそうだ。

　私の経験からいうと、シャンにかぎらず、ミャンマー、タイ、インド、ブータンにかけての高地——つまり納豆を食べると言われている地域では、こういう日本米に似た米がよく食べられている。

食べ終わってから初めて気づいたのだが、今日のメニューは肉も魚も一切使っていなかった。ダシの鶏がらを除けば、ほぼベジタリアンあるいは精進料理なのである。なのに、まるで物足りなさを感じない。

「やっぱり納豆の力だよな」と先輩が感じ入ったという口調で言う。

「どうしてこんなに和食に近くて、しかも美味しい料理が日本で知られてないんだろう？」

先輩が首を傾《かし》げる。

「本当ですよね」

私もそれをずっと考えていた。理由はいろいろある。店で食べるシャン料理は美味しいことは美味しいが、肉や魚が中心で、味付けが濃くてこってりした料理が多く、むしろ中華に近い印象だ。納豆料理も少ない。「外で食べる宴会用料理」として家庭料理と差別化をはかるためなのかもしれないし、単純に中華料理の影響を受けているせいかもしれない。だから、ミャンマーに滞在する日本人はシャン料理を食べながら——多くの日本人は他のどの民族の料理よりシャン料理を好む——和食を結びつけられないのだろう。

ただし、日本人はシャンの家庭料理を口にする機会をかつてはふんだんにもっていた。第二次世界大戦で日本軍がビルマを攻略し占領したときの大きな拠点の一つが、シャン州だったのだ。このとき日本軍の将兵はシャン料理を体験しなかったのだろうか。シャン料理を強く印象づけられる記録について、私は見聞きしたことがない。

太平洋戦争に関する小説を多く手がける作家の古処誠二《こどころせいじ》さんに聞いてみたところ、「ビルマ関連の戦記は二百冊くらい目を通しており、衣食住に関することはメモにとっていますが、残念ながら、納豆に関する記述は思い当たりません」とのことだった。「しょせんは現地民の粗末な料理」と思い込んでいて興味を持たなかったのかもしれない。また、シャン族は唐辛子とパクチーをよく使うので、その二つの食材に親しまなかった当時の日本人は「口に合わない」と即断してしまったのかもしれない（唐辛子やパクチーの量は調整できるし、使わない料理だってあるのだが）。

そうだとすれば、実に勿体《もったい》なかった。なぜなら、第二次大戦が終わると、シャン州は次々と動乱に巻き込まれ、外国人が立ち入れない場所になってしまったからだ。

まず、中国で共産党軍に敗れた国民党軍が国境を越えてなだれ込んできた。彼らは武力を使って無理やり居座っただけでなく、軍事資金を稼ぐためにケシ栽培を行い、アヘンを作り始めた。一時は世界のアヘンの八割がシャン州及びその周辺で作られるという事態となった。世に言う「ゴールデントライアングル」はタイ・ラオス・ビルマ国境地帯ということになっていたが、実質上の中心はシャン州だったのだ。ちなみに、「山のニューヨーク」ことチェントゥンは、当時「ゴールデントライアングルの首都」と呼ばれていた。そして、その最大の名物は味噌納豆ではなく生アヘンであった。

国民党軍とは無関係なところでも、戦争が頻発した。ビルマの軍事独裁政権に叛旗《はんき》をひるがえしたシャン族や他の少数民族の反政府ゲリラが政府軍と激しく戦うようになった。

麻薬組織とゲリラと軍事政権。この三者が組んずほぐれつの戦いを繰り広げるのだから、やがて世界屈指の暗黒地帯と化してしまった。料理などに注目する人がいなかったのも無理はない。私自身、二十年も前からシャン州に関わっていながら、常に気にしていたのは「今どこで誰と誰が戦っているか」とか「アヘンの生産は増えているか」という問題ばかりで、食のことなんか考えもしなかったのは前に述べたとおりだ。

ようやくミャンマーの民主化が進み、暗黒地帯シャン州にも少しずつながら、日の光が当たるようになってきた。私もアヘンや反政府ゲリラではなく、シャンの食文化に注目するようになった。

長い長い動乱の果てに、私たちが見いだしたものが、世界でいちばん和食に近いシャン料理だったのである。

シャンの正月に救われる

もう一つの目標である納豆作りは意外にも難題だった。

「納豆の民」を自称するシャン族は納豆についてひじょうに口うるさい。その彼らに「どこの納豆が美味しいのか」と訊くと、「ライカとムンナイ」という答えが最も多く返ってくる。どうやらその二カ所がシャン州における納豆の名産地、日本で言えば「水戸」に相当する場所らしい。両方ともタウンジーから車で一日かからない距離だと聞き、「じゃあ、そのどっちかで体験させてもらおう」と気軽に考えていたのだが、そう甘くはなかった。

両方とも外国人は許可なしでは訪れることができない町だったのだ。

シャン州はつい最近まで外国人にとって「秘境」だった。いまだに反政府民族ゲリラや各種の武装勢力がそこかしこに出没するし、シャン族の友人たちによれば、山間部の至る所でケシ栽培とアヘン生産が行われているという（民主化以降、アヘン生産が増大しているとも言われている）。現地の軍、警察、ゲリラの共謀によるものらしい。だからミャンマー政府は外国人の立ち入りについてひじょうに神経質になっているのだ。現在、外国人旅行者がふつうに訪れることのできる土地はシャン州の五パーセントに満たないのではないか。民主化されてもっと自由になったと思いこんでいたが、現状はさして変化していなかった。

市場では納豆がたくさん売られているが、シャン族の納豆はライカ産のものだけしか見ない。他のものはタヌーとかインダー、あるいはパオといったシャン州内の少数民族が作ったのだという。シャン族以外の納豆は初めてお目にかかり、それはそれで興味深いが、やっぱり実際に作るのはシャンの納豆にしたい。そして、シャン族の人たちに自慢したいと思った。

「やっぱり、あの店しかない」と思った。

実は、一軒だけシャン族が納豆を売っている店を発見していたのだ。タウンジーの中央市場は新旧二つあり、「オールド・マーケット」と呼ばれる側に屋台ではなくちゃんとした店舗があった。そこではせんべい納豆も売っていたし、北部のブロック状の納豆も販売していた。ビルマ語でブランド名が記され、ビニールできれいにパッケージされた商品になっている。

できれば村の生活の中で納豆作りを体験したかったからあえてこの店を除外してい

たが、考えてみれば、商品として納豆を生産販売しているのは私たちが見たかぎりタウンジーではその一軒だけだ。シャン納豆界の「おかめ納豆」と言ったら言い過ぎだが、その店の納豆がヤンゴンをはじめ、ミャンマーの全国各地で売られているということは容易に想像がついた。シャン州を代表する納豆店と言えなくもない。

ところが翌朝、店を訪ねて驚愕《きょうがく》した。

なんとオールド・マーケット全体が取り壊されていたのだ。入口は閉鎖され、重機がバリバリと屋根や壁を破壊している最中だった。

「ありえねー！」

前日まではどの店もまったく普通に営業していたから、それこそ目を疑った。まあ、地元の人はみんな知っていたのだろうが、それにしても、である。

州都の真ん中で途方に暮れていた私たちを救ったのは、シャン族の新年だった。シャン族はビルマ族ともタイ族とも異なる独自の暦をもち、この年（二〇一三年）は西暦の十二月三日が新年だった。「シャン暦」では二一〇八年とのこと。西暦より百年近く古い。シャン暦元年は、シャン族最初の王国が現在のシャン州と中国雲南省の国境地帯に建設された年（もちろん伝説だが）に基づくという。

日本の新年と同様、シャンの人たちも年末年始は親戚《しんせき》や知り合いを訪ね合う。タウンジーでは大晦日《おおみそか》に、民族衣装で着飾った何千という人が鉦《かね》や太鼓を叩《たた》き、踊りながら市内を練り歩く祭りを行う。私たちもシャンの民族服を着て参加したが、とても華やかで楽しい祭りだった。これを見に、あるいは参加しに、田舎に住む人たちが大挙して州都に押し寄せてくる。

私たちが毎日、料理を習いに通っているセンファーのお母さん宅にも田舎からの客人がひっきりなしだ。彼らはそれぞれお土産を携えてくる。納豆、豆腐、高菜漬け、餅《もち》、湯葉、おかき……。

「うちの田舎も昔そうだったよ」と竹村さんが感心して言う。「県外の親戚のところに行くときは漬け物をもっていったんだよな。ここはシャン州じゃなくて信州じゃないか？」

お土産を渡すと、お客はちゃぶ台の周りに腰を下ろし、お茶とお茶うけ（おかき、焼いた餅、米粉を固めて甘い味つけをした「ういろう」に似たお菓子など）をいただく。

冗談ではなく、もはや古き良き日本の生活を見たかったらシャン州に行ったほうがいいと主張したいほどである。

同時になぜお母さんが「ムンナイのトナオがいちばん」と言いつつ、他の納豆をたくさんためこんでいるのかもわかった。客が土産にもってくるからだ。私もそのひとりで、チェントゥンの納豆をお土産に渡したとき、お母さんは「またか……」と内心ため息をついたことだろう。

さて、そんなお客の中に、「シャンの水戸」の一つであるライカ出身で現在ここタウンジー在住という女性がいた。キンヌーさんというその女性はなんでも十年前に日本の鳥取県で約八カ月仕事をしたことがあるという。日本語はかなり忘れてしまっているらしく、「紙、つくってました」としかわからなかった。

彼女はとても親切で、私たちが本場のトナオ作りを熱望していることを聞くと、「ライカのやり方で一緒に作りましょう」と申し出てくれたのだ。始めるのは祭りの翌日、つまり新年最初の日の朝。かくして、「シャンの水戸」式納豆をシャン暦の元《がん》旦《たん》に仕込むという、嘘《うそ》のように素晴らしい展開となった。通訳はまたしてもナン・ノム。シャン族コミュニティにおんぶに抱っこである。

シダで納豆を仕込む

納豆製造の場所は、キンヌーさんの隣家、ルン・プック（プックおじさん）とメー・パ・ロン（パ・ロン母さん）という年配の夫婦の家の庭だった。この二人はタウ

シャン族の新年祭。私も民族衣装をまとい、一緒に踊り歩いた。

シャン料理を私に指導するセンファーのお母さん。

ンジーの南にある村の出身だが、毎年キンヌーさんと一緒に自分たち用に納豆を作っているという。

「本当はトナオを作るのは〝ルーン・ソン〟（シャン暦の二月）なんだ」とプックおじさんは言う。つまり、一カ月後、西暦の一月である。

日本でも納豆は本来、冬のものだ。意外と知られていないが、俳句では「納豆」は冬の季語とされている。理由はいろいろある。まず大豆の収穫が秋であること。冬は農閑期なので納豆を作る時間がたっぷりあること。冬は気温が低いため、他の雑菌が繁殖しにくいこと。発酵したあとしばらく冷所に置くと熟成されておいしくなること。もう一つは水温の関係。大豆は煮る前に一晩水につけておくのが普通だが、そのとき水温が高いと乳酸菌などの雑菌が増えて水の酸性度があがり、納豆菌の繁殖が妨げられるという。日本でも納豆を一年中作っていた地域もあるから、他の時期に作れないわけではないらしいが、やっぱりおいしくできるのは冬だとされている。

シャンでも条件はほとんど同じだと思うが、もう一つ冬に作る理由は「地面や薪《まき》が乾ききっているから」。こちらでは十月か十一月まで雨季なので、この時期はまだ地面や薪が湿っている場合があるということらしい。

もう一つ、意外だったのは、ここでは豆を水に浸さないということ。ふつう、大豆は水に一晩浸してやわらかくするものだ。水に浸さないと、煮る時間が増えて大変不経済だ。浸さない理由はよくわからないが、もしかすると、大豆の酸性化を恐れるせいかもしれない。シャン州はミャンマーの中では冷涼な気候だが、日本の本土と比べればさすがに気温が高い。

プックおじさんは乾燥した大豆を袋からコンデンスミルクの缶九杯分（約二・二五キロ）、取り出すと、水ですすぎ、茶釜《ちゃがま》に似た大きな鍋に入れ、後から水を注いだ。水はちょうど豆にかぶるほど。

いつもは一度に約八・二五キロの納豆を作る。それで家族四人が一年ゆうに食べられる分量になるそうだ。

「これでよし。このまま夕方まで煮る」プックおじさんはパンパンと手をはたきながら微笑《ほほえ》んだ。「あとは煮えた大豆を籠に入れるだけだ」

「そのとき葉っぱを入れるでしょう？　何を使うんです？」と私は訊いた。納豆菌のついている葉っぱのことだ。

「よし、取りに行こう！」私の質問には答えず、おじさんは元気よく言った。キンヌーさんの車に乗り込んで出かける。

十分ほど走ると乗鞍《のりくら》高原みたいな丘陵地に出た。柵《さく》で仕切られ、牛が放牧されているところもある。

森なんかないじゃないか、どうするんだろうと思っていたら、中腹で止まった。キンヌーさんとおじさんが土地を指さす。おお、シダがいっぱい生えている！

シャン州ではシダで納豆を作る場所があると資料で読んだことがあったが、ここもそうだったのだ。

鉄条網をくぐって中に入る。実はここキンヌーさんの土地だった。日当たりがよく、乾燥している。こんなところにシダが生えているとは意外だ。

おじさんによれば、シダには二種類あり、一つは乾いた場所に生えるグッ・ロイ（山のシダ）、もう一つは湿った場所に生えるグッ・ナム（水のシダ）。納豆作りに使うのはもっぱら前者だという。

山刀（長い鉈《なた》のような刃物）でシダを適当に刈る。籠にどんどん詰める。籠はすぐにいっぱいになった。稲藁《いなわら》で苞《つと》を作ることを思えば、実に簡単だ。全然手間がかからない。

「今度はここで大豆を作ってもいいですよ」とキンヌーさんが笑った。だんだん日本語が上手になり、同時に笑顔も増えてきた。

昼間はおじさんと一緒にキンマを噛《か》んだり、おばさんにシャンの昔話を聞いたり、町に出かけて用事を済ませたりして時間をすごした。

四時半頃に戻り、豆を見るともう煮えている。早速味見。おいしい。でもおばさんは口には入れず、指でつぶして首を振る。この辺の加減は私にはわからない。あと三十分して、再び味見ならぬ「触見」。

今度は「スック・ヤウ（煮えた）」と、こちらを見て微笑んだ。

あとで日本で確認すると、「親指と薬指ではさんでつぶれる程度」とあったが、ちょうどそのくらいだった。

いよいよ発酵の仕込みだ。シダを水で洗う。といっても、たらいの水にザブンとつけるだけで、至って大ざっぱ。そして、葉の裏が内側に向くように敷き詰める。葉裏の毛羽だったところは「温度が高くなる」という説明。おそらく、毛羽だった部分に納豆菌がたくさんいるのだろう。真ん中にはシダの小さな束をつっこむ。日本でも真ん中にはワラの小さな束を入れる。地方によって〝仲人《なこうど》〟とか〝姫〟とか〝おまじない〟などと呼ぶらしい。真ん中は納豆菌が浸透しにくいからだ。どこでも同じことをするんだなと思い、まだ日本の伝統的な納豆作りは実際に見たことがないから、「ああ、昔の人たちはこうやっていたんだ」と、感銘を受けた。

びっしりと覆《おお》うと、豆をプラスチック袋で二重にくるみロープで縛って、まだ燻《くすぶ》っている焚《た》き火の横に置いた。このあと、夕食の時間になったら台所脇《わき》に移し、夜はそこに置いたまま。明日から昼間は日向《ひなた》に置いておくとのこと。

これで三日間。「決して開けてはいけない」とのこと。もし途中で開けてしまうと、再び蓋をしてもうまく発酵してくれないそうだ。うーん、納豆作りは難しい。一発勝負なのである。

パオ族の「碁石納豆」

納豆が発酵するのを待つ間、私たちはパオという民族の納豆作りを見に行った。

パオ族はここタウンジーで最も人口が多い「地元のマジョリティ」だ。チベット・ビルマ語族の言語を話し、タイ・カダイ語族のシャン族とは民族の系統がまったく異なる。シャン族より色が黒く、眉毛《まゆげ》が濃くてふっくらした顔立ち、なにより女性は民族衣装を身につけているのですぐわかる。パジャマのようにゆったりした濃紺の丸首のシャツに同じ色の巻きスカート、そして頭には布をターバンのようにぐるぐる巻いている。奇妙なのはその布がたいていバスタオルであること。色は黄色やオレンジが多いが、白や赤、あるいは二色以上の組み合わせもある。

衣装が寝間着のようでもあるし、まるで日本の女性が風呂《ふろ》上がりにバスタオルで髪を巻いているようだ。この「常時風呂上がり」スタイルの人たちが市場の一大勢力として、野菜や果物や納豆を売っていた。

パオ族の納豆は風変わりで、碁石が大きくなったような形状をしている。センファーに前もって教えてもらっていなかったら、納豆だと気づかなかっただろう。「カントリーマアム」みたいなクッキーの一種と思ったかもしれない。

私と先輩は市場に出かけ、納豆を売っている何人かのパオ族の女性に簡単なビルマ語で話を聞いたところ、ほとんどが郊外の村で自分たちが作った商品を売りに来ている人であることがわかった。碁石納豆は炙って砕いて豚肉と一緒に炒めたり煮たりするとのことで、シャン族と同じように調味料として使用しているらしい。

いちばん愛想のよいパオ族の納豆売りのおばさんに村の名前を教えてもらい、そこを訪ねてみることにした。実はこのアイデアは周囲のシャン族に受けがよくなかった。「パオの納豆は臭い」と顔をしかめるのだ。同じ納豆好きの民族なのに、この差別的な反応は不思議だった。納豆はそもそも臭いものじゃないのか。

シャン族は納豆原理主義者であると同時に、納豆ナショナリズムも強いようだ。

でも、シャンの人たちは情に厚く、そのネットワークは強い。英語の通訳をしてくれているナン・ノムは自分の知り合いの中からひと組の夫婦を探して連れてきた。ダンナは車をもっており、奥さんはたまたま子供のとき隣の家にパオ族の一家が住んでいたためパオ語が話せるという。

ナン・ノムとパオ語通訳の奥さんは体にぴったりフィットしたシャン式ドレスと頭には菅笠《すげがさ》という、大晦日の祭りのときと同じスタイル。車を運転するダンナさんも上はふつうのポロシャツだが、下は英語で「シャン・パンツ」と呼ばれる、だぼっとした布のズボン。みなさん、シャンの民族意識が強い。実際にひじょうに美しく、格好いい。まるでシャン族の代表団がパオ族の納豆を見学に行くという様相を呈していた。

未舗装の悪路を三十分ほど走り、やっと目的の村に到着した。

柱と梁《はり》は竹の棒、床と壁は竹の皮を張って作られた「竹の家」が何軒か並んでいる。頭に緑のバスタオルを巻いた男性が二人、出迎えてくれた。ここでは男性も風呂上がりスタイルだ。二人ともビルマ語とシャン語を解さないらしい。私たちは英語→シャン語→パオ語の二重通訳で、「納豆に興味があるので見せてください」と頼んだ。風呂上がりの男性はにこにこと案内してくれた。

「やってる、やってる！」と思わず声が出てしまった。家の脇の空き地で、まさに私たちがやっていたのと同じように、大豆を大鍋でぐつぐつ煮ていた。少し高床気味の家の中に入ってみたら、そこには毛布にくるまれた大きな物体がいくつも転がっていた。毛布を開けるとプラスチック袋が現れ、さらにそれを剝《は》がすと大きな籠にぎっしり詰まった黄色だったり茶色だったりする豆が出現した。

「おお、納豆だ！」

新しい場所で納豆を見ると、その度に声をあげずにいられない。案の定、糸はほとんど引いてなかったが、白い斑点《はんてん》が見え、よく発酵が進んでいるのがわかる。匂いはシャンのものより強く、日本の納豆に近い。

また外に出て、別の場所に行くと、これを臼と杵でついて作った「碁石納豆」が燦々《さんさん》と照る日差しを浴びていた。こちらもシャンのせんべい納豆より匂いが強い。

サヤ・ウ・ミョウさんという若い方のパオ男性（市場で私たちが会った女性のダンナさん）が、パオの納豆について説明してくれた。

意外なことに「パオは昔、納豆を知らなかった」という。パオ族は元来、ミャンマーの旧首都ヤンゴンから近い沿岸部のモン州に住んでいたが、およそ百年前に戦乱を逃れてシャン州に移り住んだ。納豆に出会ったのはそれが最初だった。「初めはシャン族から買って食べていたが、四十年くらい前から自分たちで作るようになった」とのこと。

作り方はシャン族に比べると大ざっぱだ。仕込みには別に葉っぱを入れたりせず、ただ籠に入れて三日間、家の中においておくだけ。温かい場所に置くこともない。

よくそんな方法でちゃんとできるもんだと思うが、毛布で厳重にくるんでいるし、間断なく大量に作っているので納豆菌が籠にしっかり住み着いているのだろう。

シャン族は納豆をせんべいのように薄くするのに、パオの人たちは碁石のように分厚くする。それはなぜかと訊《たず》ねると、「厚い方が匂いが長持ちする」という。

納豆臭が強いほうが好みなのだ。

「シャンの納豆は味も匂いも薄くておいしくない。パオ族はパオの納豆しか食べないですね」とサヤ・ウ・ミョウさんは愛想良く答えた。

私たちはひとしきり写真を撮影したり、メモをとったりしながら、村の中を歩き回った。とても懐《なつ》かしい感じがした。以前よく訪れていた――半年くらい住んでいたこともある――シャン州やカチン州の山の村と似ているのだ。家の中は暗く、人々は土足であがり、竹の床をギシギシ言わせて歩く。屋内は乾物や穀物など保存用食品の匂いで満ちている。住人の体臭も強い。

この人たちはほとんど水浴びをしていないにちがいない。私も山奥の村で二カ月以上水浴びをしないで暮らしたことがあるからよくわかる。二週間以上、風呂に入らないと、たまに入ったときには表皮が一気に剝がれて風邪を引きやすくなる。だからなおさら風呂を敬遠するようになる。

なんと、パオ族は「常時風呂上がり」のスタイルながら、実は風呂に入らない人たちだった。

匂いというのは相対的なものだ。衛生的な暮らしをすればするほど、強い匂いを好まなくなる。シャン族は「里の民」であり、川や田んぼのあるところにしか住まない。山の上には住まない。いつでも水浴びのできる環境に暮らし、家の中も清潔だ。納豆に強い匂いはいらないのだ。

いっぽう、パオの人たちは「山の民」だ。水浴びをしない。自分たちの体臭が強いので、他のものの匂いも気にならない。むしろ、食べ物の匂いが強くないと物足りなく思う。匂いが強いというのは、「風味がしっかりしている」ということなのだろう。

日本でも似たような現象が見られる。納豆やくさやは昔の方がもっと匂いがきつくて美味《うま》かったという話をしばしば耳にするのだが、それは昔のほうが生活臭が強かったからだ。今では都市部はもちろんのこと、田舎の家でも数十年前とは比較にならないほど衛生的、というより過度に消毒・消臭されている。密閉度も格段に高くなった。ほのかな匂いさえ「くさい」と感じてしまうから、さまざまな食品の匂いがどんどん薄くなってゆく。

結局のところ、山の民は彼らなりにその生活に適応しているから、頭から「不衛生」と決めつけてはいけないのだが、シャン族とパオ族が互いに相手の納豆を好まず、自分たちで作った納豆に固執するのは偏屈なナショナリズム以外にもちゃんとワケがあるのだった。

「日本の納豆はおいしくない」

納豆を仕込んでから三日後。七時半にルン・プック宅に行く。

籠を屋根から下ろし、開けてみる。「サー」「サー」という言葉が飛び交う。大豆の表面に白い斑点みたいなものが浮き上がっている。この状態を「サー」と呼ぶらしい。日本ではこの斑点は「かぶり」と呼ばれ、納豆がよく発酵している目安とされている。シャンも同じなのだ。

指で転がしても糸は全く引かないが、匂いも味も納豆。「おお！」と感動する。

ルン・プックとキンヌーさんがそれぞれ大きな木の臼と杵をもってきてくれたので、日向のポカポカした場所で、豆を大きな匙《さじ》ですくい、トントン搗きはじめた。ここではミンチマシンなど使わないらしい。

初めは簡単な作業だと思っていたが、豆がいったんペースト状になると、臼の底に杵がくっついてしまい、剝がすのにけっこう力がいる。それに豆がなかなか完全に潰れてくれない。ものの十分としないうちに腰に来始めた。私は腰痛持ちなのだ。でもおじさんと一緒に、「トン、ヌチャ、トン、ヌチャ……」と息を合わせて頑張ってみる。おじさんはさっさと自分の分を終えた。私のを見ると、「パイ・ライ（まだ）」と首をふる。むぅう。

直射日光は強く、日向の気温はぐんぐん上がる。たちまち額から汗が流れ出した。私たちは台所の涼しい場所に移動した。一心不乱にトンヌチャをやっていると、いつのまにか大きめのちゃぶ台が出され、女性陣が小さな腰掛けにすわり、せんべい納豆の作製に入っていた。この日、初めて見る顔もある。近所の人やキンヌーさんを訪ねてきたライカの人たちだ。

みんな、よく喋《しゃべ》り、よく笑う。ときにはキンヌーさんが話の内容を日本語で教えてくれ、ときにはナン・ノムが英語で通訳してくれる。私がじかに聞き取れることもある。

「誰だ、この豆が残ってるのを作ったのは〜？」と苦情が出たり、「これ、日本に持って行って売ろう！」と言う人がいたり、プックおじさんなどは「俺は日本に行くぞ。日本で死んだら来世は日本人だー！」とよくわからない冗談を飛ばし、でもそれが大受けしたりする。

　この光景はどこか心の底で憶《おぼ》えがあるなと、杵を上げ下ろししながら考えていたら、私が子供の頃、八王子の祖母の家で毎年行われていた餅つきにそっくりだと気づいた。男が餅を搗き、女性がそれを切ったり伸ばしたりする。

　三回分、納豆搗きを終えると、今度はせんべい作りに挑戦。こちらは体力を使わないし、腰にも来ないのでラクかと思いきや、不器用という私の別の欠点が露呈した。葉っぱの筋はとれないし、納豆団子はうまく広がらないし、途中で葉っぱが破れたりして散々である。

　一つ驚いたのは、キンヌーさんが納豆団子を指さし、「これ、日本にもあるでしょう」と言ったこと。茶色くてペースト状の納豆が日本にあるだろうか？　あるとすれば、それは納豆ではない。「お湯に入れて食べる」という説明でわかった。味噌だ。

　シャン族のキンヌーさんには、納豆の一種に思えたらしい。まあ、私たちもこちらのペースト状納豆を味噌のように感じたので無理もないが、ちょっとびっくりである。

　もっと驚かされることもあった。

　キンヌーさんが「日本のトナオはすごく糸を引いて、それをぐるぐるかき混ぜて食べる」とか「スーパーでパックに入って売っている」などと身振り手振りで説明しているのだが、その口ぶりがひっかかった。あまり褒め称《たた》えているようには見えないのだ。あらためて訊いてみた。「初めて日本の納豆を食べたとき、どう思ったんですか？」

するとキンヌーさんは言いにくそうな顔で「最初は好きじゃなかった。食べたくないと思いました」と答えた。理由は「油もかけないし、火で炙らないし、生のままでしょ？ それに臭い」。

えーっ!! 衝撃だった。これまで何人ものシャン族に日本の納豆について感想を求めてきた。たいてい「おいしい」と答えてくれるが、妙に熱が感じられない。うすうす「お義理にそう言っているのかも」という感触をもっていたが、「生で臭くて嫌だ」とまで思われていたとは。

ある意味、今回の探究が根本から覆《くつがえ》されたといってもいい。なぜなら、シャン族も日本の納豆については他の外国人と似たような態度をとっているからだ。

とはいっても、シャン族で日本の納豆を食べられなかったという人にはまだ会っていない。口にしてはいる。ただし、「見下している感じ」である。なんというか、パオ族の納豆について話すときと同じ調子なのだ。

食べ方が生でそのままというのはあまりに粗野で品がない。匂いも臭い。でも納豆は納豆だし、慣れれば、まあ食べられる、というような……。

シャン族は自分たちの作る納豆がとにかく一番美味くて、他は全部ダメだと思っている。自民族中心主義ならぬ〝自納豆中心主義〟というか、納豆ナショナリズムというか……と私が熱心にそれにふさわしい学術用語を頭の中でひねっていると、竹村先輩があっさり言った。

「手前味噌ってやつだな。うちの田舎と同じだ」

〝シャン州は信州〟という先輩の説がまた補強されたようである。

さて、おじさんは搗き終えたトナオ・ペーストに生姜、ハッキュウ（根ニラ）、ネギ、パクチー、塩、唐辛子を入れた「トナオ・ピック（唐辛子納豆）」を作り始めた。

それが終わり、せんべい作りは峠を越した。もう午前十時である。キンヌーさんが「眠い」と言い出した。他の人たちも「トナオの匂いをかぐと眠くなる」と口をそろえる。以前、チェンマイやチェントゥンでも「トナオを食べると眠くなる」と聞いていたものの……。

冗談みたいなもんだろうと思っていたら、通訳のナン・ノムが台所に入り、人数分

「常時風呂上がり」という装いのパオ族女性。

タウンジーの市場では糸引き納豆も売っていた。

のコーヒーを作り始めたので、またたまげた。ここの人たちはふだんはお茶で、コーヒーなど飲まない。特に年配の人はそうである。本当に眠気覚ましを必要としているらしい。みんなして「眠い、眠い」と言いながら、コーヒーを飲み始めた。一体どういうことだろう？　ナットウキナーゼに催眠効果があるのだろうか？

「納豆にはリラックス効果があるんだよ」と竹村先輩は好意的かつ独断的な評価を下した。

十時過ぎに作業は終わった。物干し用の板三枚にせんべい納豆を敷き詰める。数えたらプレーンが百五枚、唐辛子入りが二十五枚。それとは別にトナオ・メッ（粒納豆）が五百グラムくらい。「これはこのまま食べよう」とのこと。

昔、八王子では餅つきをしたあとで、出来たての餅をその場でさっと水にくぐらせ、醤油《しょうゆ》につけて食べたものだが、同じ発想だろう。

このようにシャンの人たちも日本的な粒の糸引き納豆を食べる。後で確認したが、週に一度の朝市などではわりとよく売られており、けっこう人気がある。しかも買い手は糸引きの具合を確認して商品を選んでいる。訊くと「糸を強く引く方がおいしい」と口を揃《そろ》える。日本人と同じなのだ。

だが、それは日本酒に喩《たと》えれば「どぶろく」みたいな感覚じゃないかと思う。どぶろくも美味しいのは美味しいが所詮《しょせん》はどぶろくでしかなく、清酒に比べるべくもないといったところではないか。

お手伝いの人たちを交えて、お昼をいただいた。当然、納豆料理中心である。期待の的は、出来たての粒納豆を生のまま生姜やネギで和えたもの。見た目はまさに日本人が朝、食べる納豆そのままである。だが、悲しいかな、しょっぱすぎて私には美味く感じられなかった。コクも足りない。

「むうう」と私は唸《うな》った。そして思った。「醬油とダシのたれがあればなあ……」やはり生で納豆を食べるならシャン族は日本人に到底及ばない、とつい思ってしまった。

自納豆中心主義、いや「手前納豆」感覚は誰の心にも潜んでいるのである。

せんべい納豆完成！

タウンジーでいつしか十日が過ぎた。納豆に明け暮れる生活が確立されていた。

朝起きると、私は前日の納豆取材の記録をつけ、先輩は同様に前日撮影した映像の整理や確認を行う。終わると、もはや取材か単に遊びかわからないが、ともかくお母さん宅に伺うことになる。

三日目からナン・ノムが親切にもわれわれにバイクを貸してくれたので、ひじょうに便利になった。先輩と二人乗りでまず市場で食材や食後のデザートを仕入れては郊外のマンションへ向かう。

ふつう、料理の体験取材など一、二回やれば十分だろうが、どうにもやめられないのは、シャンの納豆料理には無限とも思われるバリエーションがあり、興味が尽きないからだ。というより単純に「もっと食べたい」と思ってしまうのだ（後に先輩は「いくらなんでももういいだろうと途中から思った」と述懐していた）。

最初の日は野菜だけの納豆ベジタリアン食に驚いていたが、翌日から肉や魚を利用した料理も登場するようになった。これがまた美味い。

最高だったのは「パー・ナンピック」。大きめの魚にナンピックを詰めて揚げる豪華料理だ。その日お母さんはティラピアを用意してくれた。詰め物と言えば、ふつう魚の腹を開きそうなものだが、ここでは背中を開くのがポイント。味噌のようなナンピックをぎっしり詰める。強火で揚げると、納豆、ニンニク、唐辛子、パクチー、ネギ、クミンなどの入り交じった香りが豪快に立ちのぼる。換気扇がないので、部屋中にこの匂いが充《み》ちるが、火を止めて皿にあけたあと、南北の窓から一陣の風がスーッと通り抜けて一掃される。そして新鮮な空気の中に、今度は薬味の塊をたっぷり背負った揚げ魚の湯気がやわらかく昇ってくるのだ。

――はあ、たまらん……。

味はもう約束されたようなものだが、箸《はし》をつければ果たして絶品。なにしろナンピックに生野菜をつけただけでも美味しいのだ。魚の身に納豆の風味がうつり、納豆に魚の旨味《うまみ》が染《し》みこんでいる。

「センファーが大好きでね、たまに帰ってくると、『お母さん、パー・ナンピックを作って！』っていつも言うんだよ」

いや、私も大好きですよ、お母さん。というより、ほとんどの日本人が大喜びするんじゃなかろうか。「究極の納豆メニュー」という企画があれば、筆頭候補になるだろう。

十日もすると、恐ろしいことに私たちにもシャン州各地のトナオのちがいがわかるようになってしまった。豆の匂い、発酵の深さ、香りと微妙な臭み……。なぜこの明らかな違いを認識できなかったのか、今はそちらのほうがわからない。以前、ムンナイの納豆は「風味が薄すぎる」と思ったが、それは全くものを知らなかったということだ。薄いのではない。品がいいのだ。日本なら〝京風〟といったところか。

「やっぱりムンナイのトナオがいちばんですよね」とお母さんに言うと、「やっとわかったのかい？」とわざと呆れた顔を作りつつ、嬉しそうに笑った。

せんべい納豆作製の二日後、プックおじさん宅に行ってみた。まだ乾いてないかなと思ったが、「トナオは？」と訊いてみると、「ライ・ヤウ（できたぞ）！」と威勢の良い返事がかえってきた。約四十八時間で完成したことになる。

触るとカチカチになっていた。正直言って見栄《みば》えはよくない。チェントゥンの納豆村のものはまるでコップのコースターのように表面に凹凸がなく、何枚でも重ねることができたのに、私たちのそれはベコベコに波打ち、二枚でも重ねられない。どうしてこうなってしまうのだろう。

でもプックおじさんは「いい出来だ」と満足そう。嗅いでみるとたしかに良い匂いだった。〝京風〟ムンナイのトナオに似た上品な香りだ。

表面をよく見ると、長さ数ミリの白い繊維みたいなものがいくつも混ざっていた。登喜和食品の遊作社長に「これ、ワラじゃないの？」と訊かれたのと同じものだ。二日前に粒納豆をつぶしてせんべい状に伸ばしたときにはこんなものは見当たらなかった。もちろん、ワラなど入れていない。

「これ、何？」とおじさんに訊くと、「トナオのター（目）だ」という。

「目？」

怪訝《けげん》な顔をしたら、おじさんは家の中に入ると、乾燥した生の大豆を数粒持ってきた。

「これだよ」と指さしたのは、大豆のくぼんだところにある胚芽《はいが》部分だった。黒くなっている。納豆にして乾燥させるとこれが白っぽく変化するらしい。そういうことだったのか。

あとでわかったのだが、日本でもこの部分をやはり「目」と呼ぶ（「へそ」とも呼ぶらしい）。シャンの大豆の写真や映像を納豆関係者に見せたら、誰もが「あ、これ、黒目だね」と声をあげた。大豆には胚芽が黒い「黒目」と、それが白い「白目」がある。従来、日本では黒目大豆が納豆に使われていたが、消費者にゴミや異物と間違えられるので、今ではほとんどが白目大豆にとってかわられたという。

シャン族の間ではまだ誰もが大豆をよく知っており、納豆の作り方も心得ているから、黒目をゴミや異物と誤解する者はいないのだろう。

一つ重要な点が明らかになった。もしワラが入っていたら「木の葉で発酵させる」というアジア納豆最大の特徴が揺らいでしまう。少しホッとした。

さて、つづいて味見だ。

何も入ってない〝プレーン〟と、唐辛子入りをそれぞれ炭火で炙り、塩をつけてかじる。

プレーンは強い納豆臭こそするものの、これだけで食べるのはやや味が薄い。やはり料理に入れた方がよさそうだ（帰国後、油で素揚げしたら塩だけでも十分美味かった）。

かたや唐辛子入りは香ばしく、パンチが効いていて実に美味い。

「これで一杯やりたくなるよな」「そうですね、ビールがほしいですね」と私たち酒飲みは当然のように言い合う。

おじさんは笑っていただけだが、味見が始まったときにやってきたナン・ノムは椅《い》子《す》からぴょんと跳び上がった。

「あたし、持ってる！」

なんでも、私たちにバイクを貸した彼女は、友だちのバイクを借りて使っているが、そのバイクの小物入れに缶ビールが入れてあったというのだ。

素晴らしい。ナン・ノムには最初から最後までお世話になった。

コップに注ぐと、先輩と乾杯し、トナオをつまみに飲んだ。口の中でパリッとせんべいが弾《はじ》け、納豆の香りが鼻孔に広がる。唐辛子の辛みと生姜のツンとした刺激が、麦芽の苦みと泡の甘みの中に溶けていく。

シャンのせんべい納豆が自分のものになった、麗《うるわ》しい瞬間だった。

第五章　幻の竹納豆を追え！

ミッチーナ／ミャンマー

思いもよらぬクリスマス・プレゼント

シャン州の州都タウンジーからマンダレー経由でカチン州の州都ミッチーナに到着したのは十二月九日のことだった。

シャン州での成果には至極満足していたものの、強く糸を引く納豆に出会えなかったことが心残りだ。やはり日本人としてはどうしても糸引きにこだわりたくなる。だいたい、「アジア納豆は糸を引かない」と言ったら、ふつうの日本人は本物の納豆と認めてくれないかもしれない。

そこで思い出すのは「プロローグ」に書いたカチン州の納豆だ。記憶によれば、あれは本当に日本の納豆そっくりだった。カメラマンの森に訊《き》いても「たしかにそんな感じでしたね」という。ならば、カチン州に向かうべきだと思ったのだ。

ミッチーナは同じ州都とはいえ、タウンジーとは桁違《けたちが》いの田舎だ。道路には四輪の自動車がいくらも走っていない。バイク、自転車、馬車、そしてバイクを改造し荷台を据え付けた古ぼけた三輪タクシーなどの方がずっと多い。中学生か高校生とおぼしき女の子たちは肩からカチン柄の刺繍《ししゅう》が入った布のかばんを下げている。

ミャンマーの経済発展はまだここにはさっぱり及んでいないらしい。あるいは、ここ数年激化しているカチン軍と政府軍による戦闘の影響かもしれない。政府軍が山の集落への無差別な空爆や砲撃を繰り返しているため、中国国境やここミッチーナ郊外にも避難民が押し寄せ、その数は数万に達するとも聞いていた。

到着の翌朝、早速市場に向かった。フリースの上にウィンドブレーカーを羽織った。シャン州ほどではないが、ここもけっこう冷え込む。

宿から五十メートルも歩けばもうイラワジの川辺だ。広々とした水面に浮かぶ漁師の小舟、彼方《かなた》に映るさほど高くない山や森のシルエットは、横長の山水画のようである。

川辺を離れ、人の流れに沿って歩く。黄金に輝くヒンドゥー教寺院、臙脂色《えんじいろ》の衣をまとった托鉢《たくはつ》の僧侶《そうりょ》、ミャンマー名物の巨木の脇《わき》を通れば、そこはもう路上に市が広がっている。主に果物、それもオレンジが多い。

納豆がありそうな場内市場へ入っていく。品揃《しなぞろ》えとしてはシャン州とさして変わらない。ただ、塩魚が多いくらいか——などと思って見ていると、唐辛子の横に縦長の財布みたいな、平べったい葉っぱの包みが並べられているのを発見した。もしや？と思って手にとり開いたら、案の定、粒納豆だった。開けた瞬間、葉に引っ張られ、糸を引いている。

おお、すごい！　シャン州の粒納豆とは比較にならない糸引きだ。

売り手のおねえさんによれば、納豆の発酵は二晩か三晩。シャンとほぼ同じだ。

「でも、この納豆、知らなきゃわかんないよね」と竹村さんが言った。たしかに。見てくれは、黒ずんだ葉が四角く折りたたんであるだけなのだから。カチン族の納豆がシャン族の納豆以上に日本人に知られていないのはそのせいだろう。

この近くには他にも納豆売りが三人ほどいた。びっくりしたのは二番目に訪れた売り手の商品である。

他の店とは包んでいる葉っぱからしてちがう。色は鮮やかな緑色で、毛羽立ちの大きい葉だ。ここの納豆は強烈に糸を引いていた。つまんで口にしても、日本の納豆とほぼ同じ食感、同じ匂《にお》い。

「これ、本当に納豆ですよ！」この感動を分かち合うべく竹村さんを呼んだ。

「ほんとだ、すごく糸引いてるね」と先輩も感心している。

おそらくこの瞬間だった。アジア納豆が日本の納豆と同じだと腹の底から確信したのは。

これまでもシャンと日本の納豆は同じものだと考えていたが、糸引きの弱さだけが気になっていた。この程度の糸引きでは「我らは選ばれし納豆の民」と信じて疑わない日本人を説得できないんじゃないかと一抹《いちまつ》の不安を抱いていた。でも、このカチン納豆に出会ったから、もう安心だ。これを見て、納豆じゃないという日本人はいないだろう。

売り手は中年の女性だった。えらい寒がりらしく、毛糸の帽子の上からさらに布をかぶり、厚い靴下まで履きこんでいる。こんなに厚着の人は市場を見渡してもどこにもおらず、大変風変わりだ。

ここから車で二十分ほどのダゴンという地区から来たというこの着ぶくれたおばさんは、カウン・ノーと名乗った。「えー、何、あなたたち～、納豆好きなの～」という調子で、終始クスクス笑いながら、私のおぼつかないビルマ語での質問に答えてくれた。

周りの人たちも面白がって集まってきて、口々に「ノップー」「ノップー」と言っている。

そうだ！　カチン語で納豆のことをノップーというのだ、と思い出した。不思議なことに、その語感はやはりどことなく「ナットウ」に似ている。

ここでも一包み買ったのだが、ビニール袋に二包み入れてくれた。えっと思ったら、その人の好《い》い女性はそこだけ英語で言った。

「クリスマス・プレゼント」

「え!?」

意表をつかれたが、そうか。もうすぐクリスマスで、カチン族の大半はクリスチャンなのだ。

クリスマス・プレゼントに納豆をもらうとは夢にも思わなかった。それは十数年前にカチンの僻地《へきち》で食べた納豆卵かけご飯に優るとも劣らない衝撃だったのである。

幻の竹納豆を求めて

幸先のよいスタートを切った私たちは、定番である現地式の納豆の作り方と食べ方の調査に加え、カチン州でのもう一つのミッションにもとりかかった。名付けて「幻の竹納豆を追え！」。

アジア納豆は決して研究者が手をつけていない領域ではない。これまで何人かの研究者が部分的に調査し、論文を書いている。とくに最近は名古屋大学の横山智《よこやまさとし》教授がかなり本腰を入れて調査研究しており、私たちもその成果を参考にさせてもらっていた。横山さん（後に「納豆仲間」となったので「さん付け」で呼ばせてもらっている）はここミッチーナでも調査を行っているのだが、そのときに「竹筒で発酵させる納豆」について聞いたという。ただ、実物にはお目にかかれなかったと論文に記している。

竹筒で仕込む納豆とは一体なんだろうか。普通の葉でもできるのに、なぜわざわざ竹筒を使うのだろう。竹筒で発酵させると味がちがうのだろうか。それとも発酵させたあとで竹筒に移すのだろうか。だとすれば、そこにどんな意味があるのだろう？

先輩と二人、いろいろ疑問を並べてみたが、結局、ゲンブッを見なければ、いくら憶測を重ねても何もわからない。ぜひともこの「幻の竹納豆」を探し出したいと思ったのだ。

ところがである。市場では幸運に恵まれた私たちは、竹納豆探索では初っぱなから躓《つまず》いた。

まず、通訳がいない。このミッチーナという町はカチン州の州都でありながら、えらい田舎で、ホテルのフロントにいる女の子たちすら、英語をろくに解さない。

彼女たちに「この辺に英語を話す人はいない？」とビルマ語で訊くと、「マシーブー（いない）」と即答された。

しかたない。竹納豆を探す前に、通訳を探す旅に出ることになった。通訳がいないと、納豆の作り方や料理の取材にも支障をきたす。私のビルマ語は片言に毛が生えた程度だ。

向かったのはカチン民族博物館。英語ができ、かつカチンの文化に詳しい人がいそうに思えたからだ。

見学者の姿もなく、閑散としたホールで職員らしきおばさま方が熱心におしゃべりをしていたので、話しかけた。残念ながら、この人たちも誰ひとり英語を話さなかった。通訳をできそうな人についても「知らない」とにべもない。

仕方なく、納豆の包みをザックから出して見せ、「これに興味があるんです。どこで作ってます？」と訊いたら、おばさま方はみんなして笑い声をあげた。一人が言う。

「ここよ。ミッチーナ。誰だって作ってるよ。あたしだって作ってる。もう今年の分は作っちゃったけど」

「納豆で有名な場所は？」と訊いたら再度、笑い。

「ないわよ。みんな、自分で作るんだから」

おばさま方によれば、シャン族同様、十二月から二月にかけての冬の間、カチン族の家ならどこでも作っているという。それ以外の季節は暑いため、おいしく出来ないから作らないというのはシャンと同じだ。昔の日本もそうである。

市場で売られている納豆が少ない理由はわかった。チェントゥンと同じである。

発酵にはどんな葉っぱを使うのか訊くと、カチン語で、「マイパンラップ」という葉だとのこと。市場の納豆売りの人たちも同じ名前を口にしていた。「ここにもあるわよ」と裏庭に連れて行って見せてくれた。葦《あし》やサトウキビのような、木でも草でもないという類《たぐ》いの植物で、大きくなると高さ五メートルにもなるという。葉っぱは長さ三十センチほどの楕円《だえん》形をしている。おばさま方がビルマ語の植物辞典で調べてくれ、クワ科イチジク属のミミイチジクという植物だとわかった。

最後に、例の竹納豆について訊いてみた。

「あ、それはここにないわね」とでっぷり太ったおばさんが言う。「作ってるのは山の上よ」

他の人たちも「見たことあるわねえ」とか「プレゼントとしてもらったことがある」とか「市場の脇でたまに売ってる人がいる」などと口々に情報を提供してくれた。竹で発酵するのか、発酵した納豆を竹で保存するのかについては、誰もはっきりしたことはわからないようだった。

最後に、ようやく思い出したカチン語で「ジェジュクバサイ（ありがとうございます)」と述べて、おばさま方のもとを去った。結局、英語通訳以外のことはかなりわかってしまった。

謎《なぞ》の納豆業者を追え!

通訳を諦《あきら》めた私たちは、竹納豆はひとまずおいて、納豆の作り方を見てみようと思った。選んだのは、クリスマス・プレゼントに納豆をくれたカウン・ノーさん。市場では彼女の納豆がダントツに出来がよかったからだ。

三輪タクシーを捕まえ、博物館のさらに北へ向かう。カウン・ノーさんの住む地区は市内だったが、多くの家は高床式で、鶏や豚や牛を飼っていたり畑を作っていたりで、村と変わらない。しかし何とも不思議なことに、彼女の名前を告げても住所を言っても iPhone で撮った写真を見せても、誰も知る人がいない。運転手と私たちは、「どこだろう?」「どうして誰も知らないんだろう?」と首をひねりながら、バナナやヤシの木が生い茂った未舗装のでこぼこ道を行ったり来たりした。

「狐《きつね》に化かされたようだな」とか「あの女性は納豆の精だったんじゃないですかね」などと話しているうちに、立派な門構えの屋敷の前に出た。この地区の顔役っぽい家なので、あえて大声で家族や使用人の人たちを呼んでみた。ここでも番地や名前では首を振っていたが、写真を見せると、奥さんらしき女性が「あ、カプラジャンだ！」と叫び、他の人たちも「ほんとだ、カプラジャンだ！」と爆笑した。

カウン・ノーさんは狐でも納豆の精でもなく、〝カプラジャン〟の名で親しまれている人だった。私はここで事情をやっと理解した。シャン州でもカチン州でもそうなのだが、ミャンマーでは少数民族の人（特に町に住む人）は対外的に、あるいは公式に、ビルマ名を名乗ることが多いのである。この国ではつい最近までビルマ語以外の言語を教えることが許されていなかった。今でも公式の書類は必ずビルマ語が使用される。シャン語やカチン語の名前はビルマ文字では正しく表せないし、名前から少数民族だとわかると、差別を受けたり見下されたりするなど様々な不利益を受ける。そういう意味でも、彼らはビルマ名を用意している。

カウン・ノーもそうなのだろう。でもカチン族の隣人や親戚《しんせき》、友だち同士ではカチン名のカプラジャンしか使わないから、誰に訊いてもわからなかったのだ。たとえて言えば、「田中」のおばさんが「綾小路《あやのこうじ》」を名乗っていたようなものかもしれない。そりゃ、みんなが大笑いするわけだ。

屋敷の奥様の案内で彼女の家を訪ねると、本人がすぐ出てきた。

「え〜、ホントに来たの？　やだ〜」と言わんばかり（というかカチン語で実際にそう言っていたかもしれない)、おかしくて仕方ないといった様子である。それを見ているだけでこちらも笑いがこみあげてくる。「一緒にいるだけで面白い」という人がいるが、カプラジャンはまさにそういう人だった。

「ノップーを見に来ました」と言うと、早速、台所に案内してくれた。家は想像以上に大きかった。広い敷地にはさまざまな樹木や花が植えられ、二階建ての家屋も立派。とても市場の納豆売りの住む場所とは思えない。歩いて行くと、裏手の方から煮豆の甘い匂いがぷーんと漂ってきた。

台所のガスコンロでは大鍋《おおなべ》で豆がぐつぐつ煮られていた。見慣れた光景と馴染《なじ》んだ匂いにホッとする。

今日の午前中、市場から帰ってから煮始めたという。味見すると、煮豆として食べるならもうちょうどいいが、「あと一時間くらい煮る」という。ここでもシャン同様、納豆用には柔らかめに煮るようだ。

台所の外の日当たりのよい場所に、放置されているような雰囲気の竹のカゴがあり、彼女が布の覆《おお》いをぱらっとめくると、緑色の小さな包みがぎっしり詰まっていた。昨日の晩に仕込んだ納豆だという。包みは手に取るとホカホカしている。丸一日近くたってもこれだけ熱があるのだ。「おお、菌が仕事してるな」と実感する。シャン族やパオ族はカゴにドカッと煮豆を入れて発酵させるので、発酵中の豆を手で感じることはできなかった。

葉っぱで小分けにし、これだけ丹念に巻けば、納豆菌も多いだろうし、活発に働くだろう。糸もよく引くはずだ。

納豆菌がよく働いている場合、それは主に「匂い」「味」「糸引き（粘り気）」という形で人間に認識される。それらは元来別々の要素だ。今の日本では「匂いが弱くて糸引きが強い」納豆が好まれ、菌屋や大手納豆会社はそのような納豆菌の培養に専心していることはすでに述べた。糸引きが弱くても味と香りはしっかりしていることもあるので、一概に全要素が必要とは言えない。それでも私の経験上、糸引きがしっかりしているものはたいてい発酵がよく進んでいて、味や香りも強い。

カプラジャン独自の工夫にも気づいた。葉っぱだ。他の売り手のものはマイパンラップという葉だけだったのに、彼女はその上からカチン語で「サンノウラポウ」という大きな葉で二重にくるんでいた。後者はチェントゥンの納豆村で納豆を仕込むのに使われていた葉だ。

指摘すると、「葉っぱを二つ使う方がいいの。あたしが考えた」とカプラジャンは相変わらず笑いながらも得意そうだ。この丁寧な仕事が発酵を強めるのだろう。いや、それだけじゃない。市場で見た他の納豆は、包む葉っぱが黒ずんだり傷《いた》んだりしていたが、カプラジャンのだけは青々として、納豆もフレッシュな香りを保っていた。納豆の鮮度は包装用の葉の鮮度と密接な関係がある。そこまで気を配っているのは彼女だけなのだ。

「やるなあ、カプラジャン」私たちが感心しながら、写真や映像を撮っていると、突然、餅《もち》つきが始まった。そういえば、朝、市場で彼女は納豆の横に餅も並べて売っていた。

カプラジャンの息子と娘二人（みんな二十歳前後）が鍋から炊《た》きたての餅米を出し、丸木舟を連想させる細長い臼《うす》に入れ、杵《きね》でトントン搗《つ》く。杵でトンとつく度に、カプラジャンが「はいよ」という感じで餅をサッとひっくり返す。トン、サ、トン、サ、トン、サ……。途中から黄粉《きなこ》を餅の上に撒《ま》きはじめた。これまた懐《なつ》かしく香ばしい。

搗いた餅はカプラジャンと娘二人が広いテーブルで平らにのばす。餅は相当熱いはずだが、カプラジャンは意に介す様子もなく、写真に撮れないほどの素早さで手を動かし、餅を千切っては伸ばしていく。表情も打って変わって真剣。

ちょうど夕日が西の窓から差し込み、カプラジャンを照らしていた。ちゃんとした美容室でカットされたとおぼしきショートヘア、耳には小さな金のピアスが光る。五

納豆名人カプラジャンによる「乾いたノッピー」。

十六歳だというが、つややかな肌で、まだ四十そこそこにしか見えない。だからカプラジャンは働き者であり、商品に対しても自分自身に対しても手抜きがない。だから納豆も餅も本人も生き生きして魅力的なのだろう。

作業が一段落すると、庭の一角に出されたテーブルと椅子《いす》に呼ばれ、お茶とできたての餅をいただく。できたての極上黄粉餅をほおばっていると、カプラジャンは大きな金属の皿にしらっちゃけたものをいっぱいのせて持ってきた。

「乾いたノップー」と彼女はまた意味もなく顔をくしゃくしゃさせて笑いながら言う。つまんで口に入れると、しょっぱい。納豆臭が薄れ、まるで日本の塩辛納豆のようだ。塩辛納豆は納豆菌ではなく麴菌《こうじきん》（カビの一種）で発酵させるため、別物のはずだが、結果としての味はかなり似ている。

黄粉餅とカチン式塩辛納豆をたらふく食べて、私たちは大満足で帰路についた。カプラジャンに肝心の竹納豆について聞き忘れたのに気づいたのは、ホテルに戻ってからのことだった。

異民族にカチン族の納豆料理を習う

竹納豆探しは困難をきわめた。ホテル、食堂、旅行会社、市場で出会った人たち……と、いろんな人に訊いてみた。すると、多くの人が「見たことがある」というが、はっきり知る人がいない。「山の人が売っているのを見た」「友だちが昔、××（町や村の名前）で見たと言っていた」といったあてにならない情報ばかり。ただ、それらの情報には漠然とした共通点があった。

竹納豆はお土産用に売られる何か特別なもので、山の村で作っているらしいということだ。

この時点でお手上げだった。なぜなら、シャン州同様、カチン州でも外国人が自由に行ける場所がひじょうに限られている。許可を申請すれば行ける場所は広がるが、今からでは間に合わない。そもそも山岳部は通行滞在許可が下りない。カチン軍との戦闘があちこちで行われているからだ。

ただ、たまに山の人が下りてきて竹納豆を市場近辺で売ることがあるらしい。一般外国人旅行者の私たちとしてはその偶然に賭《か》けるしかない。といっても、ミッチーナに滞在できるのは全部で一週間だけである。

私たちは毎朝、市場付近をうろうろし、カプラジャンに挨拶《あいさつ》し、竹納豆を探したが、気配もない。逆にいえば、竹納豆以外なら、面白いことはたくさんあった。

カチン州の山岳部は外部の人間が訪れることの難しい「秘境」だが、州都ミッチーナは意外なほどに国際的な町である。カチン族の他、シャン族、ビルマ族、中国系（漢族）、インド系、ムスリムなど実に多彩な人々が住んでいる。そして、彼らはみな、納豆を食べていた。それも糸引き納豆である。

市場では、立派な髭《ひげ》を生やし、彫りの深いインド人のおじさんが納豆の葉っぱを開け、糸引きの具合を熱心にチェックしている。話しかけると、「ノップーは大好きだよ。油で炒《いた》めてご飯と一緒に食べるととてもおいしい」とインド式の巻き舌英語で答えてくれた。

両替を行っている雑貨屋に行くと、主はターバンを巻いたインドのシーク教徒だった。「ノップー？　もちろん食べるよ」彼は近くにいた若者を指さした。「うちの息子は特に好きで、毎朝、納豆チャーハンを食べてる」。父親より小さめのターバンを巻いた若者ははにかんで頷《うなず》いた。

インドのシーク教徒が作る納豆チャーハン。それは何料理と呼べばいいのか、もう全然わからない。

カチン式の納豆料理を教えてくれたのも、純粋なカチン族ではなかった。最初はカチン族の人を探したのだがなかなか見つからず、われわれが悪戦苦闘する様子を見かねたホテルのフロント係の女の子二人が「私たちが作りますよ」と申し出てくれたのだ。

一人はお父さんがイスラム教徒、お母さんがカチン族のハーフ。色が白く、目が薄い茶色で、栗色《くり》の髪はくるくるとカールしている。中東系なのかもしれないが、見た目はまるでロシア人のようだった。名前をキャッキャットゥイという。陽気な子で、名前のとおり、キャッキャとはしゃぎながら、生の納豆にニンニク、生姜《しょうが》、唐辛子、タマネギ、そして油とパクチーをからめた和《あ》え物を作ってくれた。私はホテルのキッチンで写真撮影をしながら、ロシア娘に納豆料理を習っているような錯覚にとらわれた。

もう一人は黒い直毛の髪を後ろにきゅっと結わえ、頬骨が高い典型的な漢族の顔。カチン州の隣、ザガイン管区のカムティという町に生まれ育った生粋の中国人である。中国人学校で漢字の読み書きを習ったとのことで、自由に中国語（普通話）を話す。きれいな字で「张如广《チャンルークワン》」と私のメモ帳に書いてくれた。通称は「阿广《アクワン》」。

こちらは私に中国語で説明しながら料理を始めた。生姜やタマネギを強火で炒めるのは中華鍋だし、皿の盛りつけも、赤と緑の唐辛子を上に五本、きれいに並べた中華風。

「好了《ハオラ》（できました）！」と言われると、中国で納豆料理を習っているようにしか思えない。

だが、二人が作ったモノは両方ともカチン式のごくごく一般的な納豆料理だという。シャン族が糸引き納豆を食べるときの調理法にも似ている。

かわいい女の子たちが作ってくれた納豆料理はシャンのものより辛めだったが、ご飯にはぴったりで大満足だった。

だが、部屋に戻って一休みすると、しみじみこう思わずにはいられなかった。

——山とはなんてちがうんだろう……。

カチン州の山岳地帯を歩いているときは、どこに行ってもカチン族の村しかなかった。中国系もムスリムもインド系も、それどころかビルマ族やシャン族にさえ出会わなかった。純粋カチン族の世界だったのだ。だからこそ、カチン族の民族独立運動は山の人たちの支持を得ることができた。見渡すかぎりカチン族しかいないカチン世界なのに、どうしてビルマ族の支配下に置かれて差別や偏見にさらされなければいけないのか。私でもそう思った。

ところが、ミッチーナのような町に来ると、実に雑多な人たちが一緒に暮らしている。納豆ですらカチン族の食べ物ではなく、「みんなの日常食」である。こんな環境にいれば、カチン軍が民族の独立を目指して戦っているなんて荒唐無稽《こうとうむけい》としか思えない。

　山と町の間には大きく深い断絶がある。そして、竹納豆はおそらく山では別に珍しくないし、山でなくても町からちょっと離れたカチンの村にはあるのかもしれない。しかし、そこは今、私のいる場所からは果てしなく遠い……。

再びのクリスマス・プレゼント

　ついにミッチーナを離れる日がやってきた。この日も市場周辺を見て歩いたが、竹納豆は発見できなかった。

「まあ、しかたないか」「十分面白いことがあったからいいだろう」私と竹村先輩は互いに慰め合いながら、この町での最後のご飯をどこかで食べようと歩いていた。

　そのときである。突然、後ろからバイクが走ってきて私たちの横でぴたっと止まった。後ろに女性が乗っていた。

「あ、カプラジャン！」私たちが驚くと、彼女はバイクから降り、嬉《うれ》しそうに「ホテルに行ったんだけど、いなかったから、市場に行って、それでもいないからどうしようかと思ったら、ここで見つけた！」みたいなことを早口でまくしたてた。

「はい、ノップー」と彼女がこちらに差し出したものを見て、私は息を呑《の》んだ。

直径十センチ、高さ四十センチほどの竹筒が二本。上は乾いた葉で封がされており、カチン族が村でよく使う、竹の皮の紐《ひも》で厳重に縛られていた。

幻の竹納豆がそこにあった。

受け取ると、ずしりと重い。

「これ、どうしたの？」と訊くと「私が自分で作った」と相好《そうごう》を崩したままで言う。

私の頭は混乱の極みにあった。どうしてカプラジャンが竹納豆を作ってくれたのだろう？　だいたいにおいて、彼女は私たちが竹納豆を探していることさえ知らないはずだ。家を訪ねたときは聞きそびれ、その後は何度も会ったが、「町の人は竹納豆を知らない」と判断し、あえて訊きもしなかったのだ。

呆気《あっけ》にとられている私にはお構いなしに、せっかちな彼女は「生姜と唐辛子を入れてある」とか「すごく長く持つ。一カ月でも大丈夫。日本へのお土産用にそうした」などと説明すると、バイクタクシーの後ろにひょいとまたがり、走り去った。

私は阿呆《あほう》のように竹筒を両手に持ったまま、立ちすくんでいた。感動していた。幻の竹納豆が奇跡的に手に入ったのだ。これが本当のクリスマス・プレゼントだ。そして謎めいた竹納豆の「意味」がわかったことがさらに感動だった。

竹納豆とは「長期保存用納豆」のことなのだ。

市場で買ってきた糸引き納豆、タマネギ、ニンニク、唐辛子、生姜、パクチー。カチン風納豆料理の定番食材である。

カチン族の納豆料理を作ってくれたイスラム系のキャッキャットゥイ（左）と中国系の阿广。

これが「幻の竹納豆」だ!!

記憶がよみがえった。竹筒はカチン族、というよりこの辺、ミャンマー・中国・タイ・インド国境地帯の山の民が容器としてさまざまな用途に利用しているものだった。お茶の葉や塩、唐辛子を入れておくこともあれば、酒を入れて持ち運ぶこともある。川から水を汲《く》んでくるときにも大きな竹筒を使う。

山の村ではポリタンクやタッパーのような万能の容器なのだ。いや、竹はタッパーより優れている。長いことビニールやタッパーに入れておくと化学製品の臭《にお》いがついてしまうが、竹はむしろよい香りがつく。

納豆の鮮度に敏感なカプラジャンは私たちに納豆をお土産に渡そうと思ったとき、当然日本までの距離と時間を考えた。そのうえで、わざわざ発酵させた納豆に塩と唐辛子を混ぜて竹筒に詰めたのだ。山の民が町へ納豆を売りに行くとき、そうするように。

思えば、これまで多くの人たちが竹納豆のことを「お土産」と呼んでいた。今ひとつ、意味がわからなかったが、やっと腑《ふ》に落ちた。

おそらく葉で発酵させてから、塩と唐辛子と一緒に竹筒に入れるのだろう。目的は「長期保存」だ。

想像するに、食糧の限られた山の村では納豆を長く食べ続ける必要があり、その一つの方法が竹納豆なのだろう。実際、カプラジャンにもらったものをあとで開けて味見すると、えらく唐辛子と塩が効いていた。

ホテルでキャッキャットゥイと阿ノに見せたら、「ああ、カチンの伝統的なやつね」「カムティでも見たことがある」と驚いた様子がまるでない。前に訊いたときは「見たことない」と言っていたが、ゲンブツを見ると「あー、これね」とわかるようだ。

カチン族の伝統。それは今でも、町でも生き続けている。

それを教えてもらったことが、私にとって何よりのクリスマス・プレゼントなのであった。

第六章　アジア納豆は日本の納豆と同じなのか、ちがうのか

日本の納豆はおかしい！

一カ月間、ミャンマー・シャン州とカチン州で納豆生活にどっぷり浸《つ》かった結果、私は〝納豆観〟が変わった。

帰国して初めて大手メーカーの納豆を食べようとしたとき、あまりの糸引きぶりに仰天した。かき混ぜると箸《はし》が動かなくなるほど粘るのだ。「なんだ、こりゃ？」

粘り気を求めないシャンのトナオはもちろん、「日本の納豆みたいに粘る！」と興奮したカチンのノップーでさえ、この半分くらいしか粘らない。正直言って、見るだけで気持ちが悪くなった。とても天然の食品と思えないのだ。納豆単独で食べてみると、やはりネバネバの部分が多すぎるし、豆の味がしないのも不審である。

「これは本当の納豆なのか？」という恐ろしい疑問にとらわれてしまった。まあ、ご飯にかけて食べたら、以前と同じように美味《うま》かったからホッとしたものの、日本の納豆が「不自然」という印象はぬぐえないままだ。

いかに私の感覚の基盤がアジア納豆に移ってしまったのかがわかるだろう。かつてアジア納豆について「日本の納豆とは似て非なるもの」と言われたことがあったが、今の私に言わせれば、日本の納豆のほうが「納豆に似て非なるもの」に感じられてしまうのだ。

いったい納豆とは何なのだろうか。

根源的な疑問に立ち戻ってしまう。

これほど単純な食べ物なのにわからないことだらけだ。だいたい「納豆」という言葉の語源からして不明である。お寺の「納所《なっしょ》」で作られたからなどというもっともらしい説があるが、「納所」とは会計や庶務を行う事務所のことで、そんな場所で食べ物を作るはずがない。

中国語起源という説も目にするが、納豆の「納」を「ナ（ッ）」と読むのは呉音、豆を「トウ」と読むのは漢音。両方漢音なら「ドウトウ」だし、両方とも呉音なら「ナズ」となるはず。漢音と呉音では伝わった時代がちがうから、中国語由来とは考えづらい。だいたいにおいて、中国には本来「納豆」という言葉が存在しないという。今、中国で「納豆」と呼ばれているのは日本の納豆のことなのだ。

やまとことばに「なっとう」という言葉があり、それに漢字を当てたのかもと思ったが、筑波大学の石塚修《おさむ》先生に訊《き》いたところ「それはありえない」という。

もしかしてアイヌ語起源なのかもと思ってアイヌ語学者に問い合わせたところ、「アイヌに納豆という食べ物はない」と言われて頓挫《とんざ》してしまった。

日本人がいつ頃から納豆を食べ始めていたのかもわからない。大陸から来たのか、日本独自のものなのかもわからない。

「納豆はわからないことばかり」とは、八〇年代に納豆からタンパク質分解酵素のナットウキナーゼを発見し、現在に続く納豆健康ブームのきっかけを創《つく》った倉敷芸術科学大学の須見洋行《すみひろゆき》教授も言っていた。

須見先生はもともと血栓を溶かすウロキナーゼという物質の研究を行っていたが、たまたま納豆を血栓のもとであるフィブリンというタンパク質にのせてみたところ、ウロキナーゼよりはるかに早いスピードで血栓を溶かしてしまった。驚愕《きょうがく》した須見先生は納豆に血栓溶解酵素が含まれることを明らかにし、ナットウキナーゼと名付けた。

これが今も世間で評判の「納豆で血液サラサラ」説の始まりである。もちろん、須見先生は人間の体内でも経口で摂取された納豆のナットウキナーゼが血栓を溶かすと推測しており、それを示唆《しさ》する実験データを数多く得ているが、まだ直接的なデータはないという。誰もそれを調べていないらしい。

「納豆の研究者はすごく少ないんです」と須見先生は嘆く。「私はもっと研究やりたいんだけど、予算がつかない。製薬会社の人が来たこともない」

あれほど世間で有名なナットウキナーゼが医薬品になっていないどころか、薬にしようと考える人や機関もないとは驚きの一言だ。

アンチエイジングや抗がん作用、抗アレルギー作用といった効用についても、論文こそ出ているものの、まだまだ単発の研究であり、評価は定まっていないらしい。身体《からだ》にいいと盛んに触れまわっているのはマスコミばかりでアカデミズムの動きは遅いという。須見先生は「ふだん食べてる納豆にそんな力があるのかって思われてるんでしょうね」と話す。

納豆の効用で最も確実視されているのは腸内環境を整える作用らしい。そこから納豆菌を利用した整腸剤が販売されているが、医薬品はそれくらいだ。

結局、医学界における納豆とは「ものすごいポテンシャルをもっているらしいけれど、まだよくわからない」という位置にとどまっているようなのである。

そして、いちばんわからないのは肝心の納豆菌である。

納豆菌とは枯草菌の一種と説明されている。だが、さらに資料を読んだり人に聞いたりしているうちに驚くべきことが判明した。

「納豆菌」とは日本でしか通用しない概念なのだ。前述したように、澤村博士が納豆を作る菌を単離して Bacillus natto SAWAMURA と名付けた。いったんは国際的に認められたのだが、一九五七年、世界の微生物学者が菌の分類で最も参考とする『バージェイ細菌分類便覧』第七版でこの菌は枯草菌 Bacillus subtilis と同一の種とされてしまい、そのまま現在に至っている。欧米では誰も納豆を食べないがゆえに納豆菌は存在意義を認識されなかったのだ。したがって学術的には「納豆菌」なるものは存在せず、もし英語か何か外国語で表現するなら「枯草菌の一種が大豆の発酵食品を作っている」と述べるしかない。もっとも、日本ではいまだに研究論文でも普通に「納豆菌」とかかれ、Bacillus subtilis (natto) という表記も使用されている。

　これでは納豆菌とは日本人にしか見えない精霊のようである。アジア各地に住む人は「精霊は明らかに存在する」というし、精霊の力を借りたり悪い精霊を追い払ったりする呪術師《じゅじゅつし》も存在する。でもよそ者に精霊は見えない。

　精霊を操るのが難しいように、納豆菌を制御することも難しい。納豆関係者は「むずかしい」「よくわからない」とさかんに言う。

　実際のところ、機械化が確立される以前、手造りで安定した質の納豆を作るのは今の私たちにとって想像もつかないほど難しかったらしい。

　明治期、納豆研究に尽力した盛岡高等農林学校（現岩手大学）教授の村松《むらまつ》舜祐《しゅんすけ》博士は次のように書いている。
「納豆の製造は、（中略）苞納豆《つとなっとう》（高野註：藁苞《わらづと》で作る納豆）にしても又箱納豆《はこなっとう》にしても安全にその良品を得ること困難であって、之《これ》が製造を試むる者は概《おおむ》ね失敗を重ぬるのが普通である」（『最新　納豆製造法』）。

とてもわれわれが普段食べている納豆の話とは思えない。業者はそれぞれ自分の開発した方法を知られるのを恐れ、見知らぬ他人をよせつけず、死にものぐるいで研究開発を行ったという。

「失敗すると、相談相手もいないから、ひたすら、神仏にひれ伏し、室を洗い清め、粘りの強い、良い納豆が、一日も早くできるよう祈った」などという記述を読むと、万葉の昔の話かと思う。納豆製造業者は精霊を操ろうとする呪術師のごとくであった。

後に聞いた話だが、江戸時代からつづく日本で最も老舗《しにせ》の納豆屋である秋田県「檜山《ひやま》納豆」の先代社長も、「納豆は博打《ばくち》」「納豆で飯は食えない」と嘆いていたという。

その〝伝統〟は今でも「菌屋」と呼ばれる菌供給業者によって「納豆菌の培養方法は秘伝」というおよそ時代離れした様式で守られている。

現在、納豆メーカーが納豆製造に使う納豆菌は、納豆連の前身である全国納豆工業組合協会の初代会長でもある三浦二郎氏が創設した宮城野納豆製造所の「宮城野菌

(三浦菌)」、山形県・高橋祐蔵研究所の「高橋菌」、東京の成瀬醗酵《はっこう》化学研究所の「成瀬菌」、ほぼ、この三種類しかないという。

業界大手のタカノフーズやミツカンなどは、独自に納豆菌を開発し使用しているが、それでもバックアップのためにおそらく上記のどれかの菌屋から納豆菌を随時、購入しているだろうとのことだ。

「いまだに納豆菌はわからないことばかり」と登喜和食品の遊作社長も言う。彼は以前、自前の納豆菌を確保しようと、悪戦苦闘したことがあるからなおさらだろう。

牛海綿状脳症(BSE、俗に言う「狂牛病」)が流行したとき、菌屋が牛由来のエキスを使って納豆菌を培養しているという噂《うわさ》が流れた。遊作社長が問い合わせたところ、取引している菌屋は「使っていません」と一言、FAXで回答しただけだった。菌屋の情報は「秘伝」だから当然そうなる。

でも、「これでは食の安全性をお客さんに説明できない」と考えた遊作社長は、東京都立食品技術センターやミヤコ化学と共同で、五年がかりでオリジナルの納豆菌を開発したのだった。苦労して作った菌なのだが、情報は公開され、東京都の業者なら誰でもその菌が使用できるようになっている。それも遊作社長の情熱の賜《たまもの》というしかない。

でも残念ながら、この新しい菌では特許がとれなかった。「おいしい納豆が作れる」菌であっても、納豆菌が世の中にたくさんある中で、新規の菌という証明をするのが難しかったかららしい。また、納豆菌は簡単に変異してDNAの配列を変えてしまうという。特許の内容とずれてしまうのだ。納豆菌は自らの知的財産権をも凌駕《りょうが》してしまうらしい。

納豆菌はいたって気まぐれな精霊なので、人間のコントロールを受けないようにふるまう。

いちばん面白いのは納豆を作りつづけていくと、同じ納豆菌を使っているはずなのに、いつの間にか粘らなくなっていくという現象だ。

納豆菌には動きやすい遺伝子があり、その遺伝子がある場所にはまると糸を引かなくなるのだという。突然変異の一種だ。そして、納豆菌が活発に分裂増殖を繰り返すと確率的にこの変異が起きやすくなる。それ以外にも糸を引かなくなる要素はあるかもしれないが、まずはこれが大きな原因として考えられている。

すごく美味しい納豆ができたら、どんどん新しい煮豆を足していけば、永続的に美味しい納豆が作れるはずなのだが、納豆菌はそんな便利な使われ方は嫌いらしい。いや、もちろん納豆菌が自分の意志でそうしているわけじゃないのだが、作り手からすれば「このヘソ曲がりめ！」と言いたくなる。

納豆菌はこのように扱うのがとても難しいが、さらに面倒なことに、「個体差」もあるという。一パックの納豆には納豆菌が一億以上も入っている。同一の菌株から増殖したクローンだから遺伝子構造は同じなのに、生育するうちに個体差が出るという。人間も一人ひとりの働き方がちがうし、暑すぎたり寒すぎたりすれば動きが鈍くなる者が出てくるように、納豆菌も温度や湿度などの環境によって働きぶりが変わってくる。このようにかなり個体差のある菌が集まって、「納豆菌」と呼ばれる集団を形成しているのだ。

我々がちょっとした環境の変化でやる気を失ったり、わけのわからない衝動に突き動かされてヘンなことを始めたりするように、納豆菌も、気温や湿度や豆によって発酵の具合が変わる。例えば、なんらかの事情で大豆の仕入れ先が変わってしまうと、同じようには発酵してくれなくなる。変わり方も「味は同じだけど糸引きが弱い」とか「味や糸引きは同じだけど、匂《にお》いが若干ちがう」とかいろいろだ。菌全体が一様に変わるわけでもない。「同じように発酵する個体もいるけど、他の個体はちがう」というような曖昧《あいまい》な傾向なのだ。

私が日本の納豆に違和感を覚えたのは果たして何が原因なんだろうか。日本での長年にわたる改良や変異の結果なのか、あるいはそもそもアジア納豆と日本納豆では納豆をつくる菌が大きくちがうのか。

このわからなさが実におもしろい。

納豆とは未知の大陸なのだ。

私の内面に構築された納豆観は広く展開し、外側にもあふれ出した。他の人にものべつまくなしに納豆について語るようになったのもこの頃からである。妻が迷惑顔をするのは序の口で、飲み会の席上で納豆の話が止まらなくなり、ふと気づいたら、他の人々全員が無言でこちらを見つめていたという状況も一度や二度ではない。

犠牲者は日本人だけでない。週一回会っているソマリ人留学生（アフリカ・ソマリア連邦共和国出身）のアブディラフマンに対しても納豆はいかに面白いものなのかを力説してしまった。

私があまりに納豆、納豆と言うので、アブディラフマンは、「ソマリア政府がNATO（北大西洋条約機構）を批判」というニュース記事を見て、「ナットウ？」と思わず勘違いしたほどだ（どうしてソマリア政府が納豆を批判するのだ、常識ないのか！と言いたいが、アブディラフマンはイスラム・シーア派の聖地カルバラを「アキハバラ」と誤認した実績を誇るそそっかしくて愉快な男なのだ）。

とはいえ、私などは他人に若干の迷惑をかけるだけだから、まだマシだ。身近に納豆観どころか人生観まで変わってしまった人がいた。

竹村先輩だ。

先輩はシャン州滞在中から、妙な思いつきにとらわれていた。それは「テレビのディレクターを辞めて、シャンのせんべい納豆売りになる」という不可解なものだ。

三十年も同じ仕事を続けていれば飽きも来るだろう。テレビ、それもドキュメンタリーの世界は年々予算が少なくなり、そのくせ求められることは増えていると聞く。苦労が絶えないらしい。それはわかるが、なぜこれまで築いてきたキャリアを捨てて納豆業者になりたいのか。自分探しをしている二十代の若者じゃあるまいし。脳内に納豆菌が入り、脳が味噌《みそ》納豆化しているんじゃないか。

でも先輩は熱く語るのだ。「日本にはまだせんべい納豆がない。でもこれは絶対、日本人に受ける。ご飯のおかずにもなるし、酒のつまみにもなる。高級バーに卸したら間違いなく儲《もう》かる。一枚百円で売れば、百枚で一万円。田舎なら十分に暮らせるよ……」

私は「そのうち夢も醒《さ》めるだろう」と聞き流していたが、驚いたことに、帰国後、飯田市の実家で幾度となくせんべい納豆作りに挑戦していたのだった。市販の納豆を擂《す》り鉢でペースト状にして、せんべい納豆を製作しようとしたという。

「それがどうしてもうまくいかないんだよ」先輩は首を振る。

市販の納豆は粘り気が強すぎてせんべい状に伸ばすことがひじょうに難しい。「シャンの納豆がどうして粘らないのかよくわかった」

私がタウンジーで体験したとおりだ。ペースト状に伸ばすためには粘らない方がずっと作業しやすく、結果として質のよいものができる。

先輩は次に、自分で「粘り気の少ない納豆」を作ってみたという。市販の納豆を数粒、ゆでた大豆に混ぜるという方法だ。ネット上で「納豆の作り方」を検索すると、多くはこのやり方である。

「だけど、今度は納豆らしくならないんだ」

匂いも味も薄い。それをせんべい状にしても、単なる「豆せんべい」のようにしかならない……。

まさに昔の納豆屋さんと同じ悩みを抱えて納豆作りに励んでいるのである。

「これじゃ商売にならない」と真剣な顔で嘆く先輩を、しかし私は笑うことはできなかった。気持ちはわからないでもないのだ。いや、今やとてもよくわかるようになっていた。

納豆にはどこか人を「童心」に戻らせるところがある。それは納豆が持つ〝単純なのにすごく奥深い〟という性質と関係があるのかもしれない。納豆にはまだ日本人の知らないすごい可能性がある。そしてそのすごい可能性を自分で開拓できるんじゃないか、という気がするのだ。

ブータンの酸味納豆

そんなところへ突然、未知の納豆が出現した。ブータンの「リビ・イッパ」である。たまたま友人がブータンに滞在していると知り、メールで「ブータンにも納豆がある」と伝えたところ、お土産に買ってきてくれたのだ。

友人は二《に》村聡《むらさとし》さんと言い、生物資源探査のベンチャー企業「ニムラ・ジェネティック・ソリューションズ（ＮＧＳ）」を経営している。植物や菌などから薬品、サプリメント、食品などを研究開発したり、そのコンサルタントやエージェント役を務めるのが業務だ。彼の会社はブータン農業省と正式に提携しており、私はかつて彼の依頼を受け、ブータンの伝統的知識について調べようと各地をまわった。今もこの会社の「顧問」を務めている（詳しくは拙著『未来国家ブータン』をご参照下さい）。

さて、納豆は、見たことのない種類だった。やや乾いているが、まだぐちゃぐちゃした感じが残っている。いわば「半生《はんなま》」タイプ。糸はひいておらず、豆は団子状態にくっつきあっている。匂いは紛れもなく納豆。強いてこれに似たものを探せば、チェンマイの農家で見た「蒸し納豆」を作る前段階の半ペースト状のものが近いか。

「(首都の)ティンプーの市場に売ってました。英語が通じなかったので、どこで作ったとか詳しいことは全くわからなかったけど」とのこと。

味がこれまた不思議。しっかりと納豆の味がするのだが、妙に酸っぱい。それも酢の酸っぱさではなく、ヨーグルトやキムチの酸っぱさ。つまり乳酸のような酸味である。

「なんだ、こりゃ?」と、またしても首をひねってしまった。

納豆菌は酸性の環境では活性化しないと聞く。ネパールなどではアルカリ環境を作るため、納豆を仕込むときわざわざ灰を入れると読んだこともある。だから普通に考えれば「酸っぱい納豆」などあるはずないのだ。なのに、なぜかここでは納豆が乳酸と同居している。一体どうしてこうなるのだろう?　納豆菌を発酵させたあと乳酸を入れたりするのだろうか。

しかも美味《うま》い。納豆の臭みが抑えられ、乳酸が爽《さわ》やかさを生んでいる。本来どのように食べるのか不明だが、ブータンに高度な納豆文化が存在することは間違いない。

吉田よし子『マメな豆の話』という本によれば、同地にはさまざまな種類の納豆があるという。麴《こうじ》入りやチーズ入り納豆もあるというから驚かされる。乳酸入り納豆も数あるバリエーションの一つなのだろうか。

私は前回ブータンを旅したおり各地を訪れたが、納豆については一度も見聞きしなかった。だから何も情報がない。

ブータンの納豆について知り合いにいろいろ訊いてみた。すると、少しずつおぼろげながら姿形が見えてきた。

まず、納豆は首都のティンプーを含む西部や中央部、北部では食べられていない。

私の知人にツェリンというティンプー在住の作家がいる。彼はブータンを広く旅行し、紀行文やブータンの伝統文化についてのエッセイを書いている。ひじょうに博識で、「ブータンの僻地《へきち》に面白い生活をしている人たちがいるからテレビ番組を作らないか」なんて話を持ちかけてくることもある。そのツェリンがリビ・イッパについて「見たことも聞いたこともない」というのは意外だった。

在日ブータン人で東部のタシガン県出身の人に会って聞いたら、「東部と南部ではふつうに食べる」とのことだった。ブータンは公式には単一民族を標榜《ひょうぼう》しているが、実際には多民族国家である。

ゾンカ語を母語あるいは共通語とする西部のゾンカ語系民族とツァンラ語を母語あるいは共通語とする東部や南部のツァンラ語系が二大勢力と考えられる。

納豆を食べているのは後者だ。そもそも納豆を表す「リビ・イッパ」(Libi Yitpa)もしくは「リビ・ジッパ」(Lebi zhitpa) という言葉もツァンラ語だという。〃リビ〃が「大豆」、〃イッパ〃が「腐った」という意味で、シャンのトナオと同じ表現だ。

――うーん、またしてもマイノリティの食べ物だったか……。

と私は唸《うな》ってしまった。

ブータン王国はゾンカ語系の人たちが中心になっている国であり、ゾンカ語は国語となっている。人口としてはツァンラ語系の方が多いかもしれないが、政治経済的にはマイノリティである。そして一般的にマジョリティはマイノリティの食生活についてはことのほか無知である。ゾンカ語系の知識人ツェリンが納豆を知らないのもそのせいなのだろう。

この在日ブータン人の男性によれば、タシガン県では十二月にどこの家でも普通に作って食べるという。木の葉や稲藁を切ったものを混ぜて大豆を発酵させる。「調味料のようなもの」で、いろんな料理に入れるとのことだった。

ネットで「リビ・イッパ」を検索するとヒットしたのはわずかに一件。それは〈ブータン・オブザーバー〉というブータンの英語新聞の記事だった。

見出しは「大豆のチーズが商業化へ」。それによれば、ヨビナン村というタシガン県の貧しい山村で、現金収入を得るために〝大豆のチーズ〟ことリビ・イッパを大量生産し、商品化しようという試みが始められた。これには、「その土地固有の産品を保全しつつ、近代的な技術で商品化する」という意味もあるという。伝統を守り環境の調和をはかりながら経済発展を行うというブータン独自の理念にも沿っているわけだ。

それにしても「大豆のチーズ」とは興味深い表現だ。元来、牧畜民であるブータン人はチーズをひじょうによく食べる。ご飯のおかずとして、あるいは調味料としていろいろな料理に用いる。そしてチーズは納豆同様、良質なタンパク質と油脂を多量に含む発酵食品なのだ。

しかし、まさかヒマラヤの奥地で「納豆での村おこしプロジェクト」が推進されているとは思わなかった。

この村おこしはその後どうなったのか。結果はこれまた意外なことに東京の五反田で聞くことができた。

私がブータンでお世話になったシンゲイさんという人が国際会議出席のため来日し、

歓迎の夕食会が五反田のイタリア料理店で開かれたのだ。彼は農業省所属の国立生物多様性センターのプロジェクト主任である。私は彼の家で手料理を御馳走《ごちそう》になったことがあるし、彼のお父さんには「雪男」の話も聞いた。彼との協力で、ブータンの伝統的知識を探す旅を行ったのだ。

その席上、納豆の商品化について彼に訊いたところ、「あのプロジェクトは私たちが行ったものです。でも大量生産ができなくてうまく行きませんでした」とのことだった。

ヒマラヤの納豆村おこしは、私の友人たちが仕掛けた計画だったのである。

当然彼はブータンの納豆についてよく知っていた。が、そちらについて聞く前に私は彼に日本の納豆を食べてもらうことにした。

レストランのすぐ近くにコンビニがあったので、納豆を一パック購入。それを二村さんの事務所であけて即席の試食会。日本の和服にそっくりの「ゴ」というブータンの民族服を着て、顔も日本人と区別がつかないシンゲイさんが、納豆のパックをおそるおそる手にする様子は実に奇妙に感じられた。

さすが〝納豆民族〟だけあって、匂いを嗅《か》いでから食べるまではひと息。躊躇《ためらい》がない。ただし、口に入れたあと、顔には「ヘンなもん、食べちゃった！」と出ていた。

「すっごくネバネバするし、味がない」と彼は言いにくそうに語った。続けて、「でも、匂いは同じですね。ブータンのリビ・イッパはこれ（日本の納豆）よりもっとずっと発酵していて臭い」。

私たちが食べた酸味納豆とは別の種類らしい。

多くの〝納豆民族〟がそうであるように、シンゲイさんもリビ・イッパの話になると饒舌《じょうぜつ》だった。

「ブータンのリビ・イッパは調味料なんですよ。唐辛子を入れると赤くなるけど、それにリビ・イッパを加えると味がよくなるだけでなく、色も深くなる」

ことに彼の奥さんの実家がある東南部サムドップ・ジョンカル県では今でもひじょうによくリビ・イッパを食べるという。「ほとんどの料理に入れます。妻の実家からはときどきティンプーにも送ってきますよ」とのこと。

ただ、東部のモンガル県にあるシンゲイさんの実家では、納豆はもっと微妙な立ち位置にあるようだ。

「私が子供の頃、うちでも食べましたけど……、チーズがあるときはチーズを食べるんです。お金がなくてチーズが買えないときや、時期的に手に入らないとき、お母さんがリビ・イッパを自分で作って料理に使っていました」

彼の実家では納豆はチーズの代用食のような扱いだったわけだ。ちなみに、大豆は自分たちで栽培していたという。

ひじょうに興味深い。ブータンは西のチベット的な牧畜文化と東の東南アジア的な農耕文化が交わっている場所だと、著名な植物学者・探検家の中尾佐助は述べているが、チーズと納豆はまさに西と東の文化を食の面で代表していると考えられる。そして、両方がある場所ではチーズのほうが強い。納豆はブータン東部でチーズの壁に阻《はば》まれているとも言える。

これまでタイとミャンマーの旨味《うまみ》食品・調味料を見てきた。タイではナンプラーという魚醤《ぎょしょう》が一般的であり、北タイ（旧ランナー王国）の納豆は衰退してしまった。ミャンマーではビルマ族がもっぱらンガピという魚介由来の旨味食品を用いており、全国的にもそちらの方がポピュラーだ。納豆は内陸部の丘陵地帯に残されている。

そして、ブータンは全《すべ》てが内陸で丘陵・山岳地帯でありつつ、納豆は、牧畜文化の発酵食品チーズに圧迫されている。

つまり、タイ、ミャンマー、ブータンのいずれの国でも、開けた地域は非納豆圏、開けていない辺境地域は納豆圏という区分けができているのだ。

アジア納豆と日本の納豆は同じなのか、ちがうのか?

シンゲイさんに酸味納豆を見てもらうことはできなかった。なぜなら、私たちはとっくにそれを「うまい、うまい」と言って食べてしまったからである。一部をサンプルとして冷凍保存するという発想がどうして生まれなかったのか、今考えても不思議だ。思慮が浅いにもほどがある。

もっとも全部食べてしまったわけではない。ほんの一部、検査分析のために使っていた。

東京都立食品技術センターへ行き、納豆の調査研究を十年以上にわたって担当している細井《ほそい》知弘《ともひろ》先生に調べてもらったのだ。

私が知りたかったのは、長年、人々に問い詰められてきたこと——すなわち「アジア納豆は日本納豆と同じなのか、ちがうのか」ということである。見た目や匂い、味、作り方については「ほぼ同じ」と言ってさしつかえないと思う。ブータンの納豆には若干酸味があるが、違和感があるほどではない。日本人の誰が食べても「あ、納豆」と思うだろう。だが〝納豆菌〟となると話は別だ。

日本とアジア各地の納豆菌を遺伝子レベルで比較した研究はある。例えば、原敏夫《としお》氏は、ある共通の起源をもつ菌から一億六千万年前にネパールの納豆である「キネマ」の菌が分岐し、一億三千万年前にタイのトナオの菌が、さらに七千万年前に日本の納豆と中国の「豆豉《トウチ》」の菌が分離したことを明らかにした。ここで言う「豆豉」とは一般的に中華料理で使用されるものではなく（そちらは納豆菌ではなく麴菌による発酵）、中国雲南省や貴州省で食べられている納豆のことのようである。

しかし、これは「どの納豆菌も先祖は同じ」と言っているにすぎない。一億六千万年前といえば、中生代ジュラ紀。ご存じ恐竜の全盛期であり、哺乳類《ほにゅう》はネズミのような容姿をしていたらしい。そこからキリンやクジラやヒトに分かれていった。でも、キリンやクジラがヒトと同じかというと、一般には「同じ」とは思われていない。

「タイやミャンマーの納豆菌と日本の納豆菌が同じかどうかは、判断するのが難しいですよ」

私たちが検査をお願いしたとき、細井先生は釘《くぎ》をさした。

「タイやミャンマーの人が日本人と同じかどうか訊くようなものです」

たしかに、タイ人やミャンマー人は日本人と同じと言えば同じだし、ちがうと言えばちがう。でもキリンやクジラとヒトよりは相当近いと思うのだが……。

すべての納豆を調べてもらうのはあまりに手間なので、アジア納豆を代表し、チェントゥンの納豆村で作られたせんべい納豆と、ブータンの酸味納豆の分析をお願いした。

結果発表の日がやってきた。私は合格発表を見に行く受験生のような気分だった。

「検査は、食品の微生物検査で最も一般的な検査項目である『一般生菌数』を測定する検査法を用いました」

菌が生えたシャーレをテーブルの上にたくさん用意した先生は、理科の先生のように一つ一つ丁寧に見せながら説明していく。たいへんわかりやすい。

「結論からいえば」と細井先生は言った。「ミャンマーの納豆菌もブータンの納豆菌も、日本の納豆とほぼ同じです。匂い、見た目、粘り気……。個性がちがう程度ですね」

「おおっ！」私、先輩、そして同席していた二人の編集者からどよめきがもれた。

ついに二つのアジア納豆と日本納豆の納豆菌は「ほぼ同じ」と判定されたのだ。日本の納豆にも個性が当然あり、チェントゥンとブータンのそれも、その範囲内の差でしかないわけだ。

ここで私たちの目的は達成されたのだが、興味深い結果が二つ判明した。一つは、チェントゥンとブータン両方の納豆から、ともに食中毒を起こすような菌が検出されなかったこと。例えば、納豆菌に近い種だが毒性をもっているセレウス菌。「そこら中にいるので、これらの納豆についていてもおかしくないが、いませんでした」。また、大腸菌群も検出されなかった。先生にとっても「意外」という。

私たちにとってもそうだ。出自不明なブータンの納豆はともかく、チェントゥンの納豆は下に豚がブヒブヒ言いながらうろついているような環境で作られていたのだ。豆を包む葉も煮沸していない。

「伝統の力はすごいなあ」と先輩は感嘆した。

もう一つの発見は、両方の納豆とも乳酸菌が検出されたことだ。チェントゥンのものは少なく、ブータンのそれからはその百倍から千倍の乳酸菌が見つかった。やはりあの酸味は乳酸菌によるものだったのだ。乳酸菌が先に入っていて後から納豆菌が入ったのか、その逆なのかはわからない。「両方ありうる」とのことである。

かくして、ついにアジア納豆は科学的にもそのベールをわれわれの前で脱いだ。すなわち、日本納豆とほぼ同じ納豆菌が働いていて、しかもかなり衛生的。おかげで、以後、私たちは堂々とアジア納豆と日本納豆を比較研究できるようになったのである。

第七章　日本で『アジア納豆』はできるのか

長野県飯田市

日本でアジア納豆を作る

ゴールデンウィークが終わり、一般の人たちが仕事場に戻った頃、私は竹村先輩と「納豆合宿」を行うことにした。ちなみに学生探検部時代、私は先輩とともに飯田付近の南アルプス縦走合宿を行ったことがある。あれから三十年、私はまだ先輩と一緒に遊んで……いや活動を続けている。しかもテーマは納豆。三十年前の私が知ったらさぞ驚き、嘆くことだろう。「俺たちに進歩という概念はないのか」と。

だが、若き私がどう思うかなど知ったことではない。大事なのは今だ。納豆だ。

今回の目的は日本で「アジア納豆」を試作することである。

「アジア納豆」は、本書冒頭の定義ではアジア大陸部で作られている納豆のことだから、日本で作ったらアジア納豆にならないじゃないかと言われるかもしれないが、要は「アジア納豆と同じ方法で作った納豆」の意味である。アジア式納豆とでも言おうか。

本場と区別するために、日本で作る場合は『アジア納豆』と二重カギカッコをつけることにする。そして、アジア納豆と同じ方法とはすなわち、ワラではなく木の葉をスターター（タネ）として用いるやり方である（アジア大陸部にも一部でワラを用いる人たちがいるらしいが、あくまで主流は樹木の葉っぱやシダである。またワラも広い意味で「草木の葉」であり、特別視しないのがアジア式なのである）。

日本人は納豆といえば稲藁《いなわら》で作るものと思い込んでいる。納豆菌はどこにでもいる菌だと言いつつ、納豆にたずさわる人々（業者や研究者など）ですら、固定観念に縛られているきらいがある。

もう一つの疑問は、納豆菌が枯草菌の一種であることから、「納豆菌は枯れた草にいる」と納豆関係の人たちが当然のように言うこと。中にはチャレンジ精神が旺盛《おうせい》な人がいてススキで納豆を作ったという話も聞いたが、これも「枯れた草」というイメージに引きずられているように感じる。シャンやカチンでは枯れていない緑の葉から納豆を作るのが普通だ。青々とした葉にも納豆菌はいるはずである。私たちがいくらそう主張しても、みなさん、どうも納得していない節があった。東南アジアの葉っぱだから納豆菌がいるんだろうという感じなのかもしれない。

こちらとしては、大変歯がゆい。「日本の葉っぱからも納豆は作れる！」と声を大にして言いたいが、実際に自分で確かめたわけではない。「本当に日本でも作れるのか？」と正直疑問に思うこともある。もし葉っぱで納豆が作れるのなら、なぜ日本では昔からその方法が全く採用されていないのか説明が難しい。もしかすると、日本の気候では日本の納豆菌は葉っぱやシダにはつかないのかもしれない。ついていたとしても、うまく納豆を作らない可能性もある。菌は環境によって作用が著しく異なると聞く。

本当はどうなのか。結局は自分で試してみるほかない。

合宿のお供はご存じ国際納豆犬のマド（元保護犬の雌、四歳）。アジアと日本の納豆を両方食べたことがある世界でも数少ない犬だ。

マドをキャリーバッグに入れて高速バスに揺られること四時間、飯田市に到着した。住宅街にある竹村家は八十五歳のお父さん、五十代のお兄さん二人、それに末っ子の先輩という男子ばかり四人、プラス先輩の愛犬ナズナ（ミニチュアシュナウザーの雌、八歳）という家族構成である。

翌日（二日目）、私たちはさっそく葉っぱを物色に出かけた。先輩の軽トラに犬二匹を連れて乗り込む。天気はよくドライブ日和《びより》だが、なんだか妻に逃げられ娘と一緒にさまよっているシングルファーザー二人組のような錯覚もしてくる。

私たちはまずＪＡみなみ信州の直売所「りんごの里」に向かった。「よくここで乾燥イチジクを売ってる」と先輩が言うからだ。シャン州でもカチン州でもイチジク属の大きな葉を使っていたので、日本でもイチジクの葉を試そうと思ったのだ。でもどこにイチジクの葉があるかわからず、乾燥イチジクを生産販売している農家を探して、葉っぱをいただこうという算段だった。だが、このもくろみは一瞬で崩れた。乾燥イチジク自体が売っていなかったのだ。行き当たりばったりだから、こういうことになる。

「うーん、残念」とつぶやいたものの、『アジア納豆』は選択肢の多さが長所だ。

イチジクがなければ、次はシダ。先輩がナズナをよく散歩に連れて行く川縁《かわべり》の公園で見かけるというので行ってみる。シダはあるにはあったが、いかにも若くて小さい。これも見送ることにした。

「まだ冬が終わって間もないんだよな」と先輩が呟《つぶや》く。飯田はかなり寒いところだ。シダもイチジクの葉も冬の間はさすがにない。雪がとけ、暖かくなってから出てくる。今はまだ山菜の季節だ。山菜の代表格であるワラビやゼンマイはシダの芽である。大きなシダの葉などそうそう見つかるはずがない。

場当たり的な私たちは、今度は飯田市内を南北に流れる天竜川に向かった。「飯田でいちばん土地が低くて暖かい場所」と先輩が言うからだ。ここならシダの生育が早いかもしれない。

飼い主がさまようことに犬たちは大賛成のようだった。それだけ散歩の時間が増えるからだ。平日の川原は見渡す限り無人の荒野だった。風通しがよいせいか、ひどく乾燥している。ほこりっぽい。犬が楽しそうに歩き回るかたわら、飼い主たちは視線を落として葉っぱ探し。残念ながらシダはなかった。

「日本は乾いたシダってないんですかね？」

「そうだよな、シダってじめじめしたところに生えてるって感じだよな」

いい歳《とし》したおっさんが今更何を言っているのかというような会話である。日本人が稲藁に固執する以上に私たちはシャンやカチンの体験に固執しているのかもしれない。

代わりに高さ三十センチほどのヨモギと、ススキを採集した。

ススキは前述のように実際に納豆を作った人がいるらしいし、見た目が稲藁に似ている。当然試すべきだと思った。

ヨモギには白い毛がふさふさと生えており、納豆菌がいそうであるし、蓬餅《よもぎもち》に使用されるなど、食用の実績がある。「ヨモギ納豆」ができたらさぞ面白かろう。

その後、今度は山へ入り、「猿庫《さるくら》の泉」へ。おいしい湧《わ》き水で有名とのことで、この日も車がひっきりなしにやってきて、人々が水を汲《く》んでいた。でも私たちは水よりシダ。

ここにはかなり立派なシダが杉林の下にわさわさ生えていた。種類もいろいろあったが、どれもシャンのシダとはちがう気がする。だいたい向こうのシダは乾燥した草っ原に生えており、こちらのものはどことなく湿っぽい。裏に毛も生えていない。これに納豆菌がついているかわからないが、ともかく採集。シダは実に手っとり早く採集できてよい。

三日目。朝食後、納豆作りの準備を始めた。

『アジア納豆』の実験〝第一弾〟は、「シダ」「ヨモギ」「ススキ」、そしてそれらと比較対照する意味での「稲藁」という四種類となった。稲藁は登喜和食品からいただいた無農薬のものである。

圧力釜《がま》で大豆をゆでるかたわら、シダとヨモギを洗って縁側に干す。ススキと稲藁は煮沸した。ススキはいかにも汚らしかったし、稲藁はゴミためのような私の部屋に長く放置されていたから煮沸しないとまずいと判断したのだ。

稲藁は柔らかくて鍋《なべ》で煮るのは簡単だったが、ススキはそうはいかない。固くて折り曲げることもままならず鍋になかなか入らないし、いくら煮ても柔らかくならない。しかも何か薄汚い、虫だか虫の卵だかが節についていて取れない。結局、ススキは断念し、残りの三種類を試すことにした。

〝お父さんたちが何か楽しそうなことをしてる！〟とばかり、ワクワクして足下をうろちょろしている二匹の犬に注意しながら、煮えた豆を三種類の植物で包む。

最初にワラ。タッパーにワラと豆を入れるつもりだったが、いざやってみると、「もっとワラと豆を密着させた方がいいのでは？」という話になり、ワラの束を糸できゅっと縛ってみたら、藁苞《わらづと》にかぎりなく近くなった。

次にヨモギ。こちらもタッパーに入れるより豆を巻いたほうがいいように思え、ラップにくるんで両端を紐《ひも》で縛る。これも藁苞によく似た形だ。

シダもタッパーに入れかけたが、見ているうちにどうしてもシャン州タウンジーを思い出し、籠《かご》に入れたくなった。幸い、小ぶりの手頃な籠があり、それにシダを敷いて豆を入れ、上からラップをかけてみた。なかなかシャン的な装《よそお》いである。

図らずも、すべて日本もしくはシャンの伝統的な納豆作りに近い形状となった。

三つの納豆容器を、蜜柑《みかん》箱を一回り大きくしたくらいの発泡スチロールの箱に入れる。熱い湯を入れたペットボトルを同時収納。これでしばらく高い温度が保てるはずだ。

納豆を発酵させるのによい温度は諸説あり、どれが正しいかはよくわからない。だいたい四十度に保つというのが一般的なようだ。でもシャンとカチンではもっとアバウトにやっているので、私たちもあまり気にしないことにした。ただ箱は犬にいたずらされないよう、物干し竿《ざお》に紐でつるした。

あとは待つのみだ。

午後は純粋に遊びで、山の中にある古民家の村を訪ねたりしたあと、滝のほとりでカップラーメンの昼食とノンアルコールビール。充実した午後のピクニックだと満足していたら、すぐ近くに笹《ささ》の藪《やぶ》を見つけた。

お、と思った。触ると、ほどよく乾燥し、そのうえ裏が毛羽立っている。いかにも納豆菌がいそうな葉っぱだ。採集してしまった。

笹、ビワ、イチジクの葉で豆を仕込む

四日目。朝起きて〝第一弾〟の納豆箱を見ると、温度が二十八度に下がっていた。

昨日、ペットボトルを入れた直後は四十四度まで上がっていたのだが。ちょっと温度

が低すぎるような気がするが、「たぶん大丈夫だろう」と根拠のない強い気持ちをもって、〝第二弾〟の仕込みにかかる。

イチジク農家は見つからなかったものの、イチジクの木は竹村邸の庭にあった。ただし、まだ若葉で、子供の手のひら程度の大きさ。葉裏も毛がなく、期待薄だ。

ふと隣を見ると、ビワの木がある。ビワの葉はしっかりしていて表面はつるつるだが裏は毛羽立っている。納豆作りにうってつけという直感が働き、一緒に採集した。

二種類の庭木の葉を、前日採集した笹の葉と一緒に洗い、縁側にしいた新聞紙の上で干す。なんだか農家の縁側のような雰囲気で、美味《おい》しいものができそうに見える。笹はいくら洗っても葉裏に水がつかない。それほど毛羽立っているのだ。「期待の新人」である。

前日に煮た豆が残っているので、それを温め直した。少し柔らかくなってしまった。〝第一弾〟とは条件が変わってしまうがやむをえない。

「どうせ俺たちは素人《しろうと》なんだから厳密にやることないですよ。とにかく、やってみることが大事なんです」と先輩に言う。いや、自分に言い聞かせる。

〝第二弾〟も三種類。イチジク、ビワ、笹。

まずラップを敷き、笹を三枚重ねながら並べて豆を盛る。ラップで包もうとしたが、むしろ笹のままのほうがやりやすいことに気づく。数枚を縦横に重ね、輪ゴムで留めたら、まるでタイやミャンマーの市場によくある現地手造り総菜みたいな見てくれになった。

ビワは葉が大きくしっかりしているので、なおさら巻きやすく、こちらも一辺七、八センチの正方形におさまる。

イチジクだけはラップがいると思い、実際それで一本ツトを作ったが、二つ目はビワや笹と同じように四角くたたんでしまった。こちらの方が通気性にすぐれ、よさそうだ。

第一弾、第二弾と作ってみてわかったのは、最もよい包み方は二種類だということ。苞に包むか、葉っぱを四角くたたむか。

結局、日本か東南アジアの伝統のどちらかに流れてしまう。これは意外な発見だった。「伝統」というのは儀式や祭の衣装みたいに、実生活に役立たないもののような気がしていたが、長い年月をかけて人間が試行錯誤の上に発見した合理性という側面もあるのだ。

今回はそれぞれの包み（苞）を小さくまとめることができたので、熱湯を入れた二リットルのペットボトルにじかにタオルで巻き付けた。これでもっと高い温度をキープできるんじゃなかろうか。

午後三時過ぎ、いよいよ納豆造り〝第一弾〟の成果をみることにした。だが、箱の温度はなんと二十六度まで下がっていた。いくらなんでも低すぎる。嫌な予感がした……。

箱を開けると、悪臭が鼻をついた。ヨモギの匂《にお》いのようだ。そのヨモギの葉を開く。豆は白っぽい。ほんの少し糸を引いている。納豆かそれとも単に傷《いた》んでいるのか。匂いはどちらでもない。ただの豆の匂いだけ。味見しても同じく煮豆の味のみ。うーん。

次に「できて不思議ではない」藁苞。これもヨモギと同じ。

シダは籠に入っているので、趣がちがう。シャンを思い出す。ラップに水滴がびっしり付いているからかなり湿っていたようだ。しかし結果から言えばこちらも同じ。わずかに糸を引くが納豆の匂いも味もしない。

「ダメか……」

「うーん……」

期待してないつもりだったが、それでも二人して意気消沈してしまった。

どう解釈すればいいかわからないが、一つには温度が低すぎたのかもしれない。あとは時間か。シャンやカチンでは二晩（三日）が普通だった。電気アンカを入れて温度を上げ、もう一晩おくことにした。

五日目。十二時過ぎ、納豆箱を開けてみた。〝第一弾〟はすでに四十八時間が経過している。シャンでもカチンでも普通はこのくらいの発酵時間だ。

ヨモギは匂いがさらにひどくなっている。前日同様、若干糸を引いているように見えるが納豆の味はしない。

稲藁はほんの少し納豆の風味があるような気がする。豆が白っぽくなっているのは納豆菌が作用している証拠に思えるし、煮豆の甘みも消えている。ヨモギよりやや粘り気が強い。

シダも稲藁と同じような状態である。

ヨモギは敗色濃厚だが、稲藁とシダはどうなのだろう。納豆ができつつあるのではないか。いや、そう思いたい。どちらにしても、この際だから、もう一日置いて様子を見ることにした。

〝第二弾〟はもともと二日間（四十八時間）おくつもりだったので、この日は開けず、そっとしておいた。

そして、『アジア納豆』が現れた！

六日目。もう最終日である。ついに合宿のクライマックスがやってきた。納豆箱オープン！である。

箱の温度は三十二度。アンカの温度を「強」にしてもこれがやっと。三十五度を下回っていてはよい結果が生まれそうにない。どうして竹村家にはこんなに弱いアンカしかないのか、これでは飯田の厳しい冬が越せないんじゃないかと難癖をつけたくなったが、しかたない。こちらの準備不足である。

あまり期待しないようにと言い聞かせつつ、でもドキドキして一つずつ開けていく。

すると……。

「おお！」

「できてる！」

「納豆の匂いがする！」

「こっちも糸引いてる！」

童心に返ったおっさん二人の無邪気な声が八畳間の和室に響いた。

葉っぱに包まれた煮豆はどれも白い斑点《はんてん》ができていた。シャン族なら「サー、サー」と口走るところだ。そして、葉を開くとそれに抵抗するかのように糸をひいた。

なんということだ。納豆ができている!!

葉っぱから納豆ができると信じていたのに、実際に自分で作ってみると目を疑ってしまった。興奮に任せて、片っ端から粒をつまんでは口に放り込む。どれを食べても納豆である。

何種類もいっぺんに試食していったら、「香りがいい」とか「けっこう糸を引いている」などと言ってもだんだんわけがわからなくなってきたので、急ごしらえの指標をもうけた。

「味」「香り」「糸引き」の三つについて、五段階評価で点数をつけることにした。

結果は以下のとおりである。

〝第一弾〟約六十時間発酵
○ヨモギ 失敗
とにかく臭い。箱自体にヨモギの臭《にお》いが充満している。ラップを開けるとなお臭い。納豆は前日に比べて糸引きは増えていない。納豆菌の繁殖を示す白い斑点も見えない。納豆の臭いも味もしない。竹村さんは「ちょっとピリッとくる」という。私は酸味を感じた。単に少し傷んでいるのだろう。これは捨てることにした。

○ワラ　味3　香り4　糸引き2
全体的に白っぽい。食べると大豆の甘みが消え、若干の苦みとコクが出てきている。間違いなく納豆。ホッとさせる香りがある。さすが日本人が長らく親しんできたワラだ。一方、糸引きは弱い。

○シダ　味2　香り2　糸引き2
籠を開けるときの気持ちはシャンを思い出させる。ただし、青臭い。ラップにも水滴がびっしりついている。密閉度の高いラップは失敗だったかもしれない。
納豆としては、味も糸引きも今ひとつ。青臭さが強く本来の香りはよくわからない。

〝第一弾〟は総じて糸引きが弱い。温度が低かったせいかもしれない。

〝第二弾〟四十八時間発酵
○イチジク　味3　香り2　糸引き4
ラップに包んだものは失敗。納豆になっていなかった。これも通気性に欠けたせいかもしれない。

葉を四角くたたんで輪ゴムでとめただけの方は、葉っぱ自体はぐちゃぐちゃになり、豆にも混入して青臭く、見てくれも匂いもよくないが、驚いたことに匂いも味も納豆になっている。しかも糸引きは全体の中でナンバーワン。あんなに緑の若葉にも納豆菌がしっかりいるのか。

○笹　味4　香り3　糸引き3

これは見るからに食品っぽい。納豆の香りは弱いものの、笹の香りが良し。味はかなりいい。糸引きも悪くない。ただ若干べちゃっとしている。厳重に包みすぎて、通気性に難があったようだ。

○ビワ　味5　香り3　糸引き3

外見的にはタイやミャンマーの市場で納豆がこのように売られていても全く不思議でない。開けたときの粒の揃《そろ》い方も美しい。香りと糸引きもそこそこで、味はいちばん美味しい。

さて、どの納豆がよかったか。

香りはワラ。

糸引きはイチジク。

味はビワと笹。

そして総合優勝はビワ。

……というのが暫定《ざんてい》的な結論だった。


私たちの偏見が入らないよう、他の家族に中立な（？）立場で試食してもらうことにした。

まずは犬二匹。

マドは箱を開けた時点で興味津々《しんしん》。つきまとって離れない。一つずつあげてみたら、どれも夢中でむさぼる。その様子は日本の市販の納豆やシャンのせんべい納豆をあげたときと変わりない。さすが茨城生まれの国際納豆犬だ。ただし、ビワだろうがシダだろうが、なんでも同じように食べているので、どの納豆の出来がいいのかについては参考にはならず。

かたやナズナは近寄ってこない。日頃は市販の納豆を喜んで食べているというのに。

「お父さんたちがあんなにいい加減に作ったもんなんか怖くて食べられない」と思ったのかもしれない。だとすればナズナはなかなか賢い。

そこで先にマドに納豆をあげて、食い意地の張っているうちの娘がうまそうにバクバク食っているのを見せてから、シダの納豆を差し出すと、ナズナは片足をあげて警戒しつつもおずおずと口にした。ずいぶん長いことくちゃくちゃ嚙《か》んでいたが、やがてフッと向こうに行ってしまい、もうこっちには戻ってこなかった。

元野良《のら》犬のマドとはちがい、育ちの良いナズナ嬢の口には合わなかったらしい。

次は人間。先輩のお父さんに来てもらった。部屋に入るなり、お父さんがぼそっと言う。「匂うな」

「何の匂い？」

「納豆だよ」

おお、と二人で声がもれる。無関係な人でも部屋に納豆の匂いを感じるのだ。

一つずつ食べてもらうと、感想はほぼわれわれと同じ。「ワラは慣れ親しんだ香りだが、納豆らしい味と香りという点では、ビワと笹がいい」とのことであった。

日本で、こんなにいろいろなものから納豆を作った人はいないだろう。というより、作ろうと考えた人がいないはずだ。だから作れることを誰も知らない。視点を変えると、こうも簡単にできてしまうのだ。

後日、都立食品技術センターに持ち込み、細井先生に見てもらった。

「純粋な納豆菌を使っていないにしては、強く糸を引いているものもある。不思議ですね。調べてみましょうか」と先生は言う。今回の製造では、家でふだん食べている納豆の影響で、使用した器具などから納豆菌が混入したかもしれない。あるいは（稲藁とヨモギをのぞく）四種の葉の一つか二つの菌が他の豆に移って納豆ができた可能性もある。四種全《すべ》てが別々の納豆菌による発酵かどうか確認してみては、ということだ。

そこで、指示に従い、先輩があらためて、われわれが実験に使用したのと同じシダ、ビワ、イチジク、笹の葉を採集して先生に送り、納豆と同時に調べてもらった。

結果はというと、見事にそれぞれの葉と納豆から独自の納豆菌のコロニー（菌が形成する集落）が検出された。四種すべて、異なった納豆菌で発酵し、納豆が作られていたのだ。

「意外と葉っぱに納豆菌はいるんですねえ」と先生も驚いた様子であった。ただ、残念ながら葉っぱの方からは納豆菌の他に、ときに菌数が多いと食中毒を引き起こすセ

洗って乾かしている葉っぱに、ナズナは興味津々。

葉っぱとラップに包み、いよいよ発酵へ。

ビワの葉から検出された納豆菌とセレウス菌株のコロニー。

撮影：細井知弘氏
（東京都立食品技術センター）

レウス菌も検出された。ナズナが警戒しただけのことはある。

とはいえ、日本でも『アジア納豆』が作れるということが――こんな適当なやり方ながら――科学的に確認されたのである。

日本人はワラにとらわれている。本当はいろいろなものから納豆ができるのだ。ビワの葉でもシダでも笹でもイチジクでも。おそらく柏《かしわ》や芭蕉《ばしょう》の葉でも作れるだろう。日本の納豆とアジア納豆には本質的なちがいは何もない。どの土地でもいろいろな葉で納豆は作ることができ、民族や地域、個人によって使う葉は異なる。たまたま日本民族は稲の葉と茎で納豆を作っているにすぎない。

私たちはまた一歩前進した。と同時に、次の疑問がわいてくる。

なぜ日本人は稲藁で納豆を作るのだろう。冬場には大きい葉っぱが少ないというそれだけの理由だろうか。他に何か稲藁を使用する意味があるのだろうか。

それから、アジア大陸の内陸部と日本の共通性。どうして、千キロ以上も離れた二つの地域にだけ納豆があるのだろうか。果たして何か関係性があるのだろうか。

それらの問いに答えるには、もう少しアジア大陸と日本の納豆を調べなければならない。

第八章　女王陛下の納豆護衛隊

パッタリ／ネパール

謎《なぞ》の美少女ルビナ

「ブッダ（仏陀）とイエティ（雪男）、どっちがいい？」

こんな素《す》っ頓狂《とんきょう》な質問を受けたのは、二〇一四年十二月、ネパールの首都カトマンズでのことであった。私は「キネマ」と呼ばれるネパールの納豆を探しに来ていた。キネマの興味深いところは、インド文化圏に接していることだ。納豆もカレーに入れて食べるという。「納豆カレー」をぜひ食べてみたい——その一心で時間をやりくりして日本を脱出、この地にやってきた。今回は竹村先輩は同行せず、私一人だ。

この国は全土が辺境の山岳地帯といってよく、誰もが辺境食の納豆を食べていそうな気がしたが、カトマンズの町で二十人以上の人に訊《き》いてみても、「知っている」という人には出会わなかった。

しかたなく、特に当てもないまま、これまでキネマについて報告のある南東部に飛ぼうと旅行代理店に出向いた。すると、南東部の町ビラトナガルに行く便にはブッダ航空とイエティ航空があると説明され、冒頭の質問を受けたのだ。

さすが世界の屋根ヒマラヤを擁するネパール。国を代表するものもスケールがでかい。安全性からいえば御仏《みほとけ》のほうが頼りになりそうだったが、若干安かったので雪男にした。

カトマンズの空港は市内と同様、寒くて、埃《ほこり》っぽくて、音楽や放送がうるさかった。喉《のど》と鼻と頭がひどく痛み、悪寒《おかん》がした。風邪のようだ。しかもフライトには大幅な遅れが出ている。

——ああ、納豆カレーが食いたい……。

切実にそう思った。納豆カレーで温まりたい。しかし出発ロビーには温かい食べ物は何もない。ゲート近くの椅子《いす》に腰掛け、床のひび割れを見つめながらひたすら耐えていた。

体調が悪いと思考もネガティヴになる。不安がどんどん嵩《こう》じてきた。

南東部に行っても何もあてはない。英語が通じる人がいるのだろうか。首尾良くキネマを発見することができるのだろうか。今回、時間は短く、五日しかないのに……。

と、目の前にスッとビスケットの箱が差し出された。驚いて顔をあげると、〝美少女〟と呼ぶしかない女の子がいた。赤い毛糸の帽子をかぶっているせいもあって、長野五輪で活躍した頃の上村《うえむら》愛子にとてもよく似ている。ジャケットやブーツも洒落《しゃれ》ていて、原宿あたりを闊歩《かっぽ》していても違和感を与えないだろう。

　彼女はまるでずっと前からの知り合いであるかのように、自然な表情で「ほら、どうぞ」と目で言った。

「ありがとう」と一つもらって食べると、「ほら、もっと」とまた差し出す。

なんだろう、この娘は。どうやら、連れもいないようだ。一人旅か。私はこれまで三十年、世界中を旅してきたが、挨拶《あいさつ》も何もなしで食べ物をもらうことは珍しい。だいたいアジアやアフリカでは女性の一人旅自体、滅多に見ない。もしそういう人がいたとしても、見知らぬ男に声などかけない。

「どこに行くの？」と訊くと「ビラトナガル。あなたも？」と普通に英語を返す。

「一人？」「そう」「住んでるのは？」「パッタリ」「民族は？」「マガル」……。

これは……と思い、ネパール納豆の画像を見せると、「あ、これ……、キネマ」と少しだけ頬をゆるめた。「うん、私たちもよく食べてるよ」

　おお！　すかさず「キネマの取材がしたいから手伝ってくれないか」と訊いたら、あたかも前から決まっていたかのように「オーケー」と即答してくれた。

　この不思議な娘が天使のように見えた。

名前はルビナ。十九歳、国立トリブヴァン大学経営学部一年生。三人姉妹の末っ子で、上の二人は結婚している。お父さんは出稼ぎを繰り返し、来月はサウジアラビアに行くという。

彼女は大学のスタディー・ツアーでネパール各地をまわったが、最後カトマンズで先生や他の学生たちと離れて勝手に居残り、イトコの家で三日過ごしたという。

「お母さん、きっとすごく怒っている」と、そこだけニヤッとした。「お父さんは？」と訊くと、ちょっと間をおき「……デンジャラス（危険）」。今度はちろっと舌先を出した。

どうやらえらい跳ねっ返りの天使らしい。そう言えば、きつそうな目をしている。

嫌な予感がしたものの、「キネマは今はプラスチック袋で作っているけど、昔は葉っぱを使っていたみたい」とか「うちのお母さんも作っていた」とか「村で伝統的な作り方を見せてあげる」などと聞くうちに不安より期待が上回ってしまった。

あまりに意外なヒマラヤの納豆カレー

四時間の遅延の果てにようやく搭乗となった。

雪男航空は二十人乗りくらいのプロペラ機だった。外国人は私のみ、他は全て地元人らしきネパール人。まるでローカルバスに乗ったかのよう。エベレストをおそらく含むヒマラヤの白い山脈を左に見ながら、東へ四十分飛んだ。機が高度を下げると、大平原が広がっていく。

ビラトナガルはカトマンズとは別世界だった。標高は百メートル足らず。だだっ広い空港にはいくつか草葺《ぶ》きの小屋が建ち、バナナ、マンゴー、ヤシ、それにマメ科の樹木、巨大な天蓋《てんがい》をもつ熱帯の木が並んでいる。

まるでミャンマーの田舎の空港みたいだ。人々の顔もネパールのマジョリティであるアーリア系よりモンゴロイド系の方が多い。

飛行機を降りたときルビナの顔は硬かった。無理もない。どこの馬の骨かわからない外国人の男と地元空港に降り立ってしまったのだ。その馬の骨、つまり私は彼女の大きなバッグを手に、彼女と一台のサイクルリキシャーに乗り込んでおり、誰がどう見ても夫婦だろう。

私としても、新婚で初めて彼女の実家に来たような気分だ。しかるにその嫁さんは緊張気味で不機嫌。あー、気の強い面倒な嫁をもらっちまったと今更気づいたかのような、取り返しのつかない心境である。不幸中の幸いは、これが私の妄想であることだ。

嫁云々《うんぬん》はさておき、このままパッタリの町へ行くのは問題だ。彼女は異性の交友に厳しいヒンドゥー教徒ではなく仏教徒だというが、それにしてもアジアのこんな田舎で、二十歳《はたち》前の娘が外国人の男を連れて帰るのは非常識きわまりない。ただでさえ、両親は彼女の勝手な行動に激怒しているというのに。

バス乗り場に着くと、彼女は険しい表情であちこちに電話をかけまくっている。「何をしているのか」と訊いても、「別々に町に行こう」と説得しても、「問題ない」「心配しないで」と頑《かたく》なな態度を崩さない。

ああ、なんて面倒なことになってしまったのか。納豆カレーを食べるだけのはずが……。

不安でも面倒でも腹は減る。

近くの食堂で遅い昼食をとることにした。チョウミン（焼きそば）、プーリー（パン）、モモ（ネパール餃子《ぎょうざ》）。プーリーは風船のようにまん丸く膨らみ、割るとシューッと熱い湯気が吹き出した。「おっ！」私が目を丸くすると、ルビナは珍しくおかしそうに笑った。

プーリーもモモも、醤油《しょうゆ》や他のタレでなく、カレー汁をつけて食べる。自動的にカレーパン、水餃子カレーになる。なんでもかんでもカレーなのだ。

さらに一時間ほど待つと、ルビナの友だちだという若い男子が二人到着した。そういうことか。ルビナと私の二人だけだと問題だから、〝ダミー〟の男友だちを空港近くの町から呼び寄せたのだ。ようやく私たちはバスに乗ることができた。

ルビナは食堂でも私にお金を払わせず（私が金を出そうとするとものすごく怒った）、私の手がべとついたと見るとすぐにティッシュを差し出し、バスに乗れば車内販売の焼きトウモロコシを買って私と他の男子たちに配る。どうしても仕切りたいらしい。

男子三人は羊飼いに連れられた羊のように、大人しくバスに揺られながらトウモロコシをかじった。

ゴミが散乱し、土埃にくすんだ草っ原やトタンの家、煉瓦《れんが》作りの建物を見ながら走ること一時間半。やはりゴミだらけで、痩《や》せた犬が遠吠《とおぼ》えし、レンガの建物が寄り添うように並んだ場末の町に着いた。パッタリだった。

町で唯一《ゆいいつ》のホテルに入ると、菅直人元首相に生き写しのようなオーナーが現れた。眠たげな瞼《まぶた》、苛々《いらいら》したような口調まで菅さんである。

英語を片言も話さず、無愛想きわまりない菅さんだったが、ルビナの通訳を介して、彼がライ族だとわかった。ライの人はキネマを食べると文献で読んでいたので、「キネマを食べたい」と言ったら彼はやっと顔をほころばせた。

ダミー男子二名が先に、少し間をおいてルビナが帰って行った。

疲れ果てた私は部屋に入るなり、ベッドに倒れ込むように寝入ってしまった。

「ディナーだ！」とたたき起こされたのは夜八時頃である。

食欲がないどころか、朦朧《もうろう》としていたが、「納豆カレーを食わねば……」という思いだけで、よろよろ食堂へ歩いて行った。

ぼんやりしながら、納豆カレーが来るのを待つ。果たして、どんな代物《しろもの》だろうか。

一度、日本で納豆カレーを食べたことがある。カレーのチェーン店「ＣｏＣｏ壱番屋」にそういうメニューがあるのだ。カレーライスにただふつうの糸引き納豆がのっているだけだったが、こってりしたカレーにタレのついていない納豆はよく合った。スプーンなのでとても食べやすい。なによりいいのは、腹がふくれること。カレーだけじゃ物足りないが、カツカレーにするほどでもないというときにはちょうどいい。

さて、本場の納豆カレーはどうなのかと待つこと五分あまり、出てきたのはネパールの定食「ダルバート」だった。丸いお盆のようなアルミの皿にご飯とおかず数品、それにスープの入った小さな椀《わん》が二つ。ぱっと見はどれがキネマかわからない。というより見当たらない。

お盆のほうは、菜っ葉、塩魚、「グンドゥルック」というネパール特産の発酵した乾燥野菜、そして白米。スープは黄色いほうがダール（豆スープ）、そしてもう一つ、茶色い方はなんだろう。食べてみると、コリアンダのみじん切りが混ざっているのはわかったが、納豆の味は全然しない。カレー味でかなり辛い。だが、椀の底をスプーンでさらうと二つに割れた大豆が数粒現れた。

これか!?

曰《いわ》く言いがたい味だが、強いていえば「具が入っていないカレー味の味噌汁《みそしる》」だろうか。粘り気はなく、豆はコリコリしてピーナッツのよう。納豆らしい風味も乏しい。言われなければ納豆だと気づかないだろう。ココイチの納豆カレーからはあまりに遠い。

狐《きつね》につままれたような気持ちでスプーンを口に運んでいると、また目を疑った。

秋田犬に似た巨大な白い犬が戸口からのっそり入ってきたのだ。ここはホテルの二階なのに……。でも犬は機嫌良さそうに尻尾《しっぽ》を二、三度振って、ピタリと私の横に座った。反射的に納豆の粒をあげると、犬はパクッと食べた。

風変わりな美少女のあとは謎の大型犬。夢を見ているような気持ちで、納豆カレーとは思えない納豆カレーをすくっていたのだった。

納豆カーストの人々

翌朝、ルビナの案内でパッタリ付近の納豆を見て回ることになった。ルビナはこの日は長い髪を後ろで留め、赤いトレーナーに黒のスパッツ、首には黒のネックウォーマーという女子学生らしいカジュアルな出《い》で立《た》ちだ。一緒にいるのもダミー男子ではなく、ルビナの〝親友〟。ニタという少しぽっちゃりとした色白の子だ。

「彼女もマガル族？」と訊くと、「ううん、グルン族。でも私たちは近いカーストよ」と答えるのでギョッとしてしまった。

ネパールは二〇〇六年まで世界で唯一ヒンドゥー教を「国教」と定めていた国だった。翌年に公布された暫定《ざんてい》憲法でネパールは「特定の宗教にとらわれない『世俗国家』」と規定されたが、今でもカースト制度はしっかり残っている。ヒンドゥー教の〝本家〟であるインドはヒンドゥー教が国教だったことはないし、現在、公式には「カーストは存在しない」ことになっている。ところが、ネパールでは今も目に見える形で存在する。驚くことにネパール人は日本の「苗字《みょうじ》」にあたる部分がカースト名なのだ。ヒンドゥー教徒以外の人々（全人口の二割くらい）は民族名や宗教名が「カースト」とされる。

例えば、おてんば美少女の名前はルビナ・マガルでその親友はニタ・グルンとなる。

だから相手の名前を聞けば、どのカーストに属するか百パーセントわかってしまう。たとえ嘘《うそ》を言っても身分証明書の提示を求められたらごまかしようがない。こんな制度は今どき世界中探してもネパールだけだろう。

マガルもグルンも人種的にはモンゴロイド系の少数民族だ。日本人にとても似た顔立ちをしている。言語的にはともにチベット・ビルマ語族の言語を話す。宗教は仏教かアニミズムらしい。納豆を作って食べるのもほとんどが彼らモンゴロイド系／チベット・ビルマ語派の少数民族だという。ここ東部では彼らを「納豆カースト」と呼んでもいいくらいだ。

さて、私を含めた納豆カースト三人組はキネマを探しに出かけた。パッタリでは市場が開くのは毎週日曜日と木曜日のみだという。この日は火曜日なので休み。町は閑散としている。私たちは五分ほどバスに乗り、別の市場に出かけた。その名もネパール語で「モングラバリ（火曜日）」。着いてみると、町ではなく、森林を切り開いた広いスペースに展開する純粋な市場だった。

――素晴らしい……。

感嘆のため息がもれた。

少し高くなった道路から見下ろすと、赤と黄色を中心とした原色であふれていた。

男性の多くは「トピ」というトルコ帽のようなネパール独特のキャップをかぶっている。

女性は、インドと同じようなサリー姿や、同じくインドで若い娘がよく着ているパンジャビー・ドレス（裾《すそ》の長い上着とゆったりしたズボン）など、伝統的な装《よそお》いの人が多い。額には赤い印「ティカ」、鼻や耳にピアスをしており、ゴージャスだ。

いっぽう、ルビナのように、渋谷にいても全く違和感のない都会風なおしゃれをした女性も混じっている。百年前から現在までを一覧できるような贅沢《ぜいたく》さを感じてしまう。

多幸感に浸ったまま、市の中に入っていく。私もトピを買って頭にかぶり、ネパール人の納豆カーストになりすます。それからシドラ（小さな干し魚）や煙草《たばこ》の葉、タニシ、水牛の内臓をすべて地面に広げている〝内臓屋さん〟などを冷やかしながら歩いて行く。

と、茶屋の陰の目立たないところに、えらく年とったおばあさんが泥みたいなものが入った鍋《なべ》を抱えるようにうずくまっていた。

「キネマよ」とルビナが指さす。

「え、これが？」

キネマはもっぱら粒のまま干した納豆、つまり干し納豆だと聞いていたが、鍋の中の物体は挽《ひ》き割《わ》り状とも半ペーストとも言える「生」だ。糸は全く引いていない。

「本当に納豆？」

訝《いぶか》しみつつ味見をすると、薄味ながら鼻孔と喉元を懐《なつ》かしさがスッと通り抜ける。匂《にお》いも味もたしかに納豆。やや酸味がある。ブータンの乳酸納豆を彷彿《ほうふつ》させる。

おばあさんはサンダルばきだったが、よく見れば、ゴールドの鼻輪とシルバーの腕輪をつけ、きれいになでつけられた白髪、そして身にまとった紫の布が顔の深い皺《しわ》とよく調和しており、お洒落かつ上品な人だった。

名前はグンマヤ・カンダンバ・リンブー。すなわち、リンブーという民族である。自称九十五歳。毎週、日曜日にキネマを仕込み、火曜日にここへ売りに来るという。キネマは普段プラスチック袋で作るが、葉っぱも入れる。日本の挽き割り納豆は、①生の大豆を煎《い》る、②潰《つぶ》す、③煮る、④発酵させるという順番で作るが、ここではまず大豆を煮てから潰し、そして発酵させるという手順らしい。

納豆作りの現場を見たかったが、お宅は少し遠いようだし、今日は仕込みをしないというので、買うだけにとどめる。一合弱くらいのカップで十カップ、百ルピー（約百二十円）。

ビニール袋に納豆を入れて歩き出すと、なんだか地元民になったような気分だ。ルビナはガイドとして抜群に優秀だった。売り子にどんどん声をかけ、私が写真を撮ったり話を聞きやすくしたりしてくれるいっぽう、強面《こわもて》の肉屋のオヤジが並んでいるエリアでは「ここは見るだけね（写真は撮らないでね）」とさりげなく注意を喚起する。ネパールでは屠畜《とちく》や食肉業が低いカーストの仕事となっているので、気を遣っているのだ。

しかし、彼女を最大限に評価したのは「トゥンバ、ちょっと飲む？」と居酒屋に案内してくれたことだ。

ネパールには「ジャール」と呼ばれる地酒がある。壺《つぼ》や鍋で発酵させたシコクビエに水を入れると酒になる。このパッタリ周辺ではずんぐりした五百ミリリットル・ペットボトル大のアルミの容器にシコクビエを入れ、そこに水を注いでできた酒を、これまたアルミのストローで吸って飲む。このストロー酒を「トゥンバ」と呼ぶ。

市場の端っこに簡単な木造の小屋があり、トピをかぶったおじさんたちが十人ほど銀色のボトルを持って赤子のようにちゅうちゅう吸っていた。なんだか、かわいらしい。一人だけヒンドゥー教徒だったが、他は全員リンブー族の人。店の主人夫婦も当然リンブー。

ここでもルビナは潑剌《はつらつ》と動く。トゥンバだけでなく、豚肉やスナックなどこの辺の名物を手早く注文する。ネパールではふつう豚肉を食べないが、東部の納豆カーストの人々のみ豚肉を食べる。しかも黒豚。そのカレー煮込みはジューシーな辛みが酒の肴《さかな》として最高であった。「チウラ」というナノテク並みに薄い干し米のスナックも珍味だ。

記念写真を撮ってほしいと頼むと、ルビナはおじさんたち全員を私の周りに集めて、みんながトゥンバを手にして吸うように指示を出す。この道十年のカメラマンのようだ。そして、おじさんたちはみんな、彼女の指示に大人しく従っている。

撮った写真を見て、思わず笑った。どれが自分なのか一瞬わからなかったのだ。そのくらい私はネパール納豆カーストの人々に溶け込んでいた。特に眼鏡に髭《ひげ》のおっちゃんは私にそっくりだった。

このおじさんたちに「どのカースト（民族）のキネマが美味《おい》しいですか？」と訊いたら、「もちろん、リンブー」と笑って答えた。納豆ナショナリズムというか手前納豆、ここでも健在だ。嬉《うれ》しくなってしまった。

市場を後にして、納豆を作っている村へ向かった。バスに乗り、パッタリを通り過ぎて、五分ほど行ったところで降りる。

これがヒマラヤの納豆カレー。スープの底に豆の片割れが沈んでいた。

居酒屋で昼間からストロー酒をすする。

妙に家が整然かつぎっしり並んだ村の横を通り過ぎると、のどかな田園風景が広がっていた。収穫が終わり干しワラが山のように積み上げられた田んぼ、菜の花が一斉に咲き、黄色に染まっている畑。木造、土作り、レンガの民家の前には菜っ葉や芋、大根などの野菜が干してある。

驚いたのは、道端にぺったり座って糸車で木綿から糸を紡《つむ》いでいる女性を見かけたこと。ガンジー時代の写真で見たものと寸分たがわない。この辺りの景色は七十年前からほとんど変わっていないのではないか。

町に比べてゴミが少ない。車も少ないから土埃もない。ただ太陽が天頂にさしかかるにつれ急激に暑くなってきた。ルビナとニタの足取りが明らかに重い。私もほろ酔いが醒《さ》め、前日からの頭痛と喉の痛みがぶり返してきた。

四十分以上歩いているが、キネマの場所にはいっこうに着かない。でも、五分おきくらいに人に訊《たず》ねると、迷いなく「あっち」と指さす。みんな、知っていることは知っているのだ。最後に訊いた人は、バイクで村を巡回している豚の仲買人だった。黒いサングラスをかけたその男は「近くに行ったら鼻でわかる」と笑った。

そうか！　みんながよく知っているのは納豆が匂うからだ。

実際には私の鼻はまだ不調で、匂いに気づかず、いきなり足下に黒いツブツブが一面に広がっているのに出くわした。二×三メートルほどのブルーシート二枚にキネマが干されていた。干しキネマは半生で、数粒あるいは十数粒のダマになっている。見かけも触った感触も、堅くなりかけた赤飯のよう。でも鼻を近づけるとしっかり納豆の匂いがした。

中年の女性がそばにいたので、名前を訊くと、テジマヤ・ライ。つまりホテルの菅さんと同じライ族である。ここはアヤバリという名の村だという。できた納豆はパッタリの市に卸すそうだ。

作り方を訊いたところ、豆を煮て、臼《うす》で搗《つ》き、バナナの葉を敷いたプラスチック袋に入れて三日かけて発酵させ、しまいに一日か二日、このように天日干しするとのことだった。現に、今も次の仕込みに備えて豆を煮ていたが、その脇《わき》に使用済みのバナナの葉が山積みになっていた。発酵に使ったあとは燃料にするわけだ。バナナの葉、大活躍である。

テジマヤさん宅のすぐ隣には、もう一軒、プロの納豆屋さんがあった。

ここの主《あるじ》はプル・マヤ・リンブーという元気なおばあちゃん。どうやら、本格的なキネマの作り手はリンブー族とライ族のようだ。この人も黄金の鼻輪をつけている。

鼻輪（鼻ピアス）というのは、インド的な伝統でも欧米的なファッションでも片方の鼻につける。ところが、こちらの女性の鼻輪は、火曜日市場で会った納豆売りのおばあちゃんもそうだったが、牛の鼻輪同様、両方の鼻の穴をつなぐように下にぶらさがっている。正直、異様である。東部の納豆カーストに独特の習慣らしい。

プル・マヤばあちゃんに作業場を見せてもらう。てっきり年寄りの内職かと思いきや、二十畳ほどありそうな大きな小屋が丸ごとキネマの発酵場所になっていた。中央の狭い通路の両脇に、私の腰くらいの高さに棚が設置され、粗い布がかけられている。布をめくると、プラスチック袋、さらにその下は大豆（納豆）が薄く敷き詰められていた。豆の下はまたプラスチック袋、そしてその下は稲藁《いなわら》。

つまり、ここではプラスチック袋に豆を入れるのではなく、布団《ふとん》に子供を寝かせるように、上下にはさんでいるのだ。稲藁を使っているのは発酵のスターター（タネ）としてではなく、「暖かくするため」だという。文字通り、〝藁布団〟である。

別の部屋には臼と杵《きね》があった。ミャンマーで見るものとほぼ同じだ。倉庫には五十キロ入りの大豆の袋が三十袋以上積み上げられていた。「大豆はここでもとれるが、足りないので余所《よそ》から買ってくる。それにそっちの方が味がいい」とのこと。これほど気合いの入った、大規模なアジア納豆の製造所は初めて見た。

最後に干し終えたキネマを百ルピー分、買った。おばあちゃんはざっくりと大匙《おおさじ》で納豆をすくって袋に入れた。相場よりはるかにサービスしてくれたのだろう。ずっしり重い。

炎天下、同じ道を引き返し、今度はバスにも乗らずさらにまっすぐ歩き、小一時間かけて、レンガ作りの二階建て民家にたどりついた。ニタの家だという。察するに、ルビナは両親に叱《しか》られている最中で、とても私を自宅に連れて行けないのだろう。

ニタのお母さんはもう亡《な》くなっており、お父さんは同じくグルン族ながら退役したイギリス軍人だという。居間にはベレー帽をかぶり将校らしき軍服を着て軍用犬とおぼしきジャーマン・シェパードと一緒にうつったお父さんの写真が飾られていた。

さて、私たちは二階の台所に上がった。これからルビナとニタがキネマ料理を二種類作ってくれるというのだ。本日のメインイベントである。いよいよヒマラヤの伝統的な納豆料理が見られるはずだ。期待が高まる。

まず、ルビナが干しキネマを使って料理。タマネギ、トマト、パクチー、キネマと入れたところまではシャンやカチンと同じだったが、そのあとで卵を投入しようとする。「こういうのは見たことないね」と私が言うと、ルビナは平然と答えた。「私も見たことない。今日初めてやってみる」

創作料理か！　こちらは当然、現地の伝統料理が見たかったわけだが、しきたりも常識も平気でぶち破るこの子にそれを求めたのが間違いだった。よく訊くと、ルビナは自分では普段あまり料理をしないという。

おてんば娘が考案した干しキネマとカレー卵炒《いた》めの次は、ニタが生のキネマでスープを作ってくれた。彼女は三人姉妹の末っ子だが、お母さんがいないため、日頃から料理をしているという。手つきも安心して見ていられるものだった。

二階にはキッチンしかなく、あとは広い屋上スペースとなっていた。派手な絵柄のサリーや化繊の服が干してあり、真ん中に低いテーブルと椅子が置かれていた。面白いことに、テーブルの上に絨毯《じゅうたん》が敷かれ、ニタのお姉さんの娘だという幼児が遊んでいた。

テーブルに用意された料理をいただく。

まずはルビナの創作卵炒め。見た目は悪くないのだが、キネマと卵、それにカレーが全然なじんでいない。味つけは濃すぎる。箸《はし》、いやスプーンが進まない。

ルビナは間近でじっと私の様子をうかがっている。例の異常に強い目で見ながら「まずいなら食べなくていい」と低い声で言う。すごいプレッシャーだ。

「ご飯か酒が一緒ならいいんだけど」と私は正直に言わざるをえなかった。ルビナは炊《た》いた白米と「ロクシー」という焼酎《しょうちゅう》をもってきてくれた。

申し訳ないと思いつつ、酒と米の力を借りて再度挑んだが、ああ、なんということか、どうしても喉を通らない！

味つけがどうのとか以前に、納豆の臭みがどうにも我慢できないのだ。ここのキネマはかなり発酵していて、匂いも味も相当きつい。

生まれて初めて、「納豆はくさくて嫌い」という人の気持ちが少しわかってしまった。ネパールのこんな片田舎で。

「無理して食べることないよ。私はまずかったら食べないから」とルビナはまた言った。たしかに思い返せば、カトマンズの空港で待っていたとき、私が買ってあげたサンドウィッチをルビナは一口かじって「まずい」と顔をしかめ、躊躇《ちゅうちょ》なくゴミ箱に捨てていた。

私は納豆炒めを断念した。いっぽう、ニタが生キネマから作った納豆カレースープはおいしかった。こちらはまろやかな納豆の旨味《うまみ》の間にスパイスが滑り込んでいる。口に含むとヌルッ、ピリッ、ツンっとくる。現金なことに、ついついご飯も酒も進んでしまう。なぜか幼児が私の膝《ひざ》にのってきた。

いつの間にか、娘二人はどこかへ行ってしまい、私は幼児と一緒に残された。

夕日が落ちていた。ヤシやバナナの木が風に揺れ、近くの家から別の種類のカレーの匂いが流れてくる。自転車や車のクラクションが何語かわからない近所の人たちのおしゃべりや道を走る子供たちの喚声とともに、干した洗濯物やレンガ塀の向こうから聞こえる。そして膝には幼児。

　こんなところで納豆を食べているのが不思議でしかたないのであった。

アフガニスタンの傭兵《ようへい》隊長

天下無敵のおてんば娘、ホテルの大型犬、そして幼児と、妙な人や動物が続々と現れる今回の旅だが、次の登場人物にも度肝を抜かれた。背は私と同じくらいで百七十センチに足りないほどだが、樽《たる》のような胴体に丸太みたいな腕がついた男。ごつい見てくれによらず、彼はとても礼儀正しく、そして流暢《りゅうちょう》な英語を話した。

バムさん、四十五歳。ホテルのオーナー、菅さんの友だちだった。

「私はグルカだ」と彼は言った。

　――グルカ兵か……。

　名前は知っている。たしか十九世紀にイギリスがインド（現在のインドだけでなくパキスタン、バングラデシュ、スリランカなどを含めた地域）を植民地としていたとき、山岳民族を英軍兵士として使い、その伝統が今でも続いていると本で読んだような気がする。

山岳民族といっても、ネパールはほとんど全《すべ》てが山岳地帯である。誰のことを指しているのかわからなかったが、この辺の民族だったのだろうか。

そういえば、名古屋大の横山さんがネパール南東部を調査したときも、別の町だが、グルカ兵だった人の家に泊めてもらったと書いている。それからルビナの親友、ニタのお父さんは退役した英軍の軍人だといっていた。やはりグルカ兵なのだろう。

バムさんはここパッタリから歩いて一日くらいかかる山の村出身で、民族はデワン族。お父さんもグルカ兵だった。本人は高校を終えてからインド軍に入ったが、三年でやめ、しばらくマレーシアで普通の会社員として働いた。その後は軍人に復帰し、アフガニスタンで九年も務め、つい最近、故郷に帰ってきたという。

「アフガニスタン？」私が驚いて聞き返すと、彼はうなずいた。「そう、アメリカ政府に雇われ、イラン国境付近にある米軍の基地でセキュリティをやっていた。部隊長だったよ」

まさに傭兵隊長だったわけだ。以後、私は「バム隊長」と心で呼ぶことにした。

キネマについて訊くと当然、知っていた。「村にいたとき、母が作っていた。九月に大豆がとれて、十一月か十二月、トウモロコシの収穫が終わったあとで作るんだ。

キネマを作る葉っぱ？　なんでもいい。大きくて使いやすければいいんだ。うちにはたまたまパパイヤの木がたくさんあったから、その葉を使っていたけどね」

やっぱり葉っぱはなんでもいいのか。私もミャンマーでの取材と飯田合宿での体験から、そう思うようになっていた。もちろん、葉によって納豆の味は多少変わってくるだろうが、その辺は民族、地域、家庭、個人の好みの範疇《はんちゅう》であり、さして重要ではない。バムさんの言葉はその思いを補強したが、それでも「パパイヤ納豆」とはエキゾチックで面白い。

納豆民族の常として、バム隊長もキネマの話になると饒舌《じょうぜつ》だった。

「私たちはどこへ行ってもキネマを食べるよ。ロンドンではモンゴロイド系のグルカがたくさんいて、キネマもすぐ手に入る」などと言う。

「ロンドン！　グルカは昔からイギリスにいるんでしょう？　てことは……」

「そう、百年以上前からロンドンにはキネマがあったはずだ。なぜならグルカはみんなキネマを作って食べ、それが我々のエネルギー源になっているからだ」

大変なことになってきた。ロンドンにはシャーロック・ホームズの時代から納豆が存在したことになる。

グルカ兵にはモンゴロイド系だけでなくアーリア系もいる（いた）ようだが、どうも前者が過半数を占めるらしい。後で調べるとグルカ兵の主要民族はグルン、ライ、リンブー、マガル、タマンなどとされている。全てモンゴロイド系、すなわち納豆カーストだ。バム隊長の口調は「グルカ＝われわれモンゴロイド系＝キネマを食べる」となっていた。

バム隊長はアフガニスタン駐留中にも何度かキネマを食べたという。英軍に勤めている同じくグルカの友だちが、たまたまバム隊長と同じ基地に派遣され、そのとき「キネマのアチャール（キネマと漬け物を混ぜた食べ物）」を土産に持ってきてくれた。

「嬉しかったよ。キネマのアチャールは野外活動のときに特にいいからね」

アフガニスタンの戦地で納豆を食べている人がいたとは驚きの一言だ。

ロンドンやアフガニスタンだけではない。グルカ兵は世界中に兵士として送り込まれているのだ。あとで調べると、フォークランド紛争や湾岸戦争にも出兵している。当然、アルゼンチンの沖合の島やイラクにも納豆は持ち込まれたと考えるべきだろう。

グルカのいるところキネマあり。

日本では最近になって「納豆を世界に広めよう」などという声があがっているが、とっくの昔、世界中に広まっていたのだ。

バム隊長によれば、「エリザベス女王の護衛はグルカ兵が行う」という。最も信頼度が高いからだ。その護衛も当然、日頃から納豆を食べているわけで、女王の周りには納豆菌がとびかっていたとしても不思議ではないと思ったのだった。

ネパールの漬け物納豆

バム隊長には助けられた。ルビナは大学の授業があるし、地元民の目もあり、そうそう私の取材に付き合わせるわけにいかなかった。でも、他に英語を話せる人が全くいないし……と思っていたときにバム隊長が現れたのだった。

彼によれば、キネマの食べ方は主に「タルカリ（カレーおかず）」「スープ」「アチャール」の三つ。結局、私はまだスープしか食べていない（ルビナの創作料理は除く）。バム隊長の協力で、ホテルのシェフに作り方を見せてもらうことになった。

まずはキネマの買い出し。木曜日、この町の市に出かけた。モングラバリ市場と比べると、こぢんまりしている。だが、こちらではそこら中で地酒を売っていた。また、みなさん、午前中から飲みまくっている。私たちもまずは「ニンガル」という米のどぶろくを味見。トゥンバ同様、アルコール度数はビールより低く、味もうすい。

キネマの前に面白いものを発見した。ネパールの麹《こうじ》「マーチャ」だ。米粉を円盤状に固めシダをはさんでいる。

シダ！　ここでは納豆の発酵ではなく、酒の発酵にシダを使うのだ。アジア大陸の内陸部ではシダが大活躍である。

　キネマ売りは二軒のみ。両方とも私がルビナたちと一緒に訪れたアヤバリ村の納豆屋さんだった。ただ売り子はおばあちゃんではなく、その家族らしい。中年の男性と若い娘。生キネマと干しキネマの両方。干しキネマは量り売りではなく、二十ルピー、三十ルピー、五十ルピー、七十ルピー……と小分けにして新聞紙やビニールに包んでいる。

　干している途中のものは生乾きの赤飯のようだったが、完全に乾燥したものは乾いた土塊《つちくれ》みたいだった。知らなければ食品だとは思えない。

　注目すべきは、その売り手二人とバム隊長が「生の方がおいしい」と口を揃《そろ》えたこと。「でもこれは一日しかもたないから」

　やはりそうか。キネマは干したものを多く目にするが、それはあくまで保存用なのだ。

　納豆を仕入れてもすぐには帰らない。市場のど真ん中にあるバム隊長のお姉さん宅でストロー酒のトゥンバ、さらにそこから数十メートル離れたバム隊長の自宅で今度は米焼酎のロクシーをいただく。シダ麹で発酵させたものだ。

バム隊長のお姉さん宅も、バム隊長宅も家の一部が居酒屋となっていた。ルビナの家でもそうだと聞いていた。どうやらこの辺では自宅で酒を出すのが家の主婦にとってごく普通の副業らしい。

さすがに焼酎が入ると、酔いがまわってきた。周囲には家族以外の人もいない。心置きなく話ができる。

印象的だったのは民族と宗教についてだ。モンゴロイド系の納豆カーストは仏教徒（チベット仏教系）が多いという。グルン族のニタも仏教徒だ。でも、バム隊長のデワン族、そしてライ族、リンブー族などは、多くの日本人同様、山や川、木、石などに神が宿っていると信じるアニミズムの民だという。彼らは親戚《しんせき》関係にあるとされ、まとめて「キランティ」と呼ばれる。彼らの信仰も「キランティ」というそうだ。

この辺りには例の牛的な鼻輪をした年配の女性が多いが、それももともとはキランティの習慣だという。ちなみに、ルビナのマガル族にもアニミズムが多いらしい。

だが、アーリア系民族がネパールを支配するようになると、キランティと仏教徒のモンゴロイドは圧迫されるようになった。

「国の宗教がヒンドゥー教だったから、私たちも押しつけられた」とバム隊長。「私が若い頃、二十五年くらい前までだけど、ヒンドゥー教の儀式に参加しなかったり、キランティの儀式を家の外で行ったりすると逮捕、投獄されることもあったんだ」

うーん、と私は唸《うな》ってしまった。また、そういう話か。

タイでは納豆民族であるランナー王国の人々はバンコクの王朝に飲み込まれてしまった。ミャンマーではシャン族にしてもカチン族にしても、ずっと差別や弾圧を受けてきた。そして、ここネパールでもルビナやバム隊長の民族はマイノリティとして中央政府から苦しめられてきたという。グルカ兵も、屈強で忠実な辺境の民がイギリスによって兵士として徴用されたのが始まりだ。ネパール王国はグルカを差し出すことによって、植民地化から免れることができたと説明する資料もある。

「アジアの納豆民族は全て国内マイノリティで辺境の民である」という私の仮説が現実味を帯びてきた。

ほろ酔いのままホテルに戻ると、シェフにキネマ料理を作ってもらった。シェフはゴパン・シュレスタといい、何かに驚いたかのような大きな丸い目と黒々とした口ひげが喜劇役者のようである。この辺では珍しいヒンドゥー教徒のネワール族（カトマンズ盆地に多く住む民族）だが、パッタリの近くで生まれ育った。

「キネマは大好きで、毎日必ず食べている」と満面の笑みで語ってくれて頼もしい。納豆好きに悪い人はいない。

すでに食材は用意されており、私が買ってきた干しキネマを手渡すと、すぐに調理開始。

さて、まずはスープ。私が初日に食べたものだ。

①中華鍋を熱し、油をたっぷり注ぐ。
②椀に空けたキネマに熱湯を注ぐ。
③トマト一個をおろし金でおろす。皮は捨てる。
④ジャワノ（キダチトウガラシ）というゴマみたいな粒のスパイスを鍋に入れる。
⑤トマトと水を少々入れる。
⑥ターメリック、コショウ、クミン、マサラミックスそして唐辛子を入れる。
⑦湯で戻したキネマを入れる。五分ぐらいグツグツ煮込む。
⑧塩、コップ一杯の水、最後にパクチーを入れて出来上がり。

さすがにスパイスをふんだんに使う。ジャワノという黒いスパイスは初めて見た。ネパール料理には欠かせないものだという。

次は「シドラ」（小さな干し魚）のタルカリ（カレーおかず）。魚はネパール語で「マッツォ」と呼ばれる全長三センチくらいの小さなコイ科の魚だ。

①タマネギ半分とトマト一個をおろし金でおろす。

②ニンニク二かけと生姜二かけをみじん切り。

③アカバリ（トウガラシの一種）を二つに切る（使用するのは半分のみ）。

④鍋を熱する。

⑤キネマに熱湯を注ぐ。

⑥フライパンに油を入れ、一分後に魚を入れてよく炒めてから、魚をとり出す。

⑦中華鍋に油を注ぎ、ジャワノの粒を入れる。

⑧メティ（英語でフェヌグリーク）というスパイス、次に生姜、ニンニク、タマネギ、トマトの順に入れる。

⑨水を少々加えたあと、ターメリック、クミン、コショウ、アカバリを入れる。

⑩戻したキネマを入れる。戻すのに使った湯も少し一緒に入れる。キネマはよくつぶす。

⑪さきほどの魚と塩、パクチーを入れて出来上がり。

最後にアチャール。
①少量のキネマに熱湯を注ぐ。
②キネマの水をよく切る。
③タマネギ四分の一、トマト三分の一をみじん切りにする。
④アカバリを一個みじん切り。
⑤塩、クミン、コショウ、生姜《しょうが》、ニンニク、油、パクチーを順番に器にいれる。これでキネマは一段落（A）。
⑥グンドゥルック（発酵した乾燥野菜）とシムキ（干し大根）を水で戻す。
⑦数分後、水を切る。再度、水を入れてよく揉《も》み、また水を捨てる。
⑧塩、クミン、ニンニクのみじん切り、アカバリのみじん切りを器に入れる。
⑨モータルコーサという豆、油、レモンを⑧に加える。これでグンドゥルックはできた（B）。
⑩AとBをよく混ぜて完成。

バム隊長と一緒に味見をした。料理はさすがプロのシェフが作ったというキレのあるものだった。

タルカリは見事なまでに「納豆カレー」。でもココイチのとはまるでちがう。湯気と一緒にインド的な本場のカレーらしい複雑なスパイスの香りがふわっと立ちのぼり、だがその中にたしかに納豆の甘いような匂いが紛れ込んでいる。味は優雅にして上品。スパイスが舌をやさしく刺激し、納豆がなめらかに喉を伝う。絶妙なハーモニー。

そして、ルビナの卵納豆が失敗だった原因がわかった。彼女はキネマを湯で戻していなかった！　あれでは中がパサパサしたままだから不味《まず》いに決まっている。と同時に彼女が気の毒にもなる。干しキネマは調理にコツがいるのだ。

私は最近、日本で、納豆を使ってさまざまな料理を作る。チャーハンやうどん、パスタ、ラーメン、サラダなどに入れるが、かなりてきとうに作ってもそれなりに美味《うま》い。失敗はフランスの煮込み料理であるラタトゥイユに入れたときくらいだ。

それは日本の納豆が生だからだろう。

干しキネマで難しいのは湯で戻す加減だ。いくら熱湯を注いでも三分くらいでは中の中まで戻らない。かといって煮立てたりしたら、旨味も風味も湯に溶け出してしまう。どうしても多少は「ダマ」になった感触が残る。ここのシェフが作った料理ではそれがほとんど気にならないし、若干のダマはむしろお汁粉の豆のように「味わい」と感じられる。

ドライ納豆はお土産に最適なはずだが、日本の友だちに買っていく気にはならなかった。やはり、湯で戻す加減は、何度か作ってみないとわからないだろう。

今回の三種の中ではアチャールがいちばん面白かった。これはネパールの国民食とも言われるグンドゥルックとキネマの合作なのだが、発酵した乾燥野菜のグンドゥルック自体、いかにも寒さが厳しい冬の山村用食品である。見かけは黒ずんだジャスミン茶の茶葉もしくは薬草のようだ。

このグンドゥルックは、発酵→乾燥→湯で戻すという作業がキネマそっくりだ。もしかすると、納豆を乾燥させて湯に戻して料理に入れるというネパール東部からインド・シッキムにかけての独特のスタイルは、グンドゥルックにヒントを得たものかもしれない。

バム隊長はこのアチャールがいちばん好きだと言っていた。私も同感だ。スープとおかずはカレー味が強すぎて、どうしても他のカレー料理と差が出にくい。その点、アチャールは納豆の風味がしっかり出ている。「おふくろの味」という感じがひしひしと伝わってくる。キランティをはじめとするモンゴロイド系民族のキネマ料理の原点ではないかという気がしてならない。カレーという圧倒的なインド文明の調味料（料理法）が襲来する前、ヒマラヤの民はもっぱらこのように納豆を食べていたんじゃないかと思うのだ。

こうして念願の「ヒマラヤ納豆カレー」を無事食すことができた。ルビナとバム隊長をはじめ、パッタリのみなさんに感謝だ。

……と思っていたが、まだ話は終わりじゃなかったのである。

謎の村の意外な正体

最初にルビナに連れられて納豆作りを見に行ったとき、妙に家が整然かつぎっしり並んだ村の横を通り過ぎたと前に書いた。違和感をおぼえ、「この村は何？」と訊ねると、ルビナはあっけらかんと答えた。

「ブータン人の難民キャンプよ」

仰天してしまった。ネパール系のブータン人が十万人以上、国を追い出されて難民となり、ネパール領内に暮らしていると聞いていたが、こんなところにいたとは。

ブータン難民については、かなり複雑な歴史的経緯があるようだが、根本かおる著『ブータン「幸福な国」の不都合な真実』に従い、大ざっぱにまとめると次のようになる。

十九世紀後半から二十世紀にかけて、ネパールから隣のシッキム（当時は「王国」）

やさらに東のブータンへ大勢の人が移住した。

当時、大半が亜熱帯のジャングルであるブータン南部は標高の高い冷涼な土地に住むブータン人には住みづらく、ネパール人が入植しても別に問題とされなかった。のみならず、一九五八年に定められた「ブータン国籍法」により、南部に住むネパール系住民はブータン国籍が正式に認められるようになった。

ところが、隣国シッキム王国において、ネパール系の人口が圧倒的に増えた結果、住民投票で王国は廃絶され、シッキムはインドに併合されることになった。ブータン政府はこれに驚き、自分たちの国でも同じことが起きるのではないかと極度に警戒しはじめた。

以後、国籍法がネパール系にとって非常に不利な条件に改正され、それに反発したネパール系が民主化要求デモを起こしたり、一部に武力闘争を行うグループが現れたりすると、ブータン政府は一気にネパール系住民を弾圧するようになる。ＩＤカードの剝奪《はくだつ》、逮捕、拷問《ごうもん》……。やがて大勢の人々が身に危険を覚えて次々と国外に脱出した。これこそがブータン政府の狙《ねら》いであった。ネパール系住民の数を減らすことが国家の安全につながると考えていたからだ。たった約七十万人しかいなかったブータン人のうち十万人が難民になったのだから、その迫害規模の巨大さが想像できる。

九〇年代、当初はニュースになったブータン難民だが、ブータンが「幸福大国」として脚光を浴びはじめるとそれに反比例するように注目度は下がり、今となってはほとんど知る人もない有様だ。私はブータンを旅して本を一冊書いたが、そこでもブータン難民については触れていない。南部を訪れていないので状況がよくわからなかったからだ。タブーゆえ取材はおそらく困難と思われる。

だからこそ、こんな思いがけない場所でブータン難民キャンプに出会って驚いてしまった。どんな人たちなのか会って話を聞いてみたい反面、なにしろシリアスな状況に生きている人たちだろうから、他の取材のついでにふらっと訪れるのは気が引けた。

だが、〝ついで〟ではなく、〝本筋〟の取材だったらどうか。

「難民の人たちはキネマを食べるのかな？」とルビナに訊いた。

「食べるでしょう。マガルとかライとかリンブーの人たちもいるから」

「え、そうなの!?」

俄然《がぜん》、やる気が出てきた。彼らはキネマを自分たちで作っているかとルビナに訊ねると、「無理でしょ。こんなに家がぎっしり立っているところでキネマを作る場所なんかない。大豆もない」とあっさり答えた。

このときは村での納豆作りを見に行く途中だったし、キャンプに行くときは〝大人〟と一緒の方がいいと思ったので、そのまま通り過ぎた。

ここには英語を話す大人のバム隊長がいる。難民キャンプに連れて行って欲しいと頼むと、「いいよ。弟がキャンプの女性と結婚しているから、知り合いは何人もいる」と二つ返事でオーケーしてくれた。

バム隊長のバイクに乗り、ホテルから二、三分で着いてしまった。入口付近にいたアーリア系の若者に「ライやリンブーの人はいないか？」みたいなことを訊き、そのまま私たちは若者のあとについて村の中に入っていった。

キャンプは外に比べ、清潔で静かだった。実はすでに七〇パーセントの人がアメリカやオーストラリアに移住してしまっているという。東京の下町のような狭い通路を通り、土で固めた土台に竹で編んだ壁と屋根がのっている家の前で止まる。若者が家の人を呼ぶ。

この時点で私は後悔した。懐《ふところ》には少量のキネマをサンプルとして携えていたが、「お土産にもっとたくさん持ってくればよかった」と思ったのだ。日頃食べてないのだから、きっと喜ばれたにちがいない。

若者が大声で呼ぶと、髪を後ろで結わえ、額に赤いティカをつけた恰幅《かっぷく》のいい年配のおばさんが現れた。切れ長の目をした、典型的なモンゴロイド系の顔立ちだ。

「キネマの話を聞きたいんですが」と私がサンプルの納豆を見せながら言うと、おばさんは無言で屋根にひょいっと手を伸ばし、箕《み》をおろした。地面におかれた箕を見てびっくり。乾きかけた茶色っぽいツブツブの物体が広がっている。

なんと、キネマ！

ちゃんと作っているのだ。かじってみれば、昨日食べたものと同じ味、同じ食感。

私の中で、ネパールのモンゴロイド系とブータン難民のモンゴロイド系が、電線に電気が流れたときのようにビビッとつながった。

アーリア系の若者は実はこのおばさんの娘婿《むすめむこ》だといい、通訳を買って出てくれた。彼は英語を話し、おばさんはネパール語を話す。ブータン難民は――こちらのモンゴロイド系同様――誰もが共通語としてネパール語を話すらしい。

おばさんの名はルパ・ハンマ・リンブー。五十六歳。もちろんリンブー族だ。

ルパさんはブータンのダガナ県に生まれ育ったが、一九九二年に「急にIDカードをとりあげられた」という。新しい法律で「(ブータンの国語である)ゾンカ語を話せない人間はブータン人として認めない」と定められた結果、多くのネパール系がその条件のためにIDカードを奪われたと聞く。当時、ブータン南部の学校では英語とネパール語しか教えていなかったというからゾンカ語ができなくて当たり前なのに。

だが、ルパさんはゾンカ語が話せたのに、認められなかった。「ネパール語を話すというだけで拒否された」そうだ。

ルパさんの父方の祖父は若いときにネパール東部の町イラムからブータンに移住、同じく祖母はブータン生まれ、しかもルパさん本人もいったんはブータン国籍を取得しているというから、日本でいえば、在日三世か四世、それも帰化した人が突然、国から追放されたようなものだ。

一家でここにやってきたが、父母は高齢のためIDカードのないままブータンの村に留まり、二人ともそこで七年前に亡くなった。夫の父母はこのキャンプで亡くなったという。

キネマはブータンに暮らしていたときから普通に作っていたという。作り方は、「まず豆を煮て、臼で搗く。竹籠にバナナの葉を敷いてそこに煮豆を入れて、火の近くに三日おく」というから、ここと同じだ。

ルパさんが竹籠のことを「バンチュー」と呼んだので、私は「おおっ！」と声をあげてしまった。バンチューとはブータンの国語ゾンカ語で、編み目の細かい、底の浅い蓋《ふた》付きの竹籠を指す。主に弁当箱に用いるが、ヤクや牛の放牧など野外活動の多い牧畜民系のブータン人にとって欠かせないものであり、やはり、ネパール系といえど

シェフの作った納豆定食を勢いよく
食べるバム隊長。

ブータン難民のおばさんはキネマ
を作っていた！

もブータンに生まれ育ったブータン人なのだと実感した。

発酵したキネマは夏なら二、三日、冬ならもっと長く、乾くまで天日干しする。ルパさんは故郷の村ではキネマを〝ゾンカの人たち〟——非ネパール系の人たちをルパさんはこう呼んでいた——に売っていた。

キネマは冬だけ作るということはなく、一年中作っていた。ただ、「冬はキネマのスープを作ると体が温まっていい」と笑った。また、「糸引きは強い方がおいしい」。

冬はキネマスープがおいしいとか、糸引きは強い方がいいというのは、あとで訊くと、ここに住む他の人たちも言っていた。

ところで、ブータン難民の中で納豆カースト、つまりモンゴロイド系はどのくらいいるのだろうか。アーリア系の娘婿が代表して答えてくれた。「少なくとも半分以上」。

愕然《がくぜん》とした。そんなにいるのか……。

ライ、リンブー、マガル、グルン……。十万以上に及ぶブータン難民の半数以上が納豆民族だった。それが首都ティンプー周辺に住む非納豆民族によって国を追われたことになる。

あとで調べると、そもそも彼ら納豆民族がネパール東部からシッキム、ブータンへ移住したのも、非納豆民族が支配するネパール王国政府の理不尽な土地の収奪や重税が一因だったという。

まさに辺境の民。さまよえる納豆民族。

ちなみに、同じブータン難民でもアーリア系はやはりキネマを食べないという。難民の中には、モンゴロイド系とアーリア系以外に、ネワール族もいるという。カトマンズ盆地に多く住む彼らは顔つきがアーリア系とモンゴロイド系の中間であり、どちらに所属するのか議論が絶えない。ここでも同じ議論が蒸し返されたが、訊いてみると、彼らは納豆を食べないという。

「じゃ、モンゴロイドじゃないね」私が言うと、みんなは笑って話が終わった。

ルパさんは息子が四人、娘はなんと六人。うち長女は亡くなったが、次女はアメリカへ移住し、三番目の子供（長男）はネパールの私立学校で英語の先生をしている。キャンプでは英語教育をしっかり行うため、難民の子女は一般のネパール人よりずっと英語が得意だという。ただ、ネパール国籍がなく公立校では教えられないため、私立校勤務となる。

ルパさんの他の子供はみんな、アメリカ行きを待っているという。

付け加えると、このキャンプでは「移住を待っている」ことを on the process（手続き中）と呼び、頻繁に用いる。私が「今、何してるんですか？」と言うと、みんな

「手続き中」と答える。おそらく何百回、何千回と繰り返している言葉だろう。逆に、彼らが私に「子供はいるの？」と訊くので、私も「手続き中」と返すと、けっこう受けた。

移住先は七〇パーセントがアメリカで、残りがオーストラリアやカナダなどだという。

アメリカに行き、グリーンカード（永住許可証）を取得、仕事をしてお金を貯《た》めたらネパールに「帰る」というのが、難民の一般的な希望だそうだ。ブータンはネパールからの難民の帰還を認めないし、二十五歳以下の若者たちにとってはこのキャンプが「故郷」なのだから、ネパールに「帰る」というのは当然だろう。

話を聞き終わり、ルパさんにお礼を言うと、お土産にキネマを少しもらってしまった。こっちがあげるつもりだったのに……。納豆民族の温かさが身にしみる。

最後に一つ、質問し忘れたことを思いだし、訊いた。

「アメリカに行った人たちは、向こうでキネマを食べていませんか？」

ルパさんの答えは面白かった。

「難民がアメリカに行くとき、食べ物を持って行ってはいけないの。だから、後からキネマを郵送する人もいる。でも、今は向こうで作る人がいるから送らなくてもいいのよ」

予想通りというべきか、納豆はアメリカでもすでに相当量、生産されているのだ。

バム隊長が付け加える。

「ブータン難民のいるところにはどこだってキネマはある」

グルカ兵もブータン難民も、中心は納豆民族。彼らのおかげで納豆はもうとっくに国際化していることを改めて教えられたのだった。

第九章　日本納豆の起源を探る

秋田県南部

秋田県南部は「日本のシャン州」？

アジア納豆の探索が佳境を迎えている頃、私は日本でも新たな野望——というより「妄想」に取り憑《つ》かれていた。それは「日本の納豆の起源を突き止める」というものである。

きっかけはまたしても夏の家族旅行だった。前年はタイへ行ったが、この年（二〇一四年）は九月半ばに東北へ行くことにした。だが、犬連れ可で安く泊まれるような宿はさっぱり見つからない。ダメ元で秋田県能代《のしろ》在住の知人Tさんに訊《き》くと、あちこちまわって調べてくれた。そして高校時代の同級生だという同県南部の大曲《おおまがり》（大仙《だいせん》市《し》）在住の人が、隣町である美郷町《みさとちょう》に、よいバンガロー付きキャンプ場があるのを見つけてくれた。値段も環境も申し分なさそうなので、そこに行くことにしたのだった。

美郷町などという町は聞いたこともない。一体近くにどんな名所があるのか、どのような食べ物が名物なのか。本や雑誌、ネットなどで調べてみた。そして驚いた。キャンプ場から最も近い名所は「納豆発祥の地」という石碑だった。そして地元の名物料理は納豆汁。

ああ！　納豆の神に私は導かれているのだろうか。あるいは私は納豆とネバネバした赤い糸で結ばれているのだろうか。

戸惑いと興奮に包まれ、妻と犬とともに秋田へ向かった。

秋田新幹線を大曲駅で降り、レンタカーを借りて雄物川《おものがわ》を遡《さかのぼ》るように南へ。突き抜けるような青い空、田んぼに分け入るかのようなまっすぐの道。頭を垂れる稲穂、それを揺らしながらわたってくるひやっこい風。東京から来るとまさに別世界だ。

この辺りは平安時代の終わりから「仙北（山北）三郡」と呼ばれている由緒《ゆいしょ》正しい土地だ。地理的には横手盆地として知られ、今は「県南」と呼ばれることが多い。合併の結果、現在の行政区は大曲を中心とする大仙市、美郷町、横手市、湯沢市などから構成されている。

到着の翌朝、冷え込みがきつくて、体がガチガチに固まっていた。バンガローの中は外気と同じ気温だった。寒くて寝袋の外に出たくない。夏休みでなく冬休みの気分だ。前日は他に誰も泊まり客がいないのを不審に思っていたが、なるほど、東京ではまだ残暑厳しいが、こちらはすっかり秋である。キャンプ場に人が泊まりに来るはずがないとやっと知る。

そこへこのバンガローを見つけてくれたTさんの知人、高橋錬太郎さんがやってきた。

「こんにちは」とこちらは挨拶《あいさつ》したが、錬太郎さんは何も返事をせず、部屋にずんずんあがってきた。背は高くないが、角刈りでがっちりした体格。目は薄い鳶色《とびいろ》で、こちらの目をまっすぐ見るのだが、焦点は私より後ろに合っているような茫洋《ぼうよう》とした視線である。日本人離れしている。あとで錬太郎さんを紹介してくれたTさんに聞くと「あの容貌《ようぼう》は秋田ではときどきいるタイプ。ロシア人の血が混じっているのかも」と言っていた。

このユニークな人は、部屋に腰を下ろすなり「いま、小説を書いているんです」と、話し出した。なんでも高校時代は新聞部に属し、文学少年でもあった。都内の大学に進学するも肌に合わず中退。虚業を嫌って、学歴不問の建設業界に入り、その後、地元で建設会社に勤める。退職後は毎日、小説を書いている。舞台は縄文時代の山形県の辺りで、「自分でも何を書こうとしているのかわからない。それが面白い」という。私たちの宿泊所をかなり熱心に探してくれたらしいので、「小説のお邪魔になったんじゃないですか」と恐縮すると、「いや」と言った。「私は集中しすぎて筆が止まるから、適度に気が散るのがいいんです」

よくわからないが、集中しすぎると、どうも哲学的なことを考えはじめてしまうらしい。

三十分くらいしてようやく話題が「納豆」に移った。しかもそれが想像をはるかに超えて面白かった。錬太郎さんは記憶力がよく、頭脳明晰《めいせき》で判断が速い。何か聞くと、たいてい明確な言葉で即答してくれる。

錬太郎さんは昭和二十二年生まれの六十七歳。生まれ育ったのは実は海沿いの秋田市だが、お母さんの実家が大曲にあり、子供の頃からよく遊びに来ていた。東京から帰ったあとは大仙市出身の奥さんと結婚し、大仙市清水字（旧中仙町）に四十年以上暮らしている。事実上、地元の人である。

昔はたいていの家で大豆を栽培し、それから味噌《みそ》や納豆を作っていたという。

納豆作りは子供のころ、お母さんの実家でよく見た。冬はこたつで作る。夏はよほど好きな人が作る。初夏か秋めいた頃に作り始める。お父さんが公安担当の警察官で米軍と仕事をしたため、米軍基地から缶詰や毛布をもらった。その毛布はカーキ色でうすくてふわふわしており、藁苞《わらづと》を包むのにちょうどよかった。発酵時間は二晩か三晩。

ここまでも十分興味深かったが、次の一言に瞠目《どうもく》した。

「納豆はね、ほとんど失敗。糸を引かないんだ。一回に苞を五十本くらい作るけど、五、六本しかうまくできない」

なんと。昔ながらの方法で作る自家製納豆は、ほとんど糸を引かないのか。それではまるでシャンの納豆みたいじゃないか。びっくりする私にはかまわず錬太郎さんは続ける。

「いくつか成功したものはご飯にかけて食べ、残りは納豆汁にしたんだ」

面白い。納豆作りと食べ方の過程がシャン州に似ている。どちらも一部はそのまま粒納豆としてご飯のおかずにするが、大部分は加工して別の料理に使う。シャン州はせんべい納豆、秋田県南部では納豆汁というわけだ。

——今、俺はすごい話を聞いている……。

興奮で肌が粟立《あわだ》つ思いだった。なにしろ日本納豆の起源地と言われる場所の納豆とシャン州の納豆には大きな共通点があるという、予想もしない展開を見せているのだ。

納豆汁はどういうふうに作るのか。「擂《す》り鉢《ばち》と擂りこぎで納豆の豆をつぶす。これは小中学生の役目。豆の形がきれいになくなるのが理想だが、時間や労力がかかるためそこまではやらない。たいてい豆の形が残っている」

これまたシャン州タウンジーで体験したせんべい納豆の作り方に似ている。豆は完全に潰《つぶ》した方がいいが、なかなかそこまではできない。そして、きれいに潰すためには粘り気は少ないほうがいいはずである。

納豆汁には何を入れるのだろう。大曲ではメインの具は塩漬けにした山菜とキノコだという。山菜は蕨《わらび》、ミョウサク、ネマガリタケ、フキ、ウド、アユッコ、ミズなど、キノコはサワモタシ、アミコダケ、ムキダケなど。それに芥子菜《からしな》の塩漬けと牛蒡《ごぼう》は欠かせない。他には大根や人参《にんじん》といった根菜類。味噌とダシ（煮干しや焼き干し）。その他、角コンニャク、豆腐、油揚、長ネギなどを入れてもよい。「豆腐や油揚が入るとちょっと高級な感じ」だという。外で買ってこなければいけない加工食品だからだろう。

もっとも場所や家、個人によっても入れるものはちがうという。例えば、大曲と美郷町と横手市はみな納豆汁を食べるが、「文化がちがうから、納豆汁の食べ方もちがう」そうである。

場所によって入れるものがちがうと言いつつ、「里芋を入れるという話を聞いたことがありますが」と訊《たず》ねると「それは『芋の子汁』と混じっているな。納豆汁に里芋は入れない」と容赦なく否定。実際には、大曲でも里芋を入れるという人は多いようなのだが。

あとで次第にわかってきたが、県南では、納豆汁の定義が人によってかなりちがう。例えばある人が「横手の納豆汁は芥子菜は絶対入れない。それは大曲の納豆汁ですね」などと断言するので、「へえ、そうなのか」と感心していると、すぐそばに住んでいる別の人が「芥子菜？　もちろん入れる」と平気な顔で言ったりする。言ってみれば、「うちの納豆汁こそ本物だ」と全員が言い合っているようなもので、シャン州の「手前納豆」にも通じるところがある。それだけみんながこだわりを持っているということなのだ。

この納豆汁はどういうときに食べるのだろうか。

美郷町に生まれ育ったというキャンプ場の管理人さんは「ふだん食べるもんですよ」と言っていたが、大曲在住の錬太郎さんはまた別の回答だった。

「冠婚葬祭や行事でも食べる。終わったあと、お手伝いの人たちに出す料理としてですね」

いっぺんにたくさん作れるからだという。

「今はときどき食べるもの。メジャーじゃない。豚汁みたいなもの」とのこと。

納豆汁が地元の人の生活に深く根付いているのがよくわかる。ふだんから食べ、行事の終わりにも食べる。

他の地域とは比較にならない濃さで納豆が生活に密着している様子がうかがえる。

だが、錬太郎さんによる「県南納豆文化講義」はまだ終わっていなかった。

午後、錬太郎さんは、寒さに震える私たちのために、親切にもマットレスと毛布を家から持ってきてくれたのだが、同時に、不思議な形をした陶器を三つ持参し、見せてくれた。小さい二つはご飯の器くらい、大きいのはサラダボウルほどの大きさだが、両方ともクチバシのような小さい注ぎ口がついている。

錬太郎さんは淡々とした口調で言う。

「これは口ひどっこって言ってね、納豆を食べるための器なんです」

納豆を食べるための器？　初耳だ。

なんでも口ひどっことは「口瀬戸《くちせと》」の意味らしい。文字通り「口のついた瀬戸物」だ。この辺では何にでも「っこ」を名詞の終わりにつける習慣がある。

この器に納豆や薬味を入れてかき混ぜ、注ぎ口からご飯にかける。箸《はし》についた糸はこの口にくるくると絡《から》める。

「すごいですねえ！」と私も妻も感嘆した。

錬太郎さんは気前よく二つも私たちにくれた。「いいから。うちにたくさんあるから」

大曲では、家にこの「口ひどっこ」が五個も十個もあるという。大小さまざまなサイズがあり、人数に合わせて使いわけるという。納豆の量によって器も変えるのだ。これは楢岡焼《ならおかやき》という大仙市の焼き物で、茶と群青《ぐんじょう》の色合いが鮮やかにして落ち着きがある。

さすがのシャン州にも、「モノ」としての納豆文化は存在しなかった。納豆用の容器とは世界でここだけではないか。実際には、これは納豆以外に山芋（とろろ）にも使うというし、後から考えれば、どぶろくを杯に注ぐ容器にも似ているから厳密に「納豆専用」とは言えないかもしれない。だが、どちらにしても地元の人は「納豆を食べるための器」として認識しているわけだし、こんなユニークなものが一家に五個も十個もあるとは驚きだ。たしかに「文化」と呼ぶほかない。

県南は日本のシャン州――。

そう確信してしまった。納豆後進国とばかり思っていた日本にもこんな納豆文化豊かな場所があるとは、同じ日本人として嬉《うれ》しいかぎりである。

そして私は、センファーをシャン文化の導師と呼んだように、不思議な風格をもつ錬太郎さんを〝県南納豆文化の導師〟と心の中で呼ぶことにしたのである。

日本納豆を最初に食べたのは誰だ!?

地元の納豆を食べ、同時に調べる。そんな公私ともに充実した旅が暗転したのは二日目の午後、鳥威《とりおど》しの空砲がパン、パン、パン鳴り出したときだった。さすが米どころである。そして収穫間近なのだ。だが、マドは国際納豆犬であると同時に、オリンピック日本代表レベルの「ビビリ犬」。一発音を聞いただけでブルブル震えだし、もう目の焦点があわない。バンガローの中でも布団《ふとん》にもぐりこんで震え続けている。

これでは散歩もできない。しかたなく、車に乗り込み、まるで自分たちが空砲に追われる鳥のように、どんどん田んぼから離れ、「金沢公園《かねざわこうえん》」という小高い丘のような公園に入り、さらに急な斜面に作られた細い車道をうねうねと登っていった。登り切ったところには金澤八幡宮《はちまんぐう》参拝用の駐車スペースがあった。

ここまで来れば空砲の音も小さい。マドもやや落ち着きを取り戻している。ホッとするが、曇っているせいもあり、じっとしていると九月の真っ昼間でもTシャツ一枚では肌寒い。体を動かすべく、神社に入ろうとしてふと入口脇《わき》をみたら、そこに巨大な石碑が蝦蟇《がま》のようにうずくまっていた。すでにあちこち摩耗しているが「納豆発祥の地」とはっきり彫られている。

これか！

キャンプ場のすぐ近くにあることは知っていたが、具体的な場所は記憶していなかった。でもマドに合わせて動いていたら、いつの間にかこの納豆名所にたどり着いてしまった。さすが国際納豆犬である。

碑には次のような由来が記されていた。（高野註：句読点が原文にないので補った）

金沢の柵《さく》を含む横手盆地一帯を戦場とした後三年《ごさんねん》の役《えき》（一〇八三～一〇八七）は、八幡太郎《はちまんたろう》源義家《みなもとのよしいえ》と清原家衡《きよはらのいえひら》・武衡《たけひら》との戦いで、歴史に残る壮絶なものであった。この戦いの折り、農民に煮豆を俵に詰めて供出させた所、数日をへて、香を放ち、糸を引くようになった。

これに驚き食べてみたところ、意外においしかったので食用とした。

農民もこれを知り、自らも作り、後世に伝えたという。

うーん。一体誰がこんな「納豆の発祥はこの地です」と断定するばかでかい石碑を作ったのだろう。横手市だろうかと思っていたら、碑の裏に「ヤマダフーズ建立《こんりゅう》」と記されていた。

納豆用の器、「ロひどっこ」。釉が美しい楢岡焼。

ヤマダフーズが建てた「納豆発祥の地」の石碑。

ヤマダフーズは「おはよう納豆」という商品で秋田県内では誰もが知る会社であり、全国でも売上げ第四位の大手納豆メーカーだ。要するに地元企業の宣伝なのである。これにはびっくりした。

いずれにしても、いよいよ「日本納豆の起源」と真っ向から対峙《たいじ》するときがきたようだ。

古代の秋田県南部は日本のシャン州?

日本の納豆の起源は謎《なぞ》に包まれている。

私はこの取材を始める前、漠然と「水戸かな」と思っていた。なんといっても、今は圧倒的な「本場」だからだ。しかし取材したところ、水戸で納豆が商品化されたのはわりと最近、明治になってからだとわかった。

笹沼清左衛門《ささぬませいざえもん》という人が「江戸では納豆が好まれる」と知り、納豆の商品化を思いつき、明治二十二年（一八八九年）に「天狗《てんぐ》納豆」の商標で売り出したのを嚆矢《こうし》とする。それまで水戸周辺でも農家ではふつうに納豆を作っていたが、とくに有名ではなかった。その証拠に、清左衛門氏は宮城県へ納豆作りを習いに行っている。子孫である笹沼隆史・笹沼五郎商店会長によれば「水戸の納豆は土に埋めて発酵させるという、大量生産に不向きな方法だったことと、宮城県の納豆が『おいしい』と評判だったから」という。

習いに行って試行錯誤しても納豆はうまく作れず、最終的には宮城県から納豆作りの職人を水戸に連れてきて、ようやく創業にこぎつけた。つまり、水戸の納豆は「宮城式」なのだ。

清左衛門氏が天狗納豆を始めたのは、ちょうど鉄道の水戸駅が開業したのと同じ年。偕楽園《かいらくえん》に来た観光客や旅行者が「土産物」として喜んで買っていった。安価なわりに見栄《みば》えのよい藁苞納豆はお土産に手頃だったらしい。また、夏の台風によって那珂川《なかがわ》が氾濫《はんらん》しやすく、水戸周辺では台風襲来以前に収穫できる早生《わせ》の大豆が好んで栽培されていた。早生は小粒だ。この小粒大豆で作った納豆は「ご飯によくからんでおいしい」と好評を得た。これが現在に至る水戸納豆隆盛のきっかけであり、全国を席巻《せっけん》している「小粒納豆流行」の始まりでもあるという。

以上のように、水戸はあくまで「現代納豆の起源地」なのである。

では、歴史的な納豆はどこでどのように誕生したのだろうか。

さまざまな納豆関係者（研究者や愛好家や業者など）が「仮説」を提出している。いずれも「伝説」や「想像」に依拠している。主なものを挙げてみよう。

①弥生《やよい》時代に大陸から稲作と大豆が伝わったときにもう食べていた
　ひじょうに漠然としているが、「大豆と稲藁があれば、偶然納豆ができていても不思議でない」という、ある意味では最も自然で、科学的な説。
②聖徳太子が発見した
　ただの伝説という感じがする。
③奈良時代か平安時代に、中国から僧侶《そうりょ》がもたらした
　かなり根強く信じられている説。実際に、鑑真《がんじん》は「納豆」を日本に持ってきている。ただしそれは「豉《し》」だったとされる。「豉」とは、少なくとも中国では、「豆の形が残っている大豆発酵食品」のこととされている。これには糸引き納豆の他に塩辛納豆も含まれる。現在でも浜松の「浜納豆」や京都の「大徳寺納豆」「一休寺納豆」などのブランドで知られる。匂《にお》いや味がなんとなく、普通の糸引き納豆に似ているが、糸は引かず、乾燥している。納豆菌ではなく、麹菌《こうじきん》（カビの一種）で発酵したものだ。一般に納豆業界や食品科学の世界ではこの種の塩辛納豆は「納豆」枠から除外しており、本書もそれに従っている。常識的に考えても、中国の僧がネバネバする糸引き納豆をはるばる持ってきたとは考えにくい。携帯に便利で日持ちのする塩辛納豆を持ってき

たのだろう。

④平安時代後期、八幡太郎こと源義家が現在の秋田県南部で発見した

この中で、最も人気があるのがこの「八幡太郎」説である。だからこそ、「納豆発祥の地」なる碑を地元企業が建ててしまうわけだ。

八幡太郎こと源義家は源頼朝・義経兄弟の高祖父に当たり、勇猛果敢（あるいは蛮勇）で知られた。伝説化されやすい人物である。ただ、この説は一言で「伝説」と片付けるには惜しい側面もたしかにある。それは「煮豆と馬と戦《いくさ》」の組み合わせだ。

馬と煮豆の組み合わせとは現代人にとって意外なのだが、実は日本では煮豆は一貫して馬糧（馬の餌《えさ》）であったという。煮ただけの大豆は人間の胃腸にとって消化がよくないので、豆腐、味噌、醤油《しょうゆ》、油揚、湯葉そして納豆などに加工して食されたからだ。

一方、馬の餌は煮豆かそれに切り藁を混ぜたものがよく用いられた。つまり、大豆が発酵して納豆になる条件は整っていたというわけだ。

またこちらも意外だが、江戸時代以前、馬は主に戦闘用だった。騎馬だけでなく、

戦闘の際、移動や物資の運搬に使われた。馬に大豆を与えていたと言うと、「そんな貧しい時代になぜ馬に大豆などという貴重な高カロリー食を与えていたのか」と訝《いぶか》る向きもあるかもしれないが、軍事用ならむしろ当然だろう。

馬、煮豆、戦をセットとして考えるのは合理的なのだ。

戦の際、豆が発酵して納豆となったと考える説には二種類の物語がある。一つは「戦のために煮豆を付近の村から徴収し、馬の背に乗せて運んでいたら馬の体温で発酵が進み腐ったようになった」。もう一つは「戦が切羽詰まったとき、食糧がなくなり、糸を引いて腐ったような馬糧を兵士たちが食べるはめになった」。その後は同じで「食べてみたら意外と美味《うま》いことに気づき、納豆が食品として認識された……」というストーリーなのである。

坂上田村麻呂《さかのうえのたむらまろ》や加藤清正についても同じように、戦の最中に納豆を発見したという説があるらしいが、圧倒的に多いのは「義家発見説」である。

東北で起きた「前九年《ぜんくねん》の役」と「後三年の役」という戦の最中もしくは合戦に向かう途中で、義家が納豆を見いだしたというものだ。両方とも平安時代、東北で起きた合戦である。秋田県、岩手県、宮城県、栃木県、茨城県、京都、そして九州まで、義家に関連する納豆伝説が流布《るふ》しているという。

前九年の役……岩手県南部。地元の豪族である安倍頼時《あべのよりとき》が朝廷に対し叛乱《はんらん》を起こす。源頼義と息子である義家が朝廷の命を受け、征伐に向かう。大苦戦するも秋田の豪族・清原氏の支援により勝利。

後三年の役……秋田県南部、現在の県南。前九年の役で勢力を伸ばした清原家の内紛に、陸奥守《むつのかみ》として赴任した義家が介入。またもや大苦戦の末、勝利。

特にこの後三年の役は両軍とも相当に苦しんだらしい。最後は金沢柵（「柵」とは当時の東北における「城」）に清原家衡の軍勢が立てこもり、義家の大軍が包囲した。つまり、今、私たちが鳥威《とりおど》しの空砲に追われてたどりついた、この九月でも薄ら寒くて淋《さび》しい山の砦《とりで》だ。

驚くなかれ、籠城《ろうじょう》戦は真冬に行われた。というより、当時の征夷《せいい》活動は主に冬場なのである。春から秋までは作物を育てなければならず、住民を兵として徴用できなかったのと、作物を税として京に送る必要があり、そのためにも収穫前に戦を行えないという事情があった。キャンプ場の管理人さんによれば、この辺りは冬には積雪が二メートルに達するという。そもそも戦を行うような状況ではないだろう。特に雪のない地方からやってきた義家の軍勢の苦しみは尋常ではなかったはずだ。食糧も補給路もなく、まるで太平洋戦争時のインパール作戦並みの悲惨さだったのではないか。大軍を長期間、支えるためには遠くから煮豆を運ばなければならない。到着まで時間がかかるため、煮豆が発酵して納豆になった。あるいは飢えと寒さに耐えきれず、腐った煮豆を食べてみたら意外にうまかった——それが納豆の始まりだという説はよく出来ている。

ただし、もしそうだとしても、最初に納豆を食べたのは義家でも彼の部下でもなかったと思う。では誰か？

馬だ。

だって、煮豆は馬の餌なのだ。まず腐った豆を馬が食べたのだ。今の日本の犬が喜んで食べるのだから、馬だって納豆を食べるんじゃないか。それを見た人間が「腐ったように見えるけど馬が食ってるよ。しかも意外に美味そうだ。特に下痢もしてないし、むしろ元気になってるんじゃないか」と気づき、自分でも食べてみた——と考えるほうがよほど理にかなっている。

「おお、大発見だ！」と喜んだ私はこの〝新説〟を後で妻や竹村先輩に得意げに語ったが、軽く聞き流されてしまった。まるで「アメリカ大陸を発見したのはコロンブスではなく見張り番だった」のような小話に聞こえたらしい。こちらは真剣だっただけに、無念だ。

まあ、それはいい。

横手市に「納豆発祥の地」なる碑が存在することを知ってから、私は史料を読んでみた。伝説の背景を知りたかったからだ。

どんな伝説にも「背景」というものがある。例えば「耳なし芳一」の話はかつて僧侶への刑罰として耳削《みみそ》ぎが行われていたことと無関係ではないだろうと指摘する歴史学者がいるし、『古事記』や『日本書紀』において、なぜ「天孫降臨」なのか、つまり天照大神《あまてらすおおみかみ》からその子供ではなく、孫が地上の支配者として遣わされたのかというと、『古事記』の編纂《へんさん》を命じた天武天皇の孫が皇位を継いだことを反映させたのだという説もある。

その結果、驚くべきことに気づいた。史料を読めば読むほど、古代日本における秋田県南部は、現代のミャンマーにおけるシャン州に似ているのだ。

地理的にはどちらもまさに東北地方。ともに冷涼で海から遠い内陸の盆地。そして、住んでいたのは中央政府がある平野部の住人とは別の民族。シャン州はイギリス統治時代に「辺境地域」とされ、平野部の直轄《ちょっかつ》植民地である「ビルマ管区」とは区別されていた。古代日本では秋田県や岩手県は文字通り「辺境」と呼ばれていた。中央政府は同化政策をとり、地元民族を圧迫した。シャン州ではシャン族やパオ族などの少数民族、秋田県南部では蝦夷《えみし》。

蝦夷は後のアイヌとは別の民族だと推測されている。大和朝廷に従わない複数の民族ではないかという（そのうちの一つが後にアイヌ民族となったのかもしれない）。ただ、「通訳をつかった」という記録が残っているので、日本語とは系統を異にする言語を話す民族、つまり異民族が含まれていたと思われる。

蝦夷は朝廷によって二種類に分けられていた。朝廷の支配に属す者は「俘囚《ふしゅう》」と呼ばれ、朝廷に服従しない蝦夷と区別されていた。でも実際には俘囚もしばしば叛乱を起こした。むしろ俘囚は朝廷の文明・文化を学んでいるがゆえに叛乱は組織だっており鎮圧が難しかった。有名なアテルイの叛乱もその典型だ。シャン州も同様。反政府ゲリラを組織したのはビルマの都市部で高等教育を受けたインテリたちである。

さて、叛乱の度に中央政府から政府軍が征伐に行く。だが、地の利を得ない政府軍は大軍をもってしても現地の少数民族を制圧できず、大苦戦を繰り返す。結局、政府軍がとる手段は少数民族の分断工作だ。ミャンマー政府はそうしてシャン州を制圧してきたし、日本の朝廷も奈良・平安時代を通じてずっと同じことをしている。

　ところが、政府軍に協力した現地民は勢力を強め、今度はこちらが政府の言うことをきかなくなる。シャン州では今でも強力な少数民族の武装勢力が複数残っている。特に長年、政府軍に協力してきた武装勢力はもはや政府の支配から完全に独立しているようだ。麻薬の生産・売買がなくならない最大の原因もそれだ。

　古代日本の東北でも同じだ。「前九年の役」で岩手県南部の俘囚の豪族・安倍氏が叛乱を起こし、源頼義・義家が征伐に向かったが、九年近くかけても戦況は好転せず、最終的には秋田県南部の清原氏（これも俘囚の豪族）の助力でようやく勝利を収めた。ところが、清原氏が内紛を起こし、清原家衡は陸奥守である義家の仲裁を無視。再度、義家が鎮圧しに行き、またしても大苦戦するのが「後三年の役」だ（この戦は朝廷からは義家の「私闘」とされ、恩賞が出なかった。仕方なく義家は自腹で部下たちに恩賞を与え、これが「武家の棟梁《とうりょう》」の先駆けとなったとされる）。

　全くもって何て似ているのだろう。

　そう思って秋田県南部に来たら、びっくりするほど納豆文化が根付いていた。まさにシャン州だ。同じ秋田県でも海側は「しょっつる」という魚醬を使っているところまでそっくりだ。

ここが納豆発祥の地かどうかは別として、「日本における納豆の本場中の本場」である可能性は高い。ひじょうに古い時代から納豆が食べられていたのも確かだろう。

納豆民族はアジア大陸では等しく国内マイノリティにして辺境の民である。

それはきっと偶然ではない。海や大河に近い平野部の方が文明は発達する。納豆を食べているような内陸の民族は同化されていくか、マイノリティとして周縁化されるか、どちらかなのだ。

ただし、同化により、納豆自体が必ずしも消えていくとはかぎらない。逆方向の発展もある。現在ミャンマーでは、ヤンゴンやマンダレーなどの平野部に住むビルマ族の間で少なからず納豆を食べる人がいる。そういう場所にシャン族が降りていったり、シャン州に移り住んだビルマ族が持ち帰ったりしてきたからだと思われる。

古代日本でも同じことが起きてはいないだろうか。

征夷は義家よりずっと前から行われてきた。奈良時代の八世紀の百年だけでも十数回実施され、ときには四万とか十万といった信じられない数の兵が動員されたという。大和朝廷おそるべしだ。現在のミャンマー政府軍より動員力が高い。

そのとき朝廷軍の兵士は、地元民である蝦夷が作って食べている納豆を「発見」したのではないか。

納豆を最初に食べ始めたのは蝦夷、という新しい説である。ただ朝廷側に征服されてしまったので、伝説としては朝廷軍の将軍が発見したという話にされてしまったのだ。

蝦夷が最初の納豆民だと考えると、つい二、三十年ほど前まで、納豆がもっぱら東日本の食べ物だったということが説明できる。

というのは、征夷に駆り出された莫大《ばくだい》な数の兵士は大半が「坂東武者《ばんどうむしゃ》」、つまり関東の人間だったからだ。征夷の兵だけではない。九州北部と同じように、岩手や秋田に常駐する「防人《さきもり》」も関東から募られた。関東から蝦夷居住区への移住も盛んに進められた。

関東と東北の行き来は現代人も驚くほど頻繁だったらしい。

もう一つ。蝦夷は優れた馬を持ち、馬術にひいでていることで有名だった。それにかろうじて対抗できる馬を持ち、馬術を身につけているのは関東の武士だけだと思われていた。馬に大豆を食べさせていたのはまず蝦夷、そして坂東武者だっただろう。納豆が作られやすい環境になっているのだ。

こう考えると、納豆がまず東北の食品であり、次いでよく食べられるのが関東で、西に行けば行くほど、納豆を食べなくなる傾向にあることが説明できてしまう。

さらに、西日本において九州内陸部では例外的に納豆が昔からよく食べられているようだが、これも蝦夷説で説明できる。『納豆沿革史』によると、前九年の役で義家軍に捕えられ大宰府《だざいふ》に流された安倍宗任《あべのむねとう》は日田《ひた》地方（大分県日田市）に東北納豆の製法を広めたとする伝説があるという。つまり、ここでは俘囚の武将が直接九州人に納豆を教えたことになっており、私の説をダイレクトに補強してくれているわけだ。

あくまで私はまた一つの「仮説」を出してみたにすぎないが、もし「義家伝説」を真に受けるのなら、こういう理解がいちばん自然なのではないか。

私はいつしか、「蝦夷納豆起源説」に夢中になっていた。なんとかして、これを証明できないかという妄想に駆られてしまった。

納豆の起源伝説を作っていたのは誰か

伝説はこれ以上詳しいことを語ってくれない。となれば、今生きている人に訊くしかない。

納豆について最も詳しいのは納豆を作っている人たちだ。

いつもなら——つまり日本以外のアジアなら——市場に行き、納豆の売り手に直接頼んで作り手を紹介してもらうのだが、イオンのスーパーで納豆売り場の人にそんなことを頼んだらまるで私が非常識な人間のように思われてしまう。

だから今回はちゃんとあらかじめ県南の納豆製造会社を調べて、アポイントをとっておいた。

アジア諸国だったら妻と犬を連れて行くところだが、もちろん日本ではこれも非常識。彼らには車で待っていてもらうことにした。

まず訪れたのは、例の碑を建てたヤマダフーズ。キャンプ場から車で十分くらいの場所に本社と工場があった。秋田県ではテレビＣＭも流し、知らない者がない有名企業。全国でも売上げ第四位の大手納豆メーカー。最近では「現代の納豆の本場」である水戸にも進出し工場を作っている。

ベテラン技術者の新保《しんぼ》守さんにお話をうかがう。出身は新潟県ながら技術者としてこの会社に四十年勤め、奥さんも地元の人だと言うから、現地納豆のエキスパートと呼んで差し支えないだろう。

ヤマダフーズは昭和二十九年「金澤納豆製造所」として創業。金澤とはもちろん例の「金沢柵」からとっている。創業時から「八幡太郎ゆかりの納豆」なのである。山田家は元地主だったが、農地解放で土地を失い、副業として納豆作りを始めた。手作業だが、すでに納豆菌を使っていた。

転機は昭和五十年。当時ミニスカートが流行《はや》り、他にも「ミニ」が流行した。会長は「時代はミニだ！」とばかり、それまで一パック百グラムだったのを五十グラムにしたミニ納豆を発売したら、飛ぶように売れた。これが現在の標準的な日本の納豆パックの原型となった。

さらに昭和五十二年、この会社に一大転機が訪れる。永谷園が「納豆汁」を売り出すにあたり、ヤマダフーズの納豆を使うことにした。今の四十代後半以上の世代なら「挽《ひ》き割《わ》り納豆のお味噌汁」というCMを憶《おぼ》えているだろう。あのキャッチフレーズで全国の日本人に「納豆汁」のイメージを植え付けた永谷園は、本場の納豆に目をつけたのだ。

納豆汁の本場であるこの秋田県南部では、昔から「挽き割り納豆」が好まれていたという。関東に初めて挽き割り納豆を持ちこんだのもヤマダフーズの現会長とのことだ。それまで関東の人間は挽き割り納豆なるものを知らなかったらしい。

煎《い》ってから升《ます》の底部で潰し、箕《み》で皮と粉を飛ばしてから煮る。挽き割りの方が煮る時間も発酵の時間もはるかに短い。粒が小さくなるのでご飯にからみやすくなるうえ、納豆汁用に豆を潰すのも楽だし味も濃厚だという。ただし挽き割りは発酵の管理がふつうの納豆より難しいそうだ。

うーん、なるほど。これもまた他の地域には見られない工夫だ。やっぱり、ここにはれっきとした「納豆文化」がある。

話を戻すと、ヤマダフーズは、永谷園という大手食品メーカーと仕事をするために食品の衛生管理をしっかりしなければいけないと考え、当時の納豆メーカーとしては珍しく、「品質管理室」を立ち上げた。新保さんは大学の理学部を出てそのために入社した。だが、当時は「納豆の会社に就職したとは他の人に言えなかったですね」という。それほど納豆の地位は低かったようだ。

いち早く品質管理室を立ち上げたことがその後、ヤマダフーズの躍進につながったのだから、やはり「納豆汁」のおかげだろう。ヤマダフーズが全国的企業に成長したのは、間違いなく、秋田県南部の納豆文化が基盤にあったからと言える。

次に訪ねたのは今でも昔と変わらない家内制手工業の規模で地道に納豆を作っているサン食品工業。大仙市六郷の大保《だいぼ》にあり、地元では「大保納豆」で知られている。会社兼工場の道路をはさんで向かいには「四十二《しじゅうに》館跡《だてあと》」という中世の豪族の館《やかた》跡と推測される遺跡がある。一説によれば、金沢柵攻めを行った際、義家がここに本陣を置いたという。あえてヤマダフーズ側の主張する説と整合性をとるならば、「金沢柵で発見された納豆が四十二館の本陣に差し出され、それを義家が『うまい！』と食べた」となるが、まあ、そこまで追究するのも野暮である。

専務の柴田了さんによれば、創業は明治四十三年。その五、六年前に鉄道が開通し、労働者や商売人がやってくるようになった。遊説《ゆうぜい》の政治家もやってきて、歓迎の花火を打ち上げたのがきっかけで大曲名物の花火大会が始まり、それを見に来る観光客も増えた。そして、大保納豆はそれら遠方からのお客向けの「お土産」として売り出されたのが出発点らしいとのことである。今では秋田より「本場」と思われている水戸納豆も、前述のように鉄道が開通したとき、「天狗納豆」が売り出されたのが出発点だというから、経緯は同じだ。

日本納豆の商品化はカチンの竹納豆同様、〝お土産〟からスタートしているのだ。いつから純粋な納豆菌を使っていたのか定かではないが、「戦前からじゃないですか」と柴田さんは言う。

納豆文化といえば、柴田さんによると「納豆汁は冠婚葬祭や行事で食べます。正月も三が日のうち一日は納豆汁です」とのこと。なるほど、家や土地によってはそのような食べ方をするらしい。お土産に大保納豆と自家製味噌をいただいた。「この辺は味噌で納豆を食べる」という。

味噌で納豆か。これまた独自色である。

ここではもう一つおもしろいことがわかった。

「義家が納豆を発見したという伝説がある」といろいろな人が言うが、「伝説」とは一体何だろうか。誰がどのように伝えているのか。例えばおじいさん、おばあさんが孫に話して聞かせたりしているのか。

そう思って、キャンプ場の管理人さんや導師の錬太郎さんにも聞いてみたが、どちらも「うちで聞いた記憶はない」とのこと。でもちゃんと知っている。

その謎を解いてくれたのは柴田さんだった。

「神社関係じゃないですか」と言うのだ。「横手市にある沼館八幡《ぬまだてはちまん》という神社で、宵宮（祭の前夜祭）で納豆を売るんですよ。『八幡太郎ゆかりの納豆で、この納豆を食べると病気しない』なんて言ってましたね」

なんと、伝説を作っていたのは納豆業者だった。あとで調べれば、沼館八幡は別名「納豆八幡」として知られているという。さらに驚くべきことに、その「八幡太郎ゆかりの納豆」については、江戸時代後期の紀行家・民俗史家の菅江真澄《すがえますみ》も書き残しているという。少なくとも二百年前から源義家を〝ダシ〟に納豆を売っていた人たちがいたわけで、それを考えれば、現在のヤマダフーズや「大保納豆」も、秋田県南部の伝統に則《のっと》っている。それもまた立派な「文化」と呼ぶべきだろう。

日本納豆の悲劇

納豆メーカーで話を聞くのは面白かったが、一方では物足りない部分もあった。なぜなら、「昔ながらの納豆はどのように作られていたのか」がわからないからである。

前々から、日本で手造り納豆の経験者に一度話を聞いてみたいと思い、かなり探してきたが、見つかっていなかった。「母が作るのを見た」「祖母が作っていたのを憶えている」程度だ。

「日本のシャン州」こと秋田県南部なら、経験者が見つかるんじゃなかろうか。導師・錬太郎さんに相談したところ、「うん、誰かいるでしょう。探してみる」と力強く答えてくれた。

だが、しかし。私たちの見通しは甘かった。

「納豆作りの経験がある人はみんな死んじまった」という報告が導師からもたらされたのだ。「母方の親戚《しんせき》を全部あたったけど、誰もいなかった」とのことだ。導師が付け加えて言うに、「作り方を知っていると言う人間はいるけど、それじゃ意味がないと断った。豆を煮る感触とかそういうのがわからないとダメだ」

まさにその通り。実によくわかっている。最高の現地ガイドというしかない。ただ納豆製造経験者が見つからないのが痛い。

――こうなれば最後の手段だ……。

私は総本山・納豆連が一九七五年（昭和五十年）に制作した『納豆沿革史』を取り出した。この本に「横手市大屋新町（旧平鹿郡栄村《ひらかぐんさかえむら》）は、納豆文化の原点ともいうべき所」という記述があるのだ。なんでも昭和十年前後には一村七十三軒中七十軒もの納豆作りの家があったという。チェントゥンの納豆村タオフエ村以上だ。そして、昭和五十年当時、まだそのうちの四名が健在で納豆を作り続けていると人物の氏名及び写真付きで報告されていた。全国の納豆情報を網羅したこの本で、そのような記載があるのはこの一カ所のみ。全国的に見ても横手市の納豆村は異彩を放っていたということだろうか。

氏名が記載された四名の女性は四十年近く前の当時でも最年少の人が六十九歳なので、ご存命とは思えなかったが、家族に誰か手伝った経験者がいるかもしれない。

導師に話すと、「よくわからないけど、行ってみますか」とすぐ腰をあげ、探索に出かけた。フットワークが軽く、実証主義であるところは秋田高校新聞部部員の名残なのだろうか。新聞記者になっても相当優秀な記者になったことは間違いない。

国道十三号線をまっすぐ南下する。ＪＲ柳田駅の手前の住宅街が大屋新町だった。私は眉《まゆ》をひそめた。新築の建て売り住宅街みたいなところだ。とても昔、納豆村があったように見えないが……。

東京の住宅街と変わらないのでどこから手をつけていいかわからない。幸い、家主の名前付きの地図があったので、探すと四名の中の二人と同じ姓である「阿部」と「笹山」があった。阿部さん宅で訊ねてみた。さすがにここでは導師は玄関の引き戸を開けると、「ごめん下さい」と声をかけた。導師でも挨拶することはあるのかと少し新鮮な思いがした。

一見ひじょうに不審そうな顔をしたおばさんが出てきて、でも丁寧に「国道の向こう側が元の大屋新町です」と教えてくれた。

なるほど、国道の向こう側は農家や果樹園がまばらに残っており、いかにも古い町の風情《ふぜい》。「栄小学校」という表示を見て目的の場所が「旧栄村」だったことを思い出す。自転車に乗った六十歳くらいのおばさんがやってきたので、訊いてみる。驚いたことにおばさんの言うことがいくらも聞き取れない。ただ、「……そこのおばあちゃん……納豆……作って」と、すぐ後ろの家を指さすので、大事なことはかろうじてわかったが。

そこは笹山さん宅だった。例によって、玄関の引き戸をがらっと開け、中をのぞき込んで、ごめん下さいと入る。小さくてころころとしたおばあさんがおぼつかない足取りで出てきた。

何かぺらぺらとしゃべり出すが……衝撃的に理解できない。先ほどのおばさんの話は六、七割わからなかったが、このおばあさんは九割方わからない。

「本当に日本語なのか」と思ってしまった。まるでミャンマーで納豆取材をしているようだ。いや、シャン語やビルマ語だってもう少しわかる気がする。

導師もおばあさんに合わせて方言ギアを一段も二段も上げる。でもおばあさんに比べれば、さすがに導師が発する言葉の方が聞き取りやすい。そこから「納豆を作っていた人はみんな死んじまった」ということだけがかろうじてわかった。

あとは導師がお礼を述べ、家を辞してから車の中で何を言ったのか教えてもらった。それによれば、「隣の家が馬喰《ばくろう》をやっていて、その人が豆を仕入れて納豆作りの仕事を振り分けていた」とのことだった。導師によると、馬喰というのは「今で言う車のディーラーみたいなもの」で、社会的地位は高くないが、現金を持っている人だった。あちこち出かけては牛や馬の売り買いをしているから情報通でもあっただろう。カネと情報を持っている人が大豆を仕入れ、納豆作りを差配していたという図式が見えた。

　また、先ほどのおばあさんは、『沿革史』に出ていた「笹山まつの」さんの嫁にあたり、八十八歳だそうだ。そして、納豆作りを手伝った経験もないという。かつての納豆村に住み、しかもそんなに高齢の人が作ったことがないというのではもはや経験者の探索は絶望的である。

「でも、当たってみないとわからないからね」と導師はジャーナリスト的なことを言う。そのとおり。やってみて見つからなかったのと探してないのでは意味合いは全然ちがう。そして導師はこうも言った。

「ワラがなくなって作らなくなったっていうのは収穫だった」

「ワラはまだあるでしょ？」

「いや、消毒した（農薬を使った）ワラしかなくなったから使えなくなったんだよ」

　そういうことか！　自家製のものはそうそう急に消滅しない。味噌なども、いまだに自分で作っている人は田舎に行けば珍しくない。なのに手造り納豆はどうして突然途絶えてしまったのか、腑《ふ》に落ちなかったのだ。

　農薬散布に伴い納豆作りが消滅したならすんなり理解できる。ここだけではない。全国各地で納豆作りは昭和三十年から四十年頃にかけて恐竜のようにいっぺんに絶滅したわけだ。

これはアジア納豆を調べてきた私にとっては至極残念な話だった。なぜなら、納豆菌はワラだけにあるのではなく、笹の葉でもビワの葉でも作れるのだ。それをここの人たちが知っていたら納豆の一斉絶滅はなかっただろう。

日本の手造り納豆絶滅は「納豆＝ワラ」しか知識及び習慣がなかったゆえの悲劇なのである。

納豆民族は静かに潜んでいる

四泊五日、秋田納豆旅行はあっという間に最終日を迎えた。この地で日本納豆の起源を突き止めたいという無茶な願いこそ叶《かな》わなかったものの、思えば、充実した日々だった。昼間は納豆に関係する場所をまわり、地元の納豆を仕入れ、その合間には犬を田んぼの畦道《あぜみち》や公園で散歩させ（次第にマドも空砲に慣れてきた）、夜は納豆を肴《さかな》に導師にいただいた旨《うま》い日本酒をやる。

地元の納豆は実に美味かった。ヤマダフーズの「ふっくら大粒納豆」には安定した旨さがある。かたや、同社の「ひきわり納豆」にも感心した。今まで挽き割り納豆のイメージは「味が淡い」というものだったが、こちらはそんなことはない。むしろ風味は強い。今まで本物の挽き割りを食べてなかったのかと思ったほどだ。

いっぽう、大保納豆は「これ、本当に大豆？」と思ったほどの超大粒だが豆の味が豊かなことと言ったらない。どうやって発酵させたらこうなるのかわからないが、口の中でとろとろに溶けるのだ。もらった自家製味噌をつけて食べると最高で、これだけで立派な酒のつまみだ。

それらの納豆を、導師にもらった楢岡焼の「口ひどっこ」に入れる。自分の茶碗《ちゃわん》や皿に納豆をあけ、糸を口にくるくると絡めると糸がべとつかないで済む。「これ、すごく便利！」と妻もひじょうに喜んでいた。マドは言うまでもなく全《すべ》ての納豆を味見し、口の中をべたべたにしていたので、寝る前には私が歯磨きしてやっていた。納豆犬は歯磨きも大好きである。

妻とマドには納豆の取材中、車の中やバンガローで待っていてもらうので、申し訳なく思っていたが、朝と夜は少なくとも二人とも大満足のようであった。

そして最終日。

導師に布団を返すと、「昨日からずっと気になっていることがある」と言う。「日本の納豆とアジアの納豆が同じとか違うとか言っていたけど、『同じ』と『違う』はどっちが先にできた言葉なんだろうか」

まるで禅問答である。導師は哲学者なのだ。導師が悩んでいるので、弟子である私たちも一緒に三十分くらい悩み、でも当然答えは出なかった。導師はまた「高野君がそんなこと（納豆の起源）に興味があるということ自体がわからない」と言うので、「錬太郎さんの小説みたいなものじゃないですか」と答えると、「うむ」と頷《うなず》いた。

「そう、わからないから面白い」

導師に別れを告げたあと、家族そろって横手市の中心部へ出かけた。

途中、「後三年踏切」という凄《すご》い名前の踏切があるので、車を停めてしばらく散策。そこで大豆が植わっているのを見た。これだけ納豆取材をしてきて、大豆栽培を見たのは初めてだった。稲の周りに大豆を植えると（マメ科の植物は根で窒素固定を行うので）田んぼが肥えるという、昔から日本及びアジア各地の山間部で行われてきたことを目《ま》の当たりにして感動した。もっともあとで訊けば、最近大豆を田んぼにせっせと植えるのは減反政策の一環らしいが。

雄物川という地区に「日本で最も高級な納豆」を売る「ふく屋」（もしくは「二代目福治郎」）という店がある。ここの納豆は本当に高級で、最高級品になると普通の一パック分の納豆が五百円もする。ＨＰによれば、最高品質の大豆を用い、昔ながらの製法で、この道五十年の職人が丹念に作ったからこそできる最高品質の納豆なのだという。

いまや納豆取材云々《うんぬん》を超えて納豆愛好家になっている私としてはぜひそこの納豆を食べてみたいと思い、店に直接行ってみた。幸いなことに対応してくれたのは古屋和久社長本人。

迷った末、最高級「鶴《つる》の子」（五百円）、まだ青い大豆である枝豆を使った「秘伝」（三百五十円）、大豆でなく黒豆を使った「光黒」（三百五十円）を購入。

古屋社長とは立ち話だったが、横手市では冠婚葬祭や行事、正月に納豆汁が欠かせないと聞いた。「とくに元旦《がんたん》は納豆汁ですね」というから大したものだ。また、近くにある「納豆神社」こと沼館八幡について訊ねると、「今、お祭りの納豆はうちが卸してます」というからびっくり。結局、私が今回訪れた納豆メーカー三社はすべて「八幡太郎ゆかり」で商売をしていたことになる。これが当地の伝統なのだ。

古屋社長に紹介され、次に行ったのが雄物川郷土資料館。ここに納豆神社の伝説についていちばん詳しい人がいるとのことだった。

それぞれ四十代と五十代とおぼしき女性の学芸員さんが丁寧に対応してくれた。義家伝説については適切な資料を教えてくれたし、なにより現地での食事についてが、めっぽう面白い。

古屋社長同様、この横手市の雄物川では「納豆汁が行事に欠かせない」「最後はご飯と納豆汁で締める」という。また元旦もやはり納豆汁を食べるとのこと。

「納豆汁と一緒に餅《もち》を食べるんですか」と訊くと、二人は怪訝《けげん》そうな顔をした。

「餅はご飯じゃないでしょ」と言う。

ご飯じゃない？　どういうことか？

このお二人はさすがに学芸員だけあって標準語を普通に話すから言葉自体はよくわかるが、内容がわからない。またしても外国人と話しているような気持ちになってきた。

何度も聞き返すうちに、この辺（横手市あるいは同市雄物川地区）では、餅は食事どきに食べるのではなく、おやつのように食べるということがわかった。

「じゃあ、納豆汁と一緒に食べるのは？」

「ご飯。それから鮭《さけ》とか」

元旦に鮭と米と納豆汁。まるで私の知らない世界だ。

「お正月、元旦以外はお雑煮を食べるんですよね」と訊くと、二人は顔を見合わせた。

「お雑煮？　そんなの食べないよね」「そうよね、それ、関東の文化でしょ」

目が眩《くら》むようだった。お雑煮を食べる習慣がないうえ、それを関東だけの地域文化だと思っている……!!　しかも教養のある学芸員の人たちが。

なんだか私にはこの土地——秋田県南部の人たちが異民族に見えてきた。少なくとも異民族の名残をもつ人々に見えた。シャン族はビルマ族への同化が加速していると言われるが、まだまだ独自の言語と文化を強く維持している。

ここの人たちは大和朝廷の系譜をひく日本民族に同化されているように見えるが、一皮剝《む》けば、蝦夷の血が脈々と流れているのかもしれない。

少なくともそう想像すると、日本にはまだまだ広い可能性が残されているようで、私は納豆の起源を追い求めるのと同じくらいわくわくしてしまったのだった。

第十章　元・首狩り族の納豆汁

ナガ山地／ミャンマー

納豆の原点は納豆汁！

「納豆は日本独自の伝統食品」という日本国民の間違った常識を是正するために始めたアジア納豆の取材だが、調べれば調べるほど、私の常識も覆《くつがえ》されていく。近頃は、アジア納豆よりむしろ日本の納豆の方がわからない。

直接的な原因は「秋田県南ショック」である。シャン州と甲乙つけがたい納豆の本場であったこともさることながら、そこで主に食されてきたのが納豆汁とは驚きだった。

納豆はご飯にかけて食べるものだとばかり思っていたのに、それは納豆の食べ方のごく一部にすぎなかった。だいたい、納豆自体、粘り気があまりなかったという。日本の納豆とは何なのだろう。伝統的な食べ方はどういうものだったのだろう。

伝説を離れ、今度は文献資料に現れた納豆を見ていくことにした。

納豆が歴史の記録に最初に現れた時期については諸説ある。松本忠久氏は『平安時代の納豆を味わう』という著書の中で、平安時代の「延喜式《えんぎしき》」に「等伊《とい》」と書かれているのが「いと」の誤記ではないかと指摘している。宮中では昭和の時代でも納豆のことを「お糸」と呼んでいたそうで（昭和天皇も食べていたという）、平安京でも「おいと」の名で食されていた可能性はある。

「納豆」という文字が最初に確認される文献は平安後期に藤原明衡《ふじわらのあきひら》によって書かれた『新猿楽記《しんさるがくき》』である。だが難しいのはこの時代から現代に至るまで、日本には二種類の「納豆」が存在していることだ。一つは発酵時に煮豆に塩を加え、麴菌《こうじきん》で発酵させる塩辛納豆、もう一つは塩を加えず、納豆菌の作用で発酵させる糸引き納豆だ。前述の通り、現在の食品業界も食品科学の世界でも「納豆」と言えば後者であり、本書でもそれに従っているが、われわれの先達はそんな区別をしていなかった。

両者の違いを文脈で判断していた場合もあったろうし、また時代や地域によってはどちらか一つしか存在せず区別する理由がなかったというケースもあっただろうし、単純に混同していた者もあっただろう。

現にミャンマーで似たような現象が見られる。ビルマ語で本来、糸引き納豆は「ペー・ボウ」である。それとは別に、主にビルマ族が作る、大豆に塩を加えて発酵させる「ペー・ンガピ」という発酵食品がある。おそらくカビ発酵で、日本の塩辛納豆と同じ種類だと思うのだが、しばしば混同されて「ペー・ボウ」と呼ばれる。初めのうちはこの混同が理解できず、ずいぶん悩まされた。

『新猿楽記』の「納豆」もどちらを指すか学者によって意見が分かれている。

その後も「納豆」と書かれているが、どちらを意味するのかわからないという例がひじょうに多い。

明らかに糸引き納豆と思われるものが登場するのは室町時代に書かれた『精進魚類物語』である。これは「鮭《さけ》の大介鰭長《おおすけひれなが》」率いる魚と肉の連合軍が「納豆太郎種成《たねなり》」を大将とする山菜や豆腐などの精進料理同盟と宴会の上席をめぐって合戦を行うという突拍子もないバトルファンタジー小説である。平家物語のパロディだという。作者は当時随一の文化人である関白の一条兼良《いちじょうかねら》ではないかと推測されている。

ここに登場する納豆太郎種成は「ワラの寝床から起き上がるとき涎《よだれ》をたらしていた」とか合戦に行く姿が「白糸を引く大鎧《おおよろい》に身を固めていた」などと描写されていることから、間違いなく糸引き納豆であると確認されている。

なんて間抜けな確認のされ方だろう。

歴史上の公式初登場がこんなトンチキな物語だということに、納豆の滑稽《こっけい》かつ切ない宿命が偲《しの》ばれるが、これはこれでちゃんと「背景」がある。室町時代に禅とともに精進料理が京の公家《くげ》や大名の間でもてはやされるようになり、本来「山の貧しい食事」だった納豆や山菜がかつて御馳走《ごちそう》だった鴨《かも》や鮭や鱧《はも》、いくらなどにとってかわった状況をおもしろおかしく伝えているのだ。

総本山・納豆連の依頼で日本史の文献上に現れる納豆を調べている筑波《つくば》大学の石塚修教授によれば、これは「おそらく子供に字や物の名前を教えるための本なんでしょう。一条兼良のような博識な人が誰か他の公家に頼まれて書いたんじゃないですか。まあ、アンパンマンみたいなもんだと思って下さい」とのことだ。

アンパンマンはその昔、〝納豆マン〟だったのだ。

『精進魚類物語』以降の納豆については石塚先生が納豆連のＨＰに書いた「納豆文学史」が最も詳しい。

私はそれを読んだうえで、先生に直接会って疑問をぶつけたのだが、いやはや、驚いた。『精進魚類物語』で衝撃のデビューを飾ってから江戸時代の後期、幕末に近くなるまで、納豆の食べ方はほぼ全《すべ》て納豆汁なのだというのだ（以後、断りがなければ「納豆＝糸引き納豆」）。

例えば、千利休は死ぬ前年からの茶会で使った料理の献立を書き残している。『利休百会記』と呼ばれるこの記録には、納豆汁が全部で七回、登場する。納豆汁が冬だけの料理であることを考えればずいぶん多い。

しかも、成り上がりの天下人である秀吉にもグルメ大名の細川幽斎にも納豆汁。つまり誰にでも納豆汁を出していた。

もともと大阪人は納豆を好まないとされている。京都出身の知人は納豆が好きだというだけで、大阪人の友だちから「関西人のくせに、裏切り者や！」と言われたという。でも利休は堺《さかい》に生まれ育った「根っからの大阪人」なのだ。裏切り者どころじゃない。

江戸時代に入ると、今度は俳諧《はいかい》や川柳に納豆が登場する。これもことごとく納豆汁である。芭蕉、蕪村、一茶などもみな、納豆汁に熱く粘っこい愛情を寄せている（ように思われる）。

例えば、蕪村は「朝霜や室《むろ》の揚屋《あげや》の納豆汁」と詠《よ》んだ。「室」は現在の兵庫県室津、「揚屋」とは遊女と遊ぶ場所、つまりこの句は「女の子と一晩過ごした冬の朝、納豆汁をするのは温まって美味《おい》しくて最高ですね」ほどの意味となろう。「室」は地名と、納豆を作る場所としての「室」をかけているらしい。要するに、自分たちもしっぽりと発酵しているということだ。まことに羨《うらや》ましい句境である。

この時代、全国の支配層とインテリ層に圧倒的な影響力を誇った茶の湯と俳諧で納豆汁がとりあげられたということは実に興味深い。すでに納豆汁が全国的に広まっていたのかもしれないし、あるいは茶の湯と俳諧の流行・普及により、納豆汁もどんどん日本全国に広まっていったということもあるかもしれない。

江戸では冬になると朝、納豆売りが、煮豆を一晩発酵させただけで作った「一夜漬け」のような納豆をザルに入れて売っていた。庶民はそれを買うと、包丁で叩《たた》いて、つまり細かくして汁にしていた。

「納豆を叩き飽きると春が来る」なんて川柳も詠まれていたというから、冬場はよほど納豆汁を食べていたようだ。

瞠目《どうもく》するのは、「納豆」の比較対象となる食品である。

一つは「蜆《しじみ》」。「納豆と蜆に朝寝おこされる」という川柳がある。納豆売りと蜆売りは朝の風物詩だったという。どちらも味噌汁《みそしる》の具であり、ダシだったのだろう。

もう一つは「鴨」。「裏店《うらだな》の鴨納豆と見下げられ」「納豆の鴨と聞へるいい暮らし」。前者は「貧乏だと鴨を食べていても納豆だと思われる」の意、後者は反対に「金持ちだと納豆を食べていても鴨だと思われる」の意だという。

調理のとき鴨肉を叩いたらしい。だから納豆か鴨か音だけではわからなかった。しかも石塚先生によれば、鴨は「合鴨のように肉を食べるもんじゃなかった。脂《あぶら》を食べるものだった。ダシですね」。

お金がある人は味噌汁に鴨の脂をダシに入れていた。そうでない人は納豆。

要するに、日本でも昔は、納豆はダシの要素が大きかったのである。そして、鴨の脂が食べられない人が納豆を食べるとは、ブータンで「チーズが手に入らないとき納豆を食べる」という話をどうしても連想してしまう。

時代が下るにつれ、納豆屋は粒の納豆ではなく、すでに叩いた納豆を売るようになる。しかも「さいの目に切った豆腐」と「青菜」をセットで。つまり、あとは味噌と一緒にお湯に入れるだけで納豆汁になるのである。

いっぽう興味深いことに、江戸時代の日本人はよく納豆をお寺へ寄進していた。まるでシャン族のようである。寺ではそれを納豆汁にして食べていた。

ちなみに、寺は暮れになると「塩辛納豆」を作って檀家《だんか》に配っていた。正月前は寺も物入りであるが、祭も法事もないので、塩辛納豆を配ることによって、檀家からお布施《ふせ》を集めていた。すなわち「集金装置」だったのだという。

要するに、檀家から寺へは糸引き納豆、寺から檀家へは塩辛納豆という明確な区分けができていたのである。

江戸後期になると、この状況が変わってくる。納豆売りの販売する納豆が、また以前の粒納豆に戻るのだ。しかも青菜や豆腐もつけていない、ただの納豆。

これの意味するところは何か。石塚先生は言う。「納豆を納豆汁だけでなくご飯にかけて食べるようになったんでしょうね」

その後の変遷《へんせん》はよくわからない。ただ、石塚先生によれば、明治以降の記録では納豆汁がほとんど登場しなくなるという。お寺の精進料理や懐石の場でも庶民の日常生活の場でも、納豆汁を食べるという習慣は消滅してしまった。理由は不明だ。

おそらく、この納豆汁の衰退とともに、関西でも納豆を食べなくなり、納豆好きの京都人が大阪人に裏切り者呼ばわりされるという、利休が聞いたら腰を抜かしかねない事態に至ったのだろう。

唯一《ゆいいつ》、納豆汁が残っているのは秋田や山形など東北地方の一部だけである。今、「納豆大好き！」という人の中で、納豆汁を食べたことのある人がどれだけいるだろうか。そちらの方が「日本の伝統」であり、もっと言えば「原点」であるはずなのに。

衝撃の「おしん納豆汁」

かくいう私も本物の納豆汁を食べたことがなかったので、山形県尾花沢《おばなざわし》市出身で現在千葉県在住の栗原和子さんという女性（知人のお母さん）に頼んで作ってもらった。

里芋、芋がら（里芋の茎）、豆腐、油揚などを煮込んだあと、鍋《なべ》の煮汁とともによくすり潰《つぶ》してトロトロになった納豆と味噌を加える（季節によっては山菜やキノコ類も入れるという）。納豆の香ばしい香りはするが、味や食感は決して粘ついたものでなく、クリアで上品。なにより体がほかほかと温まる。ほどよいとろみが熱を保つのだ。ダシは入れてない。でも物足りなさはない。納豆がダシの役割をしっかり果たしている。だが、それ以上の驚き、いや「衝撃」は、栗原さんが「千葉に来るまでダシというものを知らなかった」ということだった。

「当時は生活がすごく貧しかったんです。魚や肉はめったに口に入らなかったですね」

栗原さんのお父さんは郵便局に勤めていたが、生活は基本的に自給自足の暮らしで、たまに御馳走としてしょっぱいホッケを焼いたり飼っている鶏を絞めて料理したりした。正月は鯉《こい》の甘煮を食べた。尾花沢でも餅《もち》は食事ではなく、正月にかぎらず田植えや収穫のあととかによく食べた。納豆をからませて食べることもあった。

味噌汁にもダシを入れることはなく、漬け物には味の素を振っていた。

味噌は自宅で作っていた。学校から帰ると子供たちは味噌を手のひらに盛り、外に行って胡瓜《きゅうり》につけて食べた。それがおやつだった。どのうちも手造り味噌のため、子供たちの手のひらの色はみんなちがった。熟成が長くなると黒っぽくなる。

学校へ持って行くお弁当のおかずも味噌と納豆が多かった。それに煮物か何か。冬場は冷えた弁当を温めるため、ストーブにのせておくと教室中に納豆の匂《にお》いが流れたけど、誰も気にしなかった。特別なことではなかったから……。

栗原さんの家は特に貧しかったわけでもなく、また山村でもない。大石田駅近くのわりと開けた場所なのだ。この話は昭和二十年代後半から三十年代にかけてなのだが、まるで戦前のようだ。

戦前の尾花沢といえば、「おしん」である。原案となった「実話」は静岡県の話らしいが、ドラマの設定は尾花沢市の銀山温泉だ。おしんは一九〇一年生まれということになっており、栗原さんとは五十歳近い差があるが、とてもそうは思えない。

さて、肝心の納豆作りはどうしていたか。

「竈《かまど》か囲炉裏《いろり》で大きな鍋に入れて煮るんです。六人家族だったから、一度にそんなに作らない。苞《つと》は十個くらい。一晩こたつの中で温める。でも、なかなか上手にできないこともあって……。糸を引かないんです。そういうのは納豆汁にしました」

秋田の錬太郎さんの話と全く同じだ。

さて、ここまで来ると、当然目はアジア納豆に向く。というより「戻る」。アジア納豆に納豆汁はあっただろうか？　これまでは出会っていない。シャン族はいったん干してから砕いて粉末状にした納豆を汁に入れていたが、とろみはないし、むしろ味噌汁のような薄い味わいだった。ネパールでは汁にカレー（スパイス）を入れるので、これまた別種の料理だ。

アジア納豆に納豆汁はないのか？　探索していくと意外なところから情報がもたらされた。「ナガ族の村で納豆汁みたいなものを食べたことがありますよ」と、私の友人で、以前ミャンマーで辺境専門の旅行会社を経営していた金澤聖太《しょうた》さんが教えてくれたのだ。どんな感じかと訊《き》くと、金澤さん曰《いわ》く「たしか里芋やキノコが入ってましたね」。

おお、それは尾花沢の納豆汁そっくりじゃないか！

ナガ族のエリアはインド・ミャンマー国境の山岳地帯で、つい最近まで「アジア最後の秘境」と呼ばれていた。ナガ族には三、四十年くらい前まで「首狩り」の習慣があった。いわゆる元「首狩り族」なのだ。もしかすると、すべての納豆の原点は納豆汁にあり、それがつい最近まで日本でも相当な僻地《へきち》だった東北内陸部と、アジア大陸でいちばんの僻地であるナガ山地に残されているのではないか。

おしん対首狩り族。究極の納豆汁対決（？）から納豆の秘密が解き明かされるのではないか。そんないささか混乱した野望を胸に抱き、二〇一五年一月、私はナガ山地へ飛んだ。

究極の野菜納豆汁

午前六時に目が覚め、外に出た。東の山並みはオレンジと青の曙光《しょこう》に縁取られ、庭になった青いパパイヤの実は朝日を受けて赤く染まっている。吐く息は白い。熱帯の山の冬の朝は色彩に幻惑される。

「寒いですね〜」とガイドのティンさんが声をかけてきた。日本語の流暢《りゅうちょう》なこのビルマ族の女性は身長が百四十センチにも満たず、背丈は子供のようだが、彫りの深い顔立ちで女優になってもおかしくないほどの美女だった。ナガ山地はミャンマーでも特別地区であるため観光省からの通行許可とガイド同行が義務づけられているのだが、まさかこんな親指姫みたいな人と旅することになるとは夢にも思わなかった。

ここはナガ山地南部のレーシ。標高千二百メートル。人口千数百人、小さな町とも大きな村とも言える。ミャンマー第二の都市マンダレーから飛行機でカムティというチンドウィン川沿いの町に飛び、そこから川を船で下ること六時間、さらに地元のバイクタクシーで山を四時間かけて登って着いた。これでもナガ山地では最も開けた場所なのである。

友人の金澤さんの紹介で、アロンさんというご老人の家に泊めてもらった。奥さんのトウテイさんが納豆の仕込みと納豆汁の作り方を教えてくれるという。

正確には、ここの一家はナガ族でも「タンクル」という〝部族〟に属するので、教えてくれるのは「タンクル（部族）のやり方」だ（「部族」については後述）。

母屋《おもや》の隣に台所専用の小屋がある。薄暗い広い土間の真ん中で大きな石を三つ置いただけの竈に太い薪《まき》が数本突っ込まれ、大型鍋の下から赤い火が舌先のようにちらちらと見え隠れしている。前日にある程度煮た大豆を再度煮立てているのだ。

「納豆汁、食べたことないです。楽しみだな〜」と親指姫のティンさんが朗らかに言っていると、突然どやどやと男の人たちが入ってきた。キリスト教会の牧師とスタッフだという。アロン父さんは足が悪くて教会まで行けないため、牧師に来てもらったとのこと。宣教師による熱心な布教の結果、ナガ族の人たちは今やほとんどがクリスチャンである。

そうか、今日は日曜日か……と思っていたら、家族の人たちも集まり、賛美歌を歌い出した。フォスター作曲「主人は冷たい土の中に」を賛美歌用に変えたもの。草葺《ぶ》き屋根で竹作りの小屋は昔の日本家屋をどことなく想像させるし、人々の顔も日本人によく似ている。でもそこでは朗々と賛美歌が響き、窓や扉の隙間《すきま》から差し込む朝の光が、竈の煙と交錯して幻想的な雰囲気を作り上げる。そして、信徒の輪の中心では納豆用の豆がぐつぐつと煮えている。

世界の神秘を感じさせる光景だった。

自宅ミサが終わり、牧師一行がお帰りになると、いよいよチュシュエ（タンクル語で「納豆」）の仕込み開始。バケツほどの大きさの籠《かご》に裏の畑からとってきた里芋の葉をしっかり敷き詰める。次に鍋から煮豆をすくって、二つ重ねのイチジク属の葉にのせ、四角く折って畳む。葉自体はシャン州タウンジーで納豆作りに使われているものに、包み方はカチン州のものに、それぞれよく似ている。イチジク属の葉にはところどころ自然に穴が開いているが、開いてない場合はわざわざ指で穴を開ける。「空気が少し通った方がいい」とトウテイ母さん。仕事がとても丁寧だ。

全ての豆を包み終えると、籠の上に鍋の蓋《ふた》をポンとのせて、台所の隅に置いた。今日はこれで終わり、明日から日向《ひなた》に二、三日置くそうだ。

お母さんたちによれば、納豆は一年中作るという。ただ、夏は暑くて蠅《はえ》が多い、カビが生えやすい、発酵が急速に進んで苦くなりやすいなどの理由で、一度に少しずつしか作らない。

お次は納豆汁。母さんは棚の上のザルから納豆を取り出した。葉に包まれたそれは、糸を引くかどうか程度の粘り気だが、濃厚な匂いがして、よく熟成されているのがわかった。

生の納豆で二週間なんて長期の熟成は今までどの地域でも見たことがない。だが、二週間くらいで驚くのは早かった。この家には一カ月熟成の納豆もあった。葉に包まれたまま、半分乾いている。つまんで口に入れると、これがうまい。発酵が進むと苦みが出るのが普通だが、これはむしろ風味がマイルドになっている。熟成された旨味《うまみ》がもちもちの豆質にフィットし、まさに「芳醇《ほうじゅん》」。沖縄の泡盛が長期熟成すると「古《こ》酒《しゅ》（クースー）」と呼ばれるのを思い出す。それにならって「古《こ》納豆」と呼ぶべきかもしれない。

納豆汁は家族が手分けして料理してくれた。

まずはアロン父さんの末の息子で、背が高く男前のパイン・ソウが牛肉の納豆汁を作ってくれた。ナガ山地南部は「ナナオ牛（ミトン牛）」なる半野生牛の特産地として知られている。

作り方は難しくない。肉をぶつ切りにし、スライスしたニンニク、塩、二週間熟成の納豆二包みと一緒に鍋に入れ、火にかけ、直後にお湯を入れる。五分ほどすると、汁がすごく泡立ってくる。「いい納豆だとこういうふうに泡立つ」とのこと。少しか

煮豆を葉に包むトウテイ母さん。

朝から納豆をつまみながら濁酒を飲むおばあさん。

き混ぜてから再び蓋をし、三十分ほど煮込んで出来上がり。

続いてパイン・ソウの義理のお姉さん（私の母方の叔母の若い頃に顔がよく似ていた）が赤子をおぶったまま、野菜だけの納豆汁をつくる。野球のボールより一回り大きい里芋とビルマ語で「ペーシンゴー」という莢豌豆《さやえんどう》に似た豆をしばらく湯につけて柔らかくし、あとは一カ月ものの古納豆と塩を加えるだけ。

最後は納豆の和《あ》え物をトウテイ母さんが作ってくれた。

オレンジ色のぷくっとした唐辛子を二つ、焚《た》き火で炙《あぶ》り、石臼《いしうす》でつく。タマネギを粗みじんに切る。先ほど作った野菜納豆汁のスープを少し入れる。最後に二週間ものの納豆を入れて和えて出来上がり。

親子三人があっという間に三品つくってしまった。まだ十一時だが、試食会兼昼食。

私が写真を撮っている間に先に味見を始めた親指姫のティンさんは「納豆のスープ、初めて食べました。おいしい〜!!」と無邪気な声をあげた。

私も早速、牛肉納豆汁を一口する。山形の納豆汁とは別物だった。半分に割れた納豆がレンゲにひっかかる。豆をしっかり潰していないのだ。

とろみはなく、でも二週間熟成納豆の風味は濃厚。牛肉独特の臭みを納豆がよく消している。一言でいえば「牛肉納豆スープ」。

普通に美味しいだけでなく、妙に新鮮な感じがした。どうしてだろうと少し考えてわかった。これまで納豆料理はどこも野菜中心だったのだ。肉メインの納豆料理を初めて味わった。

和え物はシャンやカチンのものに近いと言いたいが、激烈に辛い。塩気も強い。もう少し唐辛子を控えてくれたら美味しかろうが、トウテイ母さんは「寒いときは辛い方がおいしい」と言い張る。

本日最大の驚きは野菜納豆汁だった。これは納豆の味がほとんどしない。汁は澄んでいて薄味ながら物足りなさはない。まるで昆布でよくダシをとっているようだ。

親指姫も野菜納豆汁を口にしたときだけは態度がちがった。

「これがいちばん美味しい。油を使ってるのかな？」と、うっすらと黄緑色をしたスープをレンゲですくいながら首を傾《かし》げる。トウテイ母さんに確認すると「どの料理も油やアジノモトは使ってない」と、やや憤然とした面持ちで答えた。

いや、すごい。ダシも油も味噌もうま味調味料もなしで、野菜と納豆だけでこの味が出るのか！「古納豆」のおかげとしか思えない。里芋や豆のさやもヌメリがあり、それも一種の旨味になっているようだ。山形のおしん納豆汁から味噌と納豆の味を消し去ったような、なんとも不思議な味わいなのである。

長生きの秘訣《ひけつ》は濁酒《どぶろく》と納豆

翌日は男前のパイン・ソウに同行してもらい、インド国境のソムラ村へ向かった。運転手はインド人の若者だった。正確にはインド側のナガ族のタンクル部族の人である。

ミャンマー側のナガ山地にはつい最近まで車道がなく車も存在しなかった。今も車を運転したり整備したりできる人がいない。だからその手の仕事はミャンマー側より断然発展しているインド側に住むナガ族がもっぱら請け負っているのだ。

インド人だけあり、ビルマ語は一言も解さないが、英語はふつうに話した。国境から五十キロほど離れた町の出身だという。

「チュシュエ（納豆）は好き？」と訊くと、「もちろん。毎日食べてるよ」と笑った。初めて〝インド人〟の口から直接納豆を食べるという話を聞けた。

インドで納豆を食べているのは同国の北東部に住むナガ族やその周辺に住むモンゴロイド／チベット・ビルマ語族だけだとされており、彼に訊いても「そうだ」と言っていた。

途中の村で納豆を見物しながら、昼過ぎには目的地に到着した。標高千八百メートルの高地にある。予想したとおりだが、小ぎれいで広々としており拍子抜け。電気もちゃんと通っており、村と言うより町である。

ナガ山地は、前述のようにインド側の方が開けている。特に南部は山が険しくないので、インドのインフラや生活物資が入ってきている。その結果、ミャンマーの平地から行くと、山を登って奥へ行けば行くほど、どんどんインドに近づき、村が近代化していくという逆転現象を見ることになるのだ。

荷物をパイン・ソウの親戚《しんせき》宅に置くと、別の家に住む彼の母方のお祖母《ばあ》さんに会いに行く。名前はドゥルル・ラガ。パイン・ソウ曰く「タンクル部族で最も年寄りの人」とのことで、何か面白い話を聞けるかもしれないと思ったのだ。

囲炉裏端に寝ていたおばあさんは私たちを見ると起き上がった。直径五センチほどもある円盤状の琥珀《こはく》のピアスのために耳たぶが仏像の耳のように垂れ下がっている。首には二重三重にビーズか何かの首飾りを巻いていた。

顔の表情筋を動かすことすら大儀そうだったが、パイン・ソウが耳元に口を寄せて大声で話しかけると、なんとか会話ができた。

年は百歳以上と聞いていたが、辺境の「百歳」は「すごく長生きのお年寄り」くらいの意味である。実年齢は見当もつかないのが普通だが、今回にかぎってはわりと正確な年がわかってしまった。

「日本軍がこの村に来たとき、二十歳《はたち》くらいだった。結婚して間もなかったから夫と一緒に森に隠れていた」と語ったためだ。日本軍が来たのはインパール作戦のときだから、一九四四年。もし当時本当に二十歳なら七十年後の今は九十歳。もし当時もっと若くて十五歳くらいだったら、今は八十五歳。どちらにしても、この辺境の地では稀《まれ》な長寿の人である。そんな人が辛《つら》そうに語るのは「日本兵が村の男たちを殺した」という記憶だった。

ナガ山地では、日本軍と連合軍が現地のナガ族の人々を巻き込んで死闘を繰り広げていた。皮肉なことに連合軍側ではジャングル戦に長《た》けたグルカ兵が奮闘していた。三者全員が納豆民族であり、インパール作戦の悲劇は納豆民族の悲劇でもあった。ちなみに、日本兵が徴収あるいは強奪したのは「家畜と野菜だけで、納豆は持っていかなかった」という。単に「腐った豆」としか認識できなかったのかもしれない。旧日本軍に「源義家」はいなかったのだろうか。だとすれば、それもまた悲劇である。

辛い過去の記憶から逃れるように、私は今目の前にある納豆に関心を移した。

なんとも珍しい納豆があったのだ。竹納豆。といっても、以前カプラジャンにもらったやつとは見かけも中身もまるで異なる。カプラジャンのものは二晩発酵させた納豆を潰し、塩と唐辛子をたっぷり混ぜてきれいな竹の器に入れたものだったが、こちらは古びた竹に潰した納豆だけがぎっしり詰まっている。

味見させてもらった。数粒つまんで嗅《か》ぐと、ずいぶん発酵が進んだものだとすぐわかる。発酵が進んだ納豆は苦くなることが多いがこれは意外に苦くなく、味自体は普通の他のナガの納豆とさほどちがわなかったものの、飲み込んだ後でキーンという、ほとんどケミカルな刺激が胃から鼻まで突き抜けた。

「うわっ！」と顔をしかめてしまった。アンモニア臭の一種だろうか。私がこれまで食べた日本とアジアの納豆の中で最も強烈だ。

パイン・ソウに「これ、好き？」と聞いたら、苦笑いして首をふった。「これは年寄りしか食べないよ」

彼によれば、これは和え物には使わず、汁物にちょっとだけ入れるのだそうだ。

ここには大きな瓶に濁酒がたっぷり入っていた。パイン・ソウが半分に切ったひょうたんという洒落《しゃれ》た柄杓《ひしゃく》ですくって、竹の器に入れて出してくれた。濁酒はカルピスのような薄い色あいで、ところどころ米の粒がくっきりと白い花のように浮いている。飲むと、甘みを抑えたカルピスサワーのよう。アルコール度数は二、三パーセントといったところか。

つまみは先ほどの強烈納豆とは別の、普通の納豆を唐辛子やタマネギで和えたもの。車に揺られて疲れていただけに、濁酒と納豆和えは心と体を癒《い》やしてくれる。「納豆と濁酒」はこの村の定番らしい。

夕食もそうだったし、翌朝、パイン・ソウのおじさん宅で朝食をいただいたときも自称八十五歳のおばあさんがやはり納豆和えをつまみに、早朝から濁酒を竹のストローでちゅうちゅう飲んでいた。驚く間もなく、私たちの前にも竹のカップとストローが差し出された。本当に「濁酒と納豆」が長寿の秘訣らしい。そして、客が来ると、朝でも昼でも構わず、それでもてなすようだ。納豆後進国の疑いが濃い日本でもぜひ見習ってほしい習慣である。

納豆のおかげで体が温まり、酒がつい進んでしまう。家の人たちもひょうたんでどんどん濁酒を注ぎ足してくれる。

ほろ酔いで納豆の匂いに包まれ、思う。

インパール作戦の悲劇を繰り返してはならない。納豆民族同士の付き合い方はこうでなければいけない。

新年祭は納豆取材にうってつけ

式典の会場は壮観な眺めだった。猪《いのしし》の牙《きば》と熊《くま》の毛皮で作った帽子をかぶり、赤や黒の長い鳥の羽根をつけた男たちがずらりと並んで座っている。上半身裸の人もいれば、チョッキのような服を羽織っている人もいる。一九五〇年以前の写真に出てくるスタイルだ。女性はかつて上半身裸だったが、今は新しい民族調の衣装をまとっている。

私たちは南部の村をいくつか回ってインド国境まで到達したあと、空港のある町カムティに戻ってきていた。ここでナガ族の新年祭が行われていたからだ。ナガの新年祭は、二十五年前、それまでバラバラだった各部族の団結を深めるために始まったと聞く。

実はナガ族は二十以上ある「部族」の総称で、各部族によって言葉も文化も社会構造も全く異なるという。アロン父さんたちは「タンクル」という部族だが、同じ村に住む他の部族の人たちの言葉はまったくわからないので、ビルマ語で話をしている。

ナガ族とはいったい何なのだろう。なぜ同じ民族内でかくも違いがあるのか。そもそも「ナガ」という言葉の由来もはっきりしない。

山田仁史《ひとし》・東北大学准《じゅん》教授の『首狩の宗教民族学』によれば、かつて中国南部から東南アジアの広い地域で「首狩り」の習慣があったという。豊穣《ほうじょう》を願って祖先の霊に捧《ささ》げたり敵に復讐《ふくしゅう》するなどの意味があったらしい。

その先は私の推測だが、首狩りの習慣はやがて仏教、イスラム、キリスト教、儒教、あるいはヨーロッパ人や中国人による支配のため廃《すた》れていったのだろう。そして、最後まで首狩りにいそしんでいたのが、外部からアクセスが最も困難なこのナガ山地だった。つまり、最後まで首狩りを行っていた数多《あまた》ある小さな民族集団をひとまとめにしていつしか「ナガ族」と呼ぶようになったのではないかというのが私の推測であり、ナガ族を長年調べているジャーナリストの多良俊照《たらとしてる》氏もそう言っている。

だから、「ナガ族が納豆や納豆汁を食べている」などと、とても一口では言えない。部族によって食べたり食べなかったりしても全く不思議ではない。だから私はできるだけ駆け足で広い地域を回ることにした。南部ではタンクルを含め三つの部族を訪れたが、すべて納豆を作って食べていた。というより、彼らの食事は放っておくと、献立のほとんどが納豆料理になるのだ。

アボカドと納豆とタマネギの炒《いた》め物、豚肉と筍《たけのこ》の納豆煮、生納豆の生姜《しょうが》和え、干し魚と納豆の炒め物、発酵した筍の入った酸《す》っぱい納豆汁……。

今は乾季なので出会わなかったが、雨季にはキノコと山菜の納豆汁をよく作るという。そして毎回、ご飯と濁酒がつく。まるで納豆懐石だ。訪ねて、納豆を見学し「なるほど」などと感心し、納豆懐石を御馳走になって、帰る。あたかも茶会を繰り返しているようだ。

南部の納豆事情はもうわかったので、次は中部と北部。でも全部回る時間は到底ない。そこでこの祭を利用することにした。

私たちは片っ端から部族名、納豆を食べるかどうか、食べるとしたら呼び名は何か、作り方や食べ方の特徴があるのかなどを聞いていった。最後にその部族の言葉で「ありがとう」も聞いたが、これはその言葉を繰り返し、こちらの感謝の意を伝えると同時に、どれだけ部族の言葉が隔たっているのか、ごく短い時間に多少の感覚を得るのが眼目である。

最初、「どの部族ですか？」「どこの村から来ましたか？」と訊くと、みなさん、固い表情で答えるが、「じゃ、これ知ってます？」と南部の村で入手したガジュマルの葉で作った納豆を見せると、「ああ……」と一気に表情が緩む。それは日本人やシャン族やネパールのライ族などが「納豆」という言葉を聞いたり、現物を見たりしたときの緩み具合とよく似ている。そして、私が「日本でも納豆をよく食べます。私も大好きです」と言うと、彼らも笑顔になる。

朝と晩に聞いて回り、十一の部族から話が聞けた。全ての部族が納豆を一年中作り、食べていることがわかった。「納豆」を指す言葉は「ありがとう」同様、部族によってでんバラバラであった。

納豆の作り方や食べ方にはばらつきがあった。ここでの聞き取りと、南部で私がじかに見聞きしたことを総合すると、一週間以内に食べるという部族もあれば、二週間以上、あるいは一カ月以上の長期保存を行う部族もあることがわかった。長期保存の場合は、どこもみな、もう一度新しい葉に包み直す。トウテイ母さんのように粒のままというところもあったが、粒を潰してペースト状にしてから小さな葉にくるんで囲炉裏の上のほうに置くというやり方で一致していた。籠に葉を敷き詰めた中に納豆を入れて吊《つる》すところもあれば、囲炉裏の上の棚に置くところもある。

葉については、ガジュマルの葉をさして「これも使う」という部族が四つあった。バナナの葉も何度も名前が挙がったが、「それでもいい」とか「他になければ」というニュアンスだった。

食べ方は、「あらゆる料理に使うし、どんな形でも（煮ても炒めても揚げても）食べる」。

そして、ひじょうに興味深かったのは多くの人が「ナガはみんな、納豆を食べる」「ナガの食べ方はみんな同じ」「ナガの納豆は他の民族の納豆とはちがう」と主張していること。部族や地域によってだいぶ作り方がちがうようにも思えるが、彼らの認識では「同じ」なのである。商売でもないのに通年で納豆を作り続けるというのはたしかにシャン族やカチン族、ネパールの納豆民にもない習慣だし、やはりナガ独特なのかもしれないが。

この祭の場で、ナガ全体の伝統や習慣に詳しい人はいないかと探した。すると、親指姫のティンさんに気があるとおぼしき若い地元警察官が奔走してくれ、キリスト教会団体で働いている中年男性を連れてきてくれた。イヌという、日本人には印象的な名前のその人は教会の仕事でミャンマー側・インド側を問わず、あちこちの部族を回って歩いた経験があるという。

「ミャンマーとインドの両方を合わせて、ナガの部族はいくつあるんですか」「人口はどのくらいですか」と訊《たず》ねたら、「誰も知らない。言葉がちがうから調査もできないんです」とあっさり言われた。

そもそもナガの共通点は何なのかという直球の質問を投げかけると、彼はこれまたあっさりと「ないです」。槍《やり》や刀、畑への入り方（そういう作法があるらしい）なども部族によって全て異なるそうだ。

インド側の部族の納豆はどうなのだろうか。イヌさんによれば、「スパイス（カレー）を使った料理があるけど、納豆の作り方も食べ方も基本的には同じです」と強調した。

　ということは、ナガの共通点とは強いてあげれば、「昔首狩りをしていた」のと「同じ納豆を食べている（という認識）」だけなのか。そのように話を整理して訊ねたら、イヌさんは「そうです」とはっきり答えた。

　うーん、ナガ族おそるべし。元首狩りと納豆が民族の定義とは……。

　ある意味ではシャン族を超える納豆民族がここにいる。「世界一の納豆の本場は？」と訊かれたら、今後はナガと答えなければいけないのかもしれない。

〝秘境〟での納豆茶会マラソン

　今回のナガ取材は二週間と限定されていた。ガイド代と交通費が高額なので、それが限度なのだ。瞬《また》く間に時間が過ぎて取材日は残り三日になっていたが、執念深い私は無理して今度は中部の山に入った。もはや納豆茶会マラソンである。

　カムティから船で三十分かけて川を遡《さかのぼ》り、シンティという町に着くと、そこからはトラックの荷台。

　南部とは比較にならないほど森も谷も深い。南部の道は日があたって暑かったが、こちらは鬱蒼《うっそう》とした巨木の陰で涼しい。道沿いには村がほとんどなく、交通量も南部の十分の一くらい。聞けば、長年の軍事政権の苛政《かせい》により、住民が逃げてしまったのだという。反政府ゲリラが活発なのも中部と北部である。

アップダウンも激しい。なのに標高はいっこうに上がらない。五百メートルくらい一気に上がったかと思うと、今度は同じくらいきつい傾斜で谷底に降りていく。

「ああ、これだ……」と思いだした。

実は、ナガ山地を旅するのはこれが三回目だった。最初は二〇〇二年、謎《なぞ》の「西南シルクロード」をたどる旅において、ナガ山地北部のジャングルをナガとカチンのゲリラとともに歩いて横断した。そのとき無限に続くように思えた山また山、谷また谷。気づくと、四方を巨大な山並みに取り囲まれていた。その中にもっと小さい無数の山と谷が迷路のように複雑に入り組んでいる。歩いても歩いても尾根に出られず、見通しはきかない。目的地どころか、自分がどこにいるのかもさっぱりわからない。あの絶望感といったらなかった。

これこそがかつてナガ山地をアジア全体でも最強の秘境となし、首狩り族ナガを最後まで守った地形なのだ。

長らくナガ山地を通る車道はただ一つだけだった。「レド公路」もしくは通称「ビルマロード」と呼ばれる道がそれだ。第二次大戦のとき、蔣介石《しょうかいせき》の中国を助けるために連合軍が多大な犠牲を払ってジャングルを切り開いてつくった道だ。ゆえに「援蔣ルート」とも呼ばれる。

世界で初めてその全行程（インド国境から中国国境まで）をテレビカメラに納めたのがNHKハイビジョンスペシャル「宝石街道800キロを行く」である（この辺りはヒスイや金などの産地が多いので、このような番組名となった）。

同地を徒歩で横断した経験を買われ、私は「現地ガイド」として参加した。驚くなかれ、ディレクターはわれらが竹村先輩。色黒の裸の大将にしか見えないが、実は優秀な映像作家なのだ。そして先輩に頼まれて私が同行したというわけだ。

ビルマロードが横断しているのもナガ山地の北部である。インドとの国境の村で撮影を行っているとき、連合軍に徴用されて道路作りにたずさわったという年配の人に話を聞いた。年は七十歳、ジャンパーにズボン、サンダル、半分白くなった髪は角刈りにしていて、日本でもちょっと前までよく見かけるタイプだった。年金生活で、横丁のパチンコ屋にタバコを吸いながらちょっと出かけるというような。

インタビューが終わったあと、先輩たちはおじさんの家の中を撮影していた。手持ちぶさたな私は、何となくこのおじさんに「この辺で昔、首狩りをしていたそうですけど、知ってます？」とビルマ語で聞いてみた。すると、おじさんは「あー、俺も狩ったことあるよ。二人殺した」と答えるじゃないか。しかも得意げに「俺の親父《おやじ》なんか五人も殺したよ」。

びっくりした私は急いで先輩と通訳の人を呼び、おじさんに詳しい話を訊ねた。改めて質問すると、おじさんは先ほどとは打って変わって口が重くなった。だが、しつこくお願いすると、テレビカメラの前で説明してくれた。

それによれば、最初は水牛を売った相手が代金をいつまでも支払わないので殺して首をとったという。どうしてそんなことをしたのかと訊くと「だって、放っておけばなめられるだろう」とのこと。二回目はイトコが首を狩られたので復讐した。ともにおじさんが二十代のころで、一九五〇年代らしい。

この辺りでは首狩りは一九六八年頃まで行われていたようだ。

狩った首は肉を落として家の中の柱にこしらえた籠の中に飾っておいた。おじさんの家に入ると、狩猟で捕らえた動物の骨が洗濯物のようにじゃらじゃらとつり下げられていた。当時はわからなかったが、『首狩の宗教民族学』によると、それは首狩りをやめた民族が代償行為として行うものだという。

ビルマロード取材から早十年。首狩りおじさんの体験は六十年前となる。おじさんの世代はほとんど世を去っているだろう。あれは貴重な経験だった……。

そんなことをぼんやりと思い出しながら、車に揺られていた。だんだん標高があがり、三時過ぎに北部の中心地の町ラヘーに着いた。標高は千五百メートルくらい。まったくよくこんなすごい山の中に町があったものだ。もっとも、「町」とは名ばかりで、大部分が草葺き屋根の家で、人々は薪を竹籠に入れてしょって運んでいる。市場もない。村以外の何物でもない。ただ、不思議と雑貨屋や食堂、茶屋などは充実しており、とても便利。イミグレーションの小ぎれいなゲストハウスに宿泊できたのも幸運だった。

首狩りか納豆か、それが問題だ

ラヘーで世話になったのは、「ニャン先生」と呼ばれる当地の顔役だった。イヌさんの次はネコさんなのである。彼はライノンという部族だとのことで、「うちの部族にはこういう言い回しがある」と教えてくれた。

「一日二回水を汲《く》み、一日一回、薪をとりに行き、そして一日一回ガシシュイ（納豆）の手入れをする」

「人間の正しい生活はこうです」という標語みたいなもので、母親が娘に言ってきかせるらしい。ちなみに納豆の手入れとは、納豆に蠅がたかってないか、ネズミの糞《ふん》や埃《ほこり》が入ってないか、カビが生えてないかなどを確かめ、もしあれば取り除くことだという。

納豆茶会マラソンの場所も探す。この辺は昔ながらの村がいくつもあり、六つの部族が住んでいるという。当然、全員が納豆を食べている。いちばん外国人が訪れていないらしい、マッチャン部族のカーレイ村に行くことにした。歩いて二時間と聞いていたが、都会っ子である親指姫が全然歩けない。本当に親指サイズなら手のひらにのせられるが、実際はそこまで小さくはなく、かといってこの美女ガイドを負ぶうわけにもいかない。しばらく歩いては立ち止まり、彼女がよろよろと遠くから歩いてくるのをひたすら待つ。

四時間後、疲労困憊《こんぱい》した親指姫と気疲れでぐったりした私の目の前に、カーレイ村がようやく姿を現した。

小高い山の縁に長い草葺きの家がいくつも列をなしていた。まるで胴体の長い巨大な動物が何頭もうずくまっているようだった。「来てはいけない村」という気配がする。

――これこそナガの村だ……。

記憶が鮮烈に蘇《よみがえ》った。北部のナガ山地を歩いて旅をしたときに泊めてもらった村とそっくりなのだ。そして、首狩りが盛んに行われていた二十世紀初頭の写真に登場する村ともまるっきり同じである。

村に足を踏み入れる。男の人はごく普通のミャンマー人と同じ格好をしているが、じーっと無言でこちらを見つめるのみで、挨拶《あいさつ》しても表情を変えない。女性と子供は私がカメラを向けると「きゃー！」と叫んで逃げてしまう。年配の女性は唇と顎《あご》の間に何本か線状の入れ墨を施していた。

開けた南部ナガの村とは全然ちがう。こちらの方が十年から二十年以上、開発が遅れている。ここなら首狩りが一九八〇年代くらいまで行われていたかもしれない。少なくとも首狩り経験者は絶対にいると確信した。

後悔が私を包み込んだ。もし二晩か三晩泊まり、私が豚を買って潰して宴会でもすれば、きっと首狩りの面白い逸話が聞けたことだろう。

しかし、私は納豆茶会マラソンの最中なので、夕方までにラヘーに戻らねばならない。

首狩りの方は諦《あきら》め、納豆に専念するしかない。一期《いちご》一会《いちえ》なのだ。

この村は電気も携帯の電波も届いてないが、無線機が一つあり、ラヘーの顔役ニャン先生からちゃんと連絡が来ていた。

イェー・チュエさんという人の家に招かれた。ポロシャツにロンジー（腰巻き）という きちんとした格好をした、人の好《よ》さそうな三十前後の男性だ。南部のタンクル部族の家はすべて土間だったが、このマッチャン部族の家は高床式で、壁だけでなく床も竹を敷き詰めたもの。靴を脱いであがる。

まず広い部屋で納豆を見せてもらった。囲炉裏の上に天井から吊った板（日本では「火棚《ひだな》」と呼ばれるらしい）に納豆の籠がぶらさがっていた。ナガの村では部族を問わず、このようにして納豆を保存している（熟成させている）家が多い。

これまでの取材からようやく、ナガの納豆の全貌《ぜんぼう》がわかってきた。

ナガの納豆には大きく二種類ある。一つは数日発酵させた「浅漬け納豆」、もう一つはそれをさらに発酵させた「古納豆」だ。浅漬け納豆は籠に入れて日向に置いたり、火棚にぶら下げたりする。

ある程度（一週間くらい）時間が経《た》つと、包んでいる葉が傷《いた》んだり、カビが生えたり、納豆の発酵が進みすぎたりするため、一度取り出して別の新しい葉に包み直す。そのとき、南部のトウテイ母さん宅のように納豆をそのまま包み直す家もあるが、多くは杵《きね》で潰してから包み直す。そして囲炉裏の上に吊す。すると、包みが煙でいぶされ、虫やカビがつかず、半分乾燥したままゆっくり熟成し、古納豆となるのだ。南部では主に浅漬け納豆を食べ、残りを熟成納豆にしていたが、中部ではどうやら熟成納豆の方をメインに食べるようだ。

アジアの他の地域では（商売は別として）一年に一度だけ作り、乾燥させたり塩や唐辛子に漬け込むことで保存しているが、ここでは一年中作り、保存も生納豆のままである。しかも囲炉裏の上に吊すという方法がなんとも「初期的」である。なぜなら、煮豆が余ったらとりあえず葉っぱに包んで囲炉裏の上に置くにちがいないからだ。ネズミや蠅を防ぎ、煙のおかげで雑菌もつきにくい場所なのだ。そしてそこは暖かいゆえに納豆菌が活性化し、自然と発酵が進んで納豆になってしまうだろう。そのようにして納豆は誕生したのではなかろうか。

どうしてもそんなふうに考えたくなる。

さて、イェーさんに納豆料理を作ってもらう。当たり前のように、奥さんではなく、主人が担当する。ナガ族は私が行った場所ではどこも男性が普通に料理をしていた。ちなみにこの家ではかなり高齢のおばあちゃんがいたが、私を怖がってどこかに逃げてしまった。

私たちは客間らしき隣の小部屋に案内された。ここも壁と床は全て竹を割ったり編んだりしたものだ。入口が狭く、真ん中に囲炉裏が切ってあり、明かり取りの小さな窓があるだけ。主人の向かいに腰を下ろした。小部屋は茶室みたいだし、主人は目の前でまるで本当に茶会に来たようだった。なにより私たちがこの一食のためだけにはるばる村に淡々と懐石の準備をしている。来たという酔狂さ。

料理は二種類だった。まずは汁物。今ここでいちばん旬《しゅん》と思われ、至る所で見かける菜の花。下拵《したごしら》えは意外にも、長い茎を折り曲げてしごくだけ。竹製の柄杓で同じく竹の筒から納豆をすくい、鍋に入れる。

その瞬間、脳裏に稲妻が走った。「味噌だ！」と思ったのだ。あまりに味噌を入れる動作に似ている。そして気づいた。アジア大陸の納豆民族は誰も味噌を食べない。納豆は常に味噌とダシの代わりに使われている。手間と技術が必要な味噌や入手しにくい魚ダシよりも先に、旨味が豊富で手軽に作れる納豆があったのではないか。

日本もそうだったのではないか。尾花沢では四十年くらい前までダシを使わなかったという。今でこそ味噌があるが、もっと昔、数百年かそこら遡れば味噌もなく、納豆だけで汁を作っていたのではなかろうか。日本には納豆（汁）が先にあった。あとから味噌とダシにとって替わられた。日本の場合、どういうわけか、味噌に完全に征服されず、納豆も脇役《わきやく》として残った。いったんは関西を中心とした西日本で衰退したものの、戦後、納豆が逆に勢いを盛り返し、全国区となったのはダシのたれがつけられるようになったからではないか。

どうしてもそう考えたくなる。

ご飯が炊《た》けるのを待って、懐石をいただいた。納豆揚げ。ニンニク、唐辛子、塩は定番だが、「おおっ！」と思ったのは山椒《さんしょう》が入っていること。正確には日本の山椒とは若干種類が異なり、中国四川省で麻婆《マーボー》豆腐に入れるのと同じ「花椒」だ。さらにターメリックとパクチーも投入し、凝っている。

だが最高に驚いたのは、菜の花納豆汁だった。菜の花は今が旬である。ラへー周辺には鮮やかな緑と黄に彩《いろど》られた菜の花畑がそこかしこに広がり、私とティンさんは「菜の花おいしそうだね」「食べたいですね」などと話していた。だから喜んだのだが、口に入れて「は？」と思った。菜の花の茎が固くて嚙《か》みきれないのだ。結局、「嚙みきれないよ、これ」と苛《いら》ついて外にペッと吐きだした。しかし料理人の狙《ねら》いはそうではなかった。汁を飲んで驚いた。味わったことのない上品な甘さと香りである。実はこれ、菜の花自体を食べるのではなく汁を楽しむものなのだ。菜の花を「ダシ」に使うとは、まさに侘《わ》びの世界だ。

——利休が秀吉に出した納豆汁はこういうものだったんじゃないか……？

ある晩の納豆茶会。一本の木で作られた脚付きの器が美しい。

ナガ山地の奥にひっそりとうずくまるカーレイ村。

ナガの納豆汁は入れる具材こそ山形のおしん納豆汁に似ているところもあるが、その発想の自由闊達《かったつ》さ、洗練度具合はむしろ利休だ。

利休の納豆汁がどのようなものだったか、今となっては知る由《よし》もない。だが、もしかしたらこんなものだったかもしれないと想像力が勝手に羽ばたいてしまう。元首狩り族の納豆汁を食べることによって。

外界との接触が少ない分、ナガ族の居住域には外来の食材や料理法がいくらもない。麺《めん》、豆腐、鮮魚、肉詰めの類《たぐ》いはほぼ皆無で、塩魚もあまり入ってきていない。その分、他の誰よりも納豆を食べている。作り方を見ても、いちばん古い形をとどめているようにも見える。でもそれは決して「原始的」ではない。納豆を作り、食べ続けた民族だけがもつ「洗練」がしっかりと見える。

かつての日本の納豆もこのようなものだったのではないか。

日本納豆の原点は、アジア最後の秘境に息づいていたのである。

第十一章　味噌《みそ》民族VS.納豆民族

中国湖南省

中国に納豆は存在しないのか？

朝から私は中国の田舎町で深く苦悩していた。

脳裏に浮かぶのは友人や妻がメールで送ってくれた「納豆人気　中国上陸」という朝日新聞の記事。

なんでも、今、中国の都市部では健康にいいということで日本の納豆がブームなのだという。スーパーで日本からの輸入納豆を売っているばかりか、家庭用の納豆製造器を使って自作する人さえいるとのこと。

たしかにそれだけでも驚きだが、困惑させるのは次の一文だ。

「中国では『豆豉《トウチー》』と呼ばれる豆の発酵食品はあるが、粘って糸を引く納豆を食べる習慣はなかった」

日本の納豆に出会うまで納豆を食べる習慣がなかった？　では、私の目の前にあるこの粘って糸を引いている物体は何だろう？

このとき私は毛沢東の出身地として知られる中国湖南省にいた。そして、市場でどう見ても「糸を引く納豆」に出会っていた。問題なのは、それが本当に納豆なのか、私は判断する自信を失っていたことだ。なぜなら、大豆を発酵させる前に「塩を入れる」とか「小麦粉を入れる」などと地元の人が言うからだ。

塩や小麦粉が入ったら、それは納豆じゃない。糸を引くというなら納豆菌も入っているかもしれないが、カビによる発酵もしている可能性が高く、微生物学的には味噌《みそ》に近い。

納豆なのか味噌なのか、それが問題だ！――。納豆王子ハムレットの苦悩は深まるばかりだった……。

中国はアジア納豆の鍵《かぎ》を握る地域だ。

東南アジアからヒマラヤにかけての地域で納豆を食べている民族は、その多くが現在の中国南部（長江以南、チベット東部を含む）から来たと言われている。中国の史書や民族の伝説・神話などから推測するに、漢民族の膨張、圧迫に伴い、南下西進してきたようなのだ。とすれば、彼らは中国南部で納豆を食べ始めた可能性が高い。

私はこれまでの体験、特にナガ山地での取材から、大豆を煮ると簡単に納豆ができる、つまり納豆は大豆の発酵食品の中で最も古い部類に属するのではないかと思うようになっていた。中国では漢族も他の民族もまず納豆を見出《みいだ》したのではないだろうか。だが、その後、「醤《ジャン》」（味噌の類《たぐ》い）や塩辛納豆や他の大豆発酵食品が開発され、漢族の間に広まると、納豆は地位を著しく落とした。漢族の支配や同化を拒んで山岳部に住み続ける、あるいは山岳部に移動した少数民族だけが納豆を食べ続けているのではないかというのが私の想像だ。大げさに言えば、中国から東南アジア、ヒマラヤにかけては、味噌系民族と納豆系民族との対立が起きているということになる。

だが、困ったことに、中国の納豆事情は霧の中にある。

本やネットの情報では、「中国でも昔、納豆があった」と記すものがある。でも、よく調べると、それは「豆豉」「淡豆豉《たんとうし》」「淡豉」といったものを「＝納豆」と解釈した結果だった。実際にはそれらは必ずしも「＝納豆」とは言いがたいのだ。

中国では二千年以上前から大豆の発酵食品が食べられていたらしい。中国における大豆の発酵食品は大きく「醤《ジャン》」と「豉《チ》」に分けられる。前者は豆の粒が崩れてどろどろになっているもので、豆板醤や日本の味噌がそれに当たる。後者はまだ豆の形状が残っているものを指す。豉は後に「豆豉」と呼ばれるようになる。ちなみに、現在の中国では北部では醤が、南部では豉がそれぞれ主流だという。

紀元六世紀に書かれた世界最古の農業専門書である『斉民要術』では、豉を二つに区別している。

淡豉（淡豆豉）…発酵の前も後も塩を加えないもの
鹹豉《かんし》（鹹豆豉）…発酵の前もしくは後に塩を加えるもの

一見すると、「淡豉＝納豆」に思えるが、そうではない。実は中国には塩を加えず、でも納豆菌でなく麴菌《こうじきん》による発酵で作った「豆豉」が昔から存在する。大豆を煮たあと、すぐに容器に入れるなら高温のため納豆菌が活性化するが、しばらく熱を冷ましてから仕込むと麴菌が働きやすいという。

だが、淡豉が納豆を含んでいたのかそうでないのかは、この区別からは判断できない。

また、「発酵の後で塩を加えたら鹹豉」という定義なら、納豆を発酵させたあと塩を加えて作るシャンの味つけせんべい納豆やカチンの竹納豆も「鹹豉」に分類されてしまう。

中国の食文化に詳しい張競・明治大学教授に訊《き》いてみたが、「中国の歴史上、日本の納豆にあたるものは確認していません」という答えだった。

日本では食べ物に関する記録は少ないと国文学や歴史学では言われるが、張先生によれば「中国も同じ」とのこと。残っているのは圧倒的に公式文書であり、料理の内容について書き記したものが少ないのは当然だろう。今の日本でも、首相や天皇が「どこで（どんな料理店・迎賓館で）」「誰と」食べたかは報道されるが、「何を」食べたのかはめったに伝えられない。それと同じだ。ましてや、日常の調味料にして庶民のタンパク源である納豆について書く人は極めて稀《まれ》なのである。

少なくとも史料上では納豆が確認できない。では現在はどうか。

「見たことも聞いたこともありません」と張先生は言う。

やはり、ないのか……。先生は、「唯一《ゆいいつ》、上海の大学時代に同級生が納豆そっくりのすごく臭い豆の発酵した食べ物を弁当に持ってきたことがあります」と教えてくれたが、その同級生の方にその発酵食品の作り方を訊くと、「大豆を煮た後、いったん冷やす」というので、カビ発酵の可能性が高そうだった。

食品科学や微生物学の資料を読んでいてもう一つ気になるのは、「中国の豆豉から抽出した納豆菌（枯草菌）」という表現が出てくることだ。それを見る限り、現代中国にも納豆がありそうに思うが、それがどこに住むどの民族の食べている食品なのか明記されていない。

もし雲南省の傣《タイ》族か景頗《ジンポー》族なら、今さら驚くことはない。というのは、傣族とはミャンマーのシャン族、景頗族とはカチン族のことだからだ。彼らが暮らしている場所に国境線が引かれ、国籍が分かれてしまっただけの話である。

もし、雲南省ではなく、全然別の場所で、傣族でも景頗族でもない民族が納豆を食べているというなら、ぜひ見てみたい。味噌と納豆がせめぎ合っている境目がどうなっているかわかれば、アジア納豆の起源を探る上で何か参考になるかもしれない。

唯一の、そしてこの上なく貴重な情報は、知り合いの編集者を通してもたらされた。麻布十番の中華料理店で中国の納豆を調味料として使う料理を出しているというのだ。

その店のシェフ、小山内耕也《おさないこうや》さんに話を聞くと、「中国の少数民族の料理法や食材を探して旅をしていたとき、貴州省の苗族《ミャオ》が作って食べているのを知ったんです」とのことだ。

小山内さんは貴州省から納豆を仕入れていた。見せてもらうと、糸はほとんど引いてないが、たしかに納豆の匂《にお》いと味がする。というより、典型的なアジア納豆であった。

苗族か！

嘆息せざるをえない。なぜなら、苗族は中国で最も激しく漢族の支配や同化を拒み、叛乱《はんらん》を続けた民族だからだ。

苗族は大昔から漢族の「南」に住んでいた。著名な古代漢字学者の白川静《しらかわしずか》氏によれば、「南」という漢字は「南人とよばれた苗族の聖器とする楽器」を象《かたど》ったものだという。銅鼓は苗族の伝統楽器であり、古代、漢族にとって「南＝苗族の居住域」だったことになる。

彼らの言い伝えによれば、もともと苗族は長江の中・下流域に暮らしていたらしい。現在の上海周辺である。だが、漢族の圧迫を受けて、南下・西進を続け、中国西南部から東南アジアに続く山岳地帯に入っていった。

中国の史書にも随所に「苗」は登場する。ただし、かつての「苗」が全《すべ》て今の苗族ではないようだ。日本の「蝦夷《えみし》」同様、「苗」は「漢化を拒む南方の蛮族」を一括《ひとくく》りにした呼び名だったらしい。しかしその中核には、現在の苗族がいた。

ベトナム、タイ、ラオスまで到達した仲間もいる。彼らはモン族を自称する。私がタイのチェンマイに住んでいたときにもよく市場で見かけた。ラオスでは人口の一〇パーセントを占める。ベトナム戦争時にはアメリカ軍に利用されて反政府ゲリラを組織し、共産軍と戦わされた。その結果、革命後は激しい弾圧を受け、難民となり大挙してアメリカやフランスへわたった。いわゆるインドシナ難民の代表格だ。もちろん、外国に渡ったからといってハッピーエンドが訪れたわけではない。

アメリカで偏見にさらされるモン難民二世の若者と超保守的アメリカ白人の葛藤《かっとう》を

描いたのがクリント・イーストウッド監督の映画「グラン・トリノ」である。さまよえる辺境納豆民族を誰よりも強く体現しているのが苗族なのだ。

それが本当に納豆だとしたら。

私は納豆取材を進めるうちにどんどん疑り深くなってきた。納豆だと聞いても実はちがうというものにも幾度となく出くわしてきたからだ。苗族の納豆にも疑問がある。小山内さんに見せてもらった納豆は塩が含まれていたのだ。小山内さんは「塩を入れずに発酵させるって聞きました」というが、「米のとぎ汁や青菜の汁を使って発酵させると言っていた気がします」ともいう。自分で見たわけではないのではっきりしないらしい。

もし塩を使っていたとすれば、納豆ではない。米のとぎ汁や青菜の汁を使っていても納豆じゃない。それは味噌に近いものだろう。

結局は自分で行ってみないとわからない。

二〇一五年十月半ば、私と竹村先輩は重慶市を出て、湖南省の苗族自治州、鳳凰古城《ほうおうこじょう》に向かった。

苗族の居住地域を調べると、最も「北」で「東」にあるのがその地域だった。もしここに納豆があれば、中国西南部からヒマラヤにかけての納豆地帯における「最東端」「最北端」である可能性が高い。それが一つの理由だ。

　鳳凰古城はよく「絶景都市」とか「世界で最も美しい町」として写真集やガイド本で紹介される。あまりに僻地《へきち》であるため開発が全く行われないまま、観光地化されてしまったのだ。

　自分の目でみれば、たしかに美しい。潤《うるお》いも何もない摩天楼だらけの中国の大都会から来ればなおさらである。

　ゆったりと流れる河の両脇《わき》には石造りに瓦《かわら》屋根という明代の町並みがそのまま残されている。夜にもなれば赤い提灯《ちょうちん》がともり、宮崎駿《はやお》監督「千と千尋《ちひろ》の神隠し」の湯屋街を彷彿《ほうふつ》させる。

　古城（旧市内）に住むのは主に苗族と土家《トゥージャー》族。私たちが泊まったのは後者の宿だった。彭莉《ポンリー》という名の、親切で朗らかな小姐《シャオジエ》（若い娘さん）がフロントを仕切っている。彼女によれば、土家族はすでに自分たちの言語を失っており、ほとんどが中国語を話すという。彼女の中国語（普通話）は癖がなく聞き取りやすかった。

「苗族の豆豉の料理が食べたいんだけど」と私が言うと、一軒の店を教えてくれた。

疲れ果て、飯屋に着き、豆豉入りだという回鍋肉《ホイコーロー》と青椒肉絲《チンジャオロースー》を頼む。と、そこに入っている黒い豆の粒は、よく炒《いた》められ、カリカリになっていたが、味も匂いも納豆。

「おおっ！」とお約束のように感動。

納豆は他のものとはちがう。漢族の豆豉もうまいけど、やはり何かがちがう。たとえ味が薄くても、どこかトボけている。味噌の一心不乱さがない。中華の王道である回鍋肉の中でもその粒々は、よそ者のくせに、平気な顔で紛れ込んでいて、しかも存在感を示していた。

これはしかし、本当に納豆なのだろうか？

彭小姐に豆豉について聞く。これが実に不思議。

まず炒め物の豆豉の写真を見せて、「これが見たい」というと、「あー、これね」と笑う。ネパールのキネマ、そして日本の納豆のサンプルを見せたら、平然として「私たち、こういうのを毎日、食べてる」。

「こういうふうに粘る？」

「対《ドゥイ》、対、対（そう、そう、そう）！」

「おお！」と思わずガッツポーズをとるが、「同じ？」と重ねて訊けば「同じじゃない」

何なんだ⁉

彼女は匂いを嗅《か》いで言うに、「これは酒みたいに発酵してるけど、うちのはちがう。とにかく臭いの」。そして「チョウジャオ」と笑った。

「チョウジャオ？」意味がわからず聞き返すと、彼女は笑いながら片足をひょいと持ち上げた。

「臭脚《チョウジャオ》！」

臭い足の匂いといったところか。そりゃ、くさそうだ。

シャンのトナオ映像を見せたうえで、土家族の納豆の作り方を訊いてみた。彼女は自分で作ったことがないのでどうもはっきりしないようだが、「塩を入れることは間違いない」という。

塩？　どうして？　塩を入れたら、たぶん納豆じゃない。でも「粘り気はある」という。臭くて一年も保存できるとすれば、味噌状なのだろうか。でもさっき私たちが食べたのは粒だった。だいたい、カビ発酵なら糸も引かないはず……。でも、もしかしたら、そんなものもあるのか？

結局実際に見なけりゃわからない。聞けばこの町の八八パーセントはもともと住んでいた人たちで、つい最近まで村同然の生活をしており、たいていの人が自分で作れるという。彼女のお母さんも作るから紹介すると言ってくれるが、村ではなく、吉首という町。鳳凰古城から五十キロくらいも離れている。

うーん。やっぱり町ではなく村に行きたい。でも今までアジア納豆の取材でまわってきた地域とちがって、この辺りは日本人が単独でうろうろしていてもいいことはなさそうである。たいていの人は日本人に特別な感情を持っていないようだが、中には「日本人お断り」と入口に書かれた中国版〝極右〟の店もある。彭小姐と相談すると、王さんという苗族の師溥《シーフー》（タクシーなどのドライバー）を紹介してくれた。その人も自分で作るし、彼の村にも連れて行ってくれるという。

まさかの葉っぱが登場

翌朝、朝日新聞の例の記事を読み、首を傾《かし》げたまま取材に出発した。

案内役の王師溥は意外にもジーンズをはいた三十歳そこそこの「若者」だった。人なつっこい笑顔と、何よりボサボサの髪や日に焼けた黒い肌が〝アジア辺境の村人〟であり、一目で「これは本物の納豆に出会える！」と直感した。

十とも二十ともつかない小舟が川にたゆたう、朝のすがすがしい古城を対岸から眺め、中国銀行のＡＴＭで三千元下ろす。風光明媚《めいび》で便利な現代の観光名所である。だが、その直後に入った市場はタイムマシンで昔の中国に戻ったかのようだった。人民解放軍のズックを履いて生きたアヒルを手にぶら下げた初老の男性、頭に巨大な帽子とも頭巾《ずきん》ともつかない布をかぶったおばあさん、天秤棒《てんびんぼう》の籠《かご》からはみ出して揺れる野菜、豚の頭、垂れ下がった昆布かワカメ、赤や黄に染められた鶏の脚……。

王君が「豆豉作りにこれを使う」と指さして買ったのはなんと小麦粉。昨日、彭小姐は「塩を入れる」と断言したし、さらに小麦粉を入れるとなればとても納豆とは思えない。味噌疑惑が膨張する。頭の中は疑問符だらけだ。

むせかえるような青物や肉の匂いをかき分けていくと、いきなり「うわっ！」と声が出た。納豆が箕《み》に入って売られていたのだ。色は茶、豆の形はちゃんと残っていて、白い布が半分かけられている。味わってみても「紛れもなく納豆」。しかも大さじでかき回すと、まるで生き物のように糸を引く。

どうしよう。もしこれが納豆でないなら、私の納豆観は崩壊してしまう。

豆豉（と呼んでおく）には二種類あり、一つがふつうの大豆（小粒）、もう一つは黒い豆。小さいのでスイカの種のようにも見える。昨日の回鍋肉に入っていたのがこれだ。塩と油に漬けているようだ。粘り気が少なく、しょっぱい。生の豆豉ほど甘みがないが、しっかりしたかみ応《ごた》えがあり、質実剛健な存在感。サラダに混ぜると美味そうだ。

他に干豆豉《ガントウチ》。「（糸を引く）豆豉を干したものだ」と王君。見た目は黄色い粉に覆《おお》われて、干した山椒《さんしょう》の粒かと思った。苗語では豆豉は生でも干したのでも「ガオヨウ」というとのこと。こちらはカチン州の納豆名人カプラジャンにもらったものよりやや小粒だが、塩気が強く、かみごたえがあり、でもやっぱり干し納豆。

豆豉はなるほど、日本の納豆に似ているけどちがうという彭小姐の言うことがよくわかる。ただ匂いは全然きつくない。アジア納豆の標準だろう。

もう一つ、緑と赤のトウガラシを細かく切ったものと豆の混ざった、一見サラダか辛い酢の物かという総菜に出くわした。「水豆豉《シュイトウチ》」と王君。

これも豆豉？　豆はつまむと、パクッと二つに割れる。かためだ。口に含むと、納豆の味がしない。ただの煮豆のようだが、ちょっとちがう。野球でいえばストレートでなく、微妙に変化する球。少し発酵しているのだろうか。

全体の味つけは辛いけど塩気は薄く、サラダかキムチ的。これも豆豉なのか。謎《なぞ》が深まる。苗語で「ガオヨウ・アオ」。

狐《きつね》に化かされたような思いだが、ともかく自分で製造現場を見るしかない。

王君の友だちが運転する車で、彼の村へ向かう。大観光地の鳳凰古城すら二十年前には外から来る人は皆無だったというから、山をうねうね登っていく彼の故郷はさぞかし僻地だったろう。もちろん、今は舗装路があり、車はひっきりなしに走ってくる。

四十分ほど走り、十時半頃、村に到着。正式名称はめったやたらに長く、湖南省湘西《シャンシー》土家族苗族自治州鳳凰県山江《サンジャン》鎮大馬《ダーマー》村。中国の行政区分はやや複雑だが、大まかにいえば、自治体は大きい順に「省」「自治区」→「自治州」→「県」→「鎮」「郷」→「村」となる（「市」は規模や重要性によって位置づけが変わる）。「鎮（中国語でヂェン）」は日本では「郡」あたりだろうか。

要するに日本語で言えば「山川郡大馬村」であり、これ以上ないほど田舎っぽい名前だ。標高六百八十メートル、人口は千人ちょっと。作ったばかりとおぼしき真っ白なコンクリート道をくねくねと下っていく。稲を刈り取ったばかりで、稲藁《いなわら》を円錐《えんすい》状に積んだ田んぼ、そこをペタペタ歩くアヒル、水辺で何か洗っているおばあさん。

村らしい村だ。

苗族にはいろいろな人々がおり、言語も異なる。この辺り、具体的には湖南省とその西隣である貴州省にかけて居住している苗族は「コー・ション」を自称する。だから正確にはこの村はコー・ション族の村であり、納豆らしき「豆豉」を「ガオヨウ」と呼ぶのもコー・ション語である。

王君自身は現在、鳳凰の町に住んでいる。村には彼の生家とお兄さんの家の二軒がある。私たちはお兄さん宅に着いた。ガランとしたコンクリート二階建ての家。兄嫁、ポニーテイルの妹、それから目が透き通って端整な顔立ちをした七十代のお母さんが現れた。こんな鄙《ひな》びた村でずいぶん上品なおばあさんだなと思ったら、若い頃、苗族の舞踏団の代表として北京に行き、毛沢東の前で踊ったことがあるという。よほど美人だったにちがいない。お母さんは王君の息子、つまり孫の手を引いていた。孫は幸い、隔世遺伝が発現したようで、やんちゃ坊主《ぼうず》のような王君とはちがい、四、五歳ながら美少年の佇《たたず》まいであった。

「豆豉の作り方が知りたい」というと、みんな苗語で何か言いながらクスクス笑っている。

たぶん、「どうして豆豉なんかに興味があるんだろう?」と言っているのだろう。納豆を調べていると、どこへ行ってもそう言われる。

さっそく作業を開始してもらった。

豆は小さく緑がかっているが、「黄色いのもある」と王君。

ここでは料理は女性が主らしく、お義姉《ねえ》さんが始める。まず、箕で豆を篩《ふる》い、ゴミ、石、よくない豆を取り除く。次に水洗いをして、竈《かまど》の大鍋《おおなべ》に豆と水を入れる。

この竈には驚いた。幅一メートル弱、長さは三メートル以上もある巨大なものなのだ。石造りで表面にタイルを貼《は》ってある。一見、日本のシステムキッチンのようだが、直径八十センチもの鉄の中華鍋が三つも埋め込まれている。下に薪《まき》を入れて火を通す。熱が全く逃げないから、燃焼効率は素晴らしいだろう。パーカッションセットのようで、格好もいい。

この鍋と豆の小ささのせいか、「一、二時間で煮える」という。焚《た》きつけはワラと大豆の枯れ木。「俺んとこも昔は竈にこれを使っていた」と竹村先輩が驚いた顔をする。大豆と米は栄養学的に最強の組み合わせだと聞いたことがあるが、焚きつけでもコンビを組んでいたとは知らなかった。

問題はこの次。「葉っぱを取りに行く」というのだ。

葉っぱを使うのか!?　やっぱり納豆なんじゃないか？　私たちは興奮で顔を見合わせた。

二人のあとをついて、田んぼの畦道《あぜみち》を歩く。「どんな葉？」と訊くと、「大きい葉」とだけ答える。

里芋畑に出た。ナガは里芋の葉でも作るから、これかと思いきや、答えは「不対《プートゥイ》（ちがう）」。

首を振り、畑の端に行って、上の叢《くさむら》から垂れ下がった草を鎌《かま》で刈りだした。

近づいてよく見れば、……なんと、シダ!!
「シダかよ」「こんなところで!!」私と竹村先輩は驚きと面白さで爆笑してしまった。やはりここの豆鼓は納豆なのだ。しかも、シャン州タウンジーのスタイル。千キロ以上も離れた場所で、同じようにシダを使っている。これは偶然で片付けられるのだろうか。

王君によれば、「他の葉でもできるけど、これがいちばん発酵が早い」
シダはゼンマイやワラビとは異なる種類で、大型。乾いたところに生えている。それもシャンと同じ。

豆が煮えるまで散策に出た。七百三十メートル地点に見晴らし台があり、深い渓谷が見下ろせる。対面には水墨画に出てくるような石灰岩質の山。新しいお墓の陰に水牛が三頭つながれていた。「人に見られないよう、ここに隠してある」という。

今どきの中国で水牛を飼っていることにも、盗まれる恐れがあることにも驚く。

この村に電気が来たのは十七、八年前。当時は車もなかったし、人は背に荷を担《かつ》ぎ、二、三時間かけて山と谷を越え、市に農作物を売りに行っていたという。

今でも食べ物はほとんど自分たちで作っている。「たまに肉を買うくらい」だそうだ。

お義姉さんと妹が昼食を作ってくれた。ご飯は巨大竈、おかずは脇にある小さな竈を利用した。

干豆豉の料理も作ってくれた。干豆豉はカチカチ。ここでも王君たちは盛んに「臭脚」と言うが、別に臭くない。だいたい、中国には臭豆腐《しゅうどうふ》とか腐乳《ふにゅう》といった、もっと臭い物がたくさんある。おそらくは納豆（苗族の豆豉）を食べない漢族がそう言うのだろう。「くさい」は匂いの強さを意味しない。「違和感」を表す言葉なのだ。

干豆豉の炒め物は次のように作られた。

①豆を丁寧に選り分ける。
②油をよく熱して、干豆豉をいれる。固すぎるため、水を投入、生姜《しょうが》も入れ、五分ほど放置。
③刻んだ赤、緑のトウガラシを入れる。
④葱《ねぎ》、アジノモト、塩で完成。

他の料理も続々できる。燻製《くんせい》豚肉とトウガラシ炒め、青い南瓜《かぼちゃ》の細切りのトウガラシ炒め、青菜とトウガラシの炒め物。

干豆豉炒めは、とてもよく食べるとのこと。竹村さんは「味噌っぽい」という。私は味噌よりもっとまろやかな味だと思う。味噌と比べると、料理全体の味は塩味っぽく、さっぱりしており、豆に当たると旨味《うまみ》がガツンと来る。食感もいい。

「醬」と「豉」のちがいである。

二時過ぎ、まだ納豆用としてはやや固いが、私たちが待っているため、豆を鍋から引き上げた。プラスチック袋に入れて絞り、よく水を切る。

いよいよ仕込み。籠に入れるのかと思ったら、この鍋を使うという。なるほど、だからこんなにたくさんのシダをとってきたのか。

その後はビックリの連続。まずシダの前にワラを敷いた。「温度を保つため」という。その上にシダ。そして、プラスチック袋の豆をポンとシダの中に置き、そのままシダの葉をかぶせた。

「ええーっ!?」思わず二人で叫んでしまった。「シダで発酵させるんじゃなかったの?!」

なんとしたことか。頭が真っ白になってしまった。プラスチック袋に入れたまま？じゃ、シダの役割は？

「温度を保つから発酵が早いし、香りもいい」と王君。

「香りがいいって言ってもどうせ脚臭いんでしょ？」と先輩はやけくそのように反論するが、王君は苦笑するだけ。

私たちがどんでん返しを食らってKOされているのもお構いなしに、王君とお義姉さんは木の蓋《ふた》を閉じた。竈は何事もなかったかのようにひっそりとした。

一体どういうことなんだろう。プラスチック袋に納豆菌がついているのだろうか。でも一回使うと洗って干しておくという。ただ、きめ細かいものより粗い方がいいというから、菌はシダから中に浸透しているのだろうか。

いつになく納得できない様子の竹村先輩は「この（プラスチックの）袋を使うようになったのは最近でしょ？」と食い下がる。「その前は何使っていたの？」

すると、王君たちは棚から白くて薄い綿の布を出してきた。手ぬぐいほどの薄さだが、生地の目はもっと粗い。ガーゼのようだ。

「うーん」と私たちは唸《うな》った。これなら納豆菌が浸透できそうに思える……。

どちらにしても、出来上がりを見なければいけない。三日後にまた来ることにした。

かすかに発酵している
「水豆豉」。

巨大竈で大豆を煮る。

漢族と苗族は何がちがうのか

丸二日間も待つのは暇すぎると思ったが、私が謎の激しい胃腸痛と下痢に襲われ、ほとんどの時間、ベッドに寝てすごしていたので杞憂《きゆう》に終わった。竹村先輩は暇をもてあますという無粋な人ではなく、昼夜問わず川に面したベランダで白酒やビールを飲んで楽しそうに過ごしていた。春のようなぽかぽかした陽気が続き、私はただ流れる川の音を聞いていた。

豆豉を仕込んで三日目、私は足下がまだふらついていたが、なんとか出かけることができた。

最初に訪ねたのは大馬村ではなく、廖家橋《リャオジャアチャオ》鎮八斗坵《パードウチウ》村という村だった。市場で売られている豆豉を作っている人を取材したいと希望したら、王君が話をつけてくれたのだ。

大馬村と異なり、平地の村で、豪奢《ごうしゃ》な白いタイル張りの家だらけである。これらはみな豆豉御殿である——なんてわけはなく、どれも若者が都会に出稼ぎに行って、その仕送りで建てた家だという。私たちが取材した家は息子と娘の都合四名が広東省の広州へ行って働いているとのことだ。

現代中国農村の典型例だ。僻地の村人である王君が十万元もする新車のフォルクスワーゲン（中国企業との合弁会社製造）の4WDに乗っているのも同じ理由だ。彼は一部で「中国のユダヤ人」と呼ばれるほど商売上手で知られる温州人のお膝元《ひざもと》、浙江省温州市で十六年も出稼ぎをしていたという。浙江省といえば、皮肉なことに、大昔、漢族に追い払われる前、苗族が住んでいたと推測されているエリアである。

二十歳《はたち》から出稼ぎを始め、中国では有名な企業の工場で働いていた。向こうで同じ鳳凰周辺出身の苗族の女性と知り合って結婚。彼は去年、帰郷してドライバー業に転じたが、奥さんの方はまだ温州で仕事を続けている。

ブランクが長かったせいで、彼は豆豉の作り方を憶《おぼ》えておらず、小麦粉を入れると勘違いしていたのだった。

「向こうでは豆豉を食べなかったの？」と訊くと、「食べてたよ。俺は特に好きだから、しょっちゅう食べないといられない」

面白いことに、温州市には、あたかも千数百年ぶりの里帰りでもするかのように、各地から苗族が大勢出稼ぎに来ており、そういう人たち相手に商売をする、これまた苗族の納豆売りがいたという。まったくもって、納豆民族はみんな、どこでも同じことをする。で、王君の言うことがまたふるっている。

「でも、向こうで売ってる豆豉の味はちがうんだ。うまくない。だから毎年村に帰ったとき、大量に持って帰ったね」

納豆民族はどこまで行っても「手前納豆」なのである。

話を八斗坵村の納豆業者に戻そう。予想外だったのは、苗族でも土家族でもなく、漢族の家だったこと。ホテルの彭小姐や王君によれば、「ふつう、漢族はわれわれ苗族や土家族のような足臭い豆豉は食べない」、つまり納豆は食べないとのことだった。

しかし、何事にも例外はあり、例外にはちゃんと理由がある。納豆を作っている藤《トン》小英《シャオイン》という豆タンクのような体型をしたおばちゃんは、母親が苗族だとのこと。そして、この村は、人口の半分が漢族、残りの半分が苗族なのだという。共存している民族は食文化も共有するようになる。

予想外はいいが、参ったのはおばちゃんの話がとりとめがないことだった。納豆の仕込み方を訊いているのに、料理の仕方を話したり、別な「醬」の話をしたりで、わけがわからない。私が何度も繰り返し聞き直していると、今度はダンナが割って入り、二人で同時にまくしたてる。

「あたしが言ってるのはね……」

「いいか、俺の話を聞け！」

口だけでなく、夫婦が互いに相手を力尽くで押しのけ、私の前に割り込もうとする気迫がすごい。「あんたがた、ちょっと待ってよ……」見かねた王君が助けに入ってくれたが、残念ながら三人で同時にまくしたてるという状況に変化しただけだった。

——なんで、漢族の人たちはこううるさいんだろう……！

いや、うるさいと言っては失礼だ。藤さん夫婦は親切ないい人たちなのだ。変な日本人を相手に一生懸命に教えてくれているのだ。ただ、とにかく声が大きく、人の話をきかず、喧《やかま》しい。

日本語の「親切」は中国語では「熱情《ルーチン》」と訳されるが、二つの言葉はまるで意味合いがちがう。日本語の「親切」は見知らぬ困っている人を助けてあげるとか、寒そうに寝ている人にそっと毛布をかけてあげるといった、「全方位的かつ静的な気遣い」なのだが、中国の「熱情《ルーチン》」は、親しい相手にまっしぐらに注ぎ込む、一点集中型の、まさに〝熱情《ねつじょう》〟なのだ。

そんなことは重々承知していたつもりの私だったが、今回ばかりはちょっとしたカルチャーショックだった。これまでアジア大陸でも日本でも納豆の取材現場はたいてい和やかで落ち着いたものだった。大声を出す人は稀で、物静かな人が多かった。納豆民族の雰囲気は不思議なほど似通っている。苗族の人たちをネパールの納豆カーストの人たちに置き換えても、シャン族の人たちを秋田県南の納豆業者の人たちと置き換えても、なんら違和感がない。総じて「熱情」ではなく「親切」な人たちである。ところが漢族は劇的にちがう。山の民でも辺境の民でもないということだ。本来的に納豆民族ではないのだ。

一時間近くもかけて、まるで異常に遅いインターネットの画像のように、三種類の大豆発酵食品の姿が喧噪《けんそう》の中からじわじわと浮かび上がってきた。

一つは「豆豉」。これは納豆のことである。茹《ゆ》でた大豆を鍋に入れ、王君の家で見たようなガーゼのような白布をかぶせ、二、三日おくとできる。

次は「醬」。こちらは煮豆一斤《きん》（五百グラム）、小麦粉半斤（二百五十グラム）を混ぜ、塩、生姜、水を加える。一週間くらい外におき、毎朝かき混ぜる。現物がないのでよくわからないが、味噌のようなものらしい。

最後は「水豆豉」。これは市場で見て、「本当に発酵してるのか？」と疑ったものだ。煮豆に、唐辛子粉、生姜のスライス、塩、山椒粉をまぜ、二日おく。その後、豆の煮汁を加える。すぐにでも食べられるが、一週間おくともっとおいしい。

こちらは前日に作ったばかりのものがあったので味見させてもらった。たいへん興味深いことに、作りたてのキムチに似ている。私は中国の朝鮮族の人に作り方を習ったことがあるが、キムチは白菜に唐辛子粉とすり下ろしたニンニクを混ぜ、一晩おく。翌日、すぐにでも食べられるが、このときは発酵しているかどうか程度である。むしろサラダに近い。まさに今食べている水豆豉の感触なのだ。

キムチは日が経《た》つにつれ、だんだん発酵が進み、漬け物になっていく。乳酸菌による発酵だ。その変化も味わうのだと、教えてくれた朝鮮族の人は言っていた。日本で市販されているキムチはすでにある程度発酵が進んだものなのである。

もしかすると、水豆豉はキムチの原型なのかもしれない。中国の水豆豉を朝鮮半島の人たちが取り入れ、白菜や他の野菜に応用したものがキムチなのかもしれない。

ちなみに王君によれば、苗族は水豆豉をあまり食べないそうだ。

「醬」の意外な正体

八斗坵村を辞し、車で山を登って三十分、大馬村に到着した。

前回はお兄さんの家だったが、この日は数十メートル坂を登った彼の生家に向かった。お母さんが寝起きしている家だ。お兄さん宅は王君の仕送りでけっこうきれいだったが、こちらはまだお金が回らないらしく、黄色い日干しレンガの壁がそこかしこでボロボロ崩れている。

同じように巨大な竈があり、王君が大鍋の蓋を一つパカッと開けると、そこにはなんと納豆があった。黒光りする鉄と緑の鮮やかなシダの上に敷かれた真白な布に、赤子のようにくるまれていた。一昨日、お母さんもほぼ同時に納豆を仕込んでいたという。しかも、シダの上に白布をかぶせ、その上にじかに大豆をのせるという伝統的なやり方でだ。

かなり湿っていたが、豆には発酵の証《あかし》である白い「かぶり」（斑点《はんてん》）ができ、よく糸を引いている。

まちがいなく納豆だ。これを見たときには心底ホッとした。私たちの納豆観は無事保たれた。

お母さんが外から帰ってきたので、納豆を指さし、「ガオヨウ、ロウ・マ（この納豆、いいですか）？」と訊いた。王君に習った苗語だ。

「ロウ、ロウ（いいわよ）！」とお母さんはにこにこした。

糸引きは強い方がいいという。これは万国共通だ。よく発酵したからといって糸引きが強いとはかぎらないが、糸引きが強ければまちがいなくよく発酵している証なのである。

いっぽう、私たちの方はどうか。お兄さんの家に行って鍋を開けたら、今一つだった。白いかぶりも糸引きもごくわずかだし、シダが半分焦《こ》げている。納豆の味は苦い。

「温度が高すぎたかもしれない」と王君。私もそう思った。発酵時の温度が高すぎると苦くなることが多いと聞く。

人のよさそうなお兄さんだけが「可以《クーイー》（だいじょうぶ）」と私たちを慰めるように言った。

あらためてお母さんに納豆の作り方を訊いてみたら、「昔は直接シダの上に煮た豆をのせることもあった。ただ、布を敷いた方が清潔だから」とのことだった。

「よかった！」私と先輩は顔を見合わせて安堵《あんど》した。やはり、もともとはシダの納豆菌で作っていたのだ。これで晴れて中国湖南省の苗族と千キロ離れたミャンマー・シャン州のシャン族が一つの糸で結ばれた。

妙なものが登場したのはそのあとだ。王君はガラスの瓶に入った黒いブツを差し出した。

「ジャンだ」

「醬」のことだろう。小麦粉を入れると彼が勘違いしたのは醬だった。つまり、味噌の類いだ。

と思っていたので、味見したとき驚きで体がビクッとした。

すごくしょっぱくて、でもツーンと来る香ばしさがあり、とても懐《なつ》かしい。とてもとても懐かしい……。

「醬油《しょうゆ》だ！」

焼き肉のたれのようにトロッとしているが、味はまさしく醬油。それも九州の甘い醬油やさしみ醬油などではなく、東京の一般的な醬油に近い。もしかすると、これが現在の日本の醬油の原型なのかもしれない。まだ「農産物」の面影を十分宿している。

王君とお母さんに訊くと、昔からこの「醬」は苗族のところにあるというが、言葉は苗語でも「ジャン」。つまり中国語からの借用語だ。おそらくかつては漢族の食べ物だったのを苗族が取り入れたのだろう。八斗坵村の漢族が納豆を食べるようになったのと同じように。

ここは納豆と「醬」の境目なのかもしれない。

それにしても意外だった。「醬＝味噌の漢族」対「納豆の苗族」という構図をイメージしていたが、「醬」は豆の形をとどめない大豆発酵食品であり、醬油もその仲間なのだった。まさか「醬油」対「納豆」という対立軸になっているとは思わなかった。でも考えてみれば、日本でも醬油が全国的に普及したのは江戸時代後期以降のことであり、呼び名も中国語からの借用語しかない。その意味でもここの苗族と日本人は同列だといえる。

醤油と刻んだ青唐辛子を和《あ》えたものをご飯と一緒に出してもらう。しょっぱいのだが、これがいける。こちらの醤油はまだ原材料である大豆の甘みや旨味が潜んでいて、唐辛子のキリッとした辛さのあとで、舌の上でふくよかな余韻が残る。私も先輩も「うまい、うまい」と夢中でかきこんでしまった。胃腸痛で絶食していた私にとっては約三十時間ぶりの食事だった。

食べ終わり、撮影や確認の質問を済ませて気づくと、お母さんはもう姿を消していた。最後に挨拶《あいさつ》をしようと思って、下屋に戻る。門から中庭に入ろうとしたとき、私はハッと胸をつかれた。

お母さんたちが脚の長い円卓を囲んで立ち話をしているのだが、その風情《ふぜい》が素晴らしいのだ。

昔の中国服のような上品な紺の上下を身につけたお母さんは、長い菜箸《さいばし》を片手に何やら楽しそうな表情で近所か親戚《しんせき》のおばさんらしき人と話している。おばさんは左肩で留めるグレーのゆったりした民族衣装をまとい、耳に金色の飾りをつけていた。その脇には丸刈りの美少年と無口で長い髪が腰まで届く細い目をした少女。王君の姪《めい》っ子だ。

彼らの中心にある木の円卓はもしかしたら清朝のものかもしれないと思うほど古そ

うで、曲線の模様が彫り込まれていた。円卓には白い布がかけられ、その上には納豆。お母さんは箸でかき混ぜながら塩を振っていた。干豆豉すなわち干し納豆を作っているのだろう。

数百年前と変わらないような景色がそこにあった。映画の一場面のようだ。

納豆は人の輪に入ると輝く。なぜなら、納豆の周りにできる輪は、いつも必ず家族、親戚、近所や地域の人々だからだ。気の置けない人同士が共有する食べ物、それが納豆なのである。

納豆民族を阻《はば》む南方長城

帰りがけ、私たちはちょっと足を伸ばしてある場所を訪れた。

大馬村から車で二十分ほど行くと、山の稜線《りょうせん》を縁取るように石壁のようなものが連なっているのが見えた。

南方長城だ。

「万里の長城」は有名だが、実は中国の南部にも「長城」がある。認定されたのはごく最近、二〇〇〇年四月のことだ。二万キロもあると言われる北の〝本家〟に比べたら規模は桁違《けたちが》いに小さいが、それでも湖南省から貴州省にかけて、百九十キロほども続いているという。大半は崩落しているが、最近政府の手で、数キロか十数キロかわからないが、その一部が改修され、新たな名所となっている。

今回、苗族の納豆取材でこの鳳凰古城に来たのは、前述したようにここがアジア納豆地帯の最東端にして最北端の可能性が高いからだが、もう一つの理由は南方長城の話を聞いたからだ。

教えてくれたのは他でもない竹村先輩。記録映像の撮影でこの地を訪れたことがあるという。

「明代に苗族は漢族に圧迫されて山に逃げ込んだんだけど、何度も叛乱を起こして町を襲撃するから、それを防ぐために作ったらしいよ」

万里の長城は「匈奴《きょうど》」つまり北方の遊牧民が南下してくるのを防ぐためだったが、こちらは「苗」対策なのだった。自分らが追い払った苗族が再び戻ってくるのを防ぐためのものだ。

私たちは駐車場で車を降り、王君を待たせたまま（彼は「疲れるから上に登りたくない」と笑った）、入場券を買って、数百段の階段を上っていった。

万里の長城に行ったことがないので比較ができないが、映像や写真で見る限りはよく似ている。こちらも壁は特に高いわけではなく、その気になれば簡単に乗り越えられそうだ。敵の軍勢を食い止めるためというより、現在イスラエルがパレスチナに築いている「分離壁」のようなものだろう。明の支配に従わない苗族の人間が山と町を自由に行き来できないようにしたのではないかと思われる。山の苗族による襲撃を防ぐだけでなく、町の苗族が徴税や徴兵を逃れて山に隠れたり、双方が情報や物資を交換したりするのを防ぐ役割もあったのではないだろうか。

山をうねうねと這《は》う大蛇のような長城を見ていると、もう一つ不思議な感慨におそわれる。「明朝は山の支配を諦《あきら》めたのか」とも思えるのだ。これだけ固定的な境界線を作るということは、相手が来ないようにするだけでなく、自分たちもこれ以上前進しないと宣言するようなものだ。

南方長城が正確にどのような位置に展開しているのか資料がないのでわからないが、ここは雲貴高原と呼ばれる高地の東端だとされている。この辺りから西および南へ森林性の山地がずっと続いているのだ。そんな土地は水田も作りにくく、支配する価値もないと明の支配者は思ったのかもしれない。

それは恐ろしく広大な山地である。なにしろ貴州省、雲南省からミャンマー、タイ、インド、ブータン、ネパールと続くのだ。言うまでもなく納豆民族地帯である。

前述したように、納豆民族はほとんどが中国南部に起源を持ち、漢族の南下西進を受けて、西へ南へと移動していったと考えられている。

彼らは漢族の文化に従うのを潔《いさぎよ》しとせず、納豆を携えたまま、この壁の向こう側へ移動していったのではないかと私は思う。

明朝にとっては未開で不毛の土地だったかもしれない。でも私たちは知っている。そこは漢族ほどの文明はないけれど、豊かな文化をもつ人々が住んでいる場所なのだ。

いくつもの顔が思い出される。チェントゥンの納豆村のクイおじさん、シャン州タウンジーのセンファーのお母さん、カチン州ミッチーナの納豆名人カプラジャン、ナガ山地で納豆汁を作ってくれたトウテイ母さん、ネパールで遭遇したおてんば天使のルビナ……。

彼らはみな、壁の山側の向こうに今も家族や親戚とともに暮らしている。

納豆を囲んで今日も団欒《だんらん》しているにちがいない。

心の中でアジア納豆民族の幸せを祈り、長城を降りて町に戻っていったのであった。

第十二章　謎《なぞ》の雪納豆

岩手県西和賀町

二〇一五年二月。国境でもなければさして長くもないいくつかのトンネルを抜けると、そこは雪国だった。

秋田自動車道は路面も路肩もすでに雪で埋まりボブスレーのコースのようだったが、湯田《ゆだ》ICで一般道に降りればもはやどこが道だか田畑だかも定かでない。民家も看板もなにもかもが雪に埋まっている。ナビが「ここを左折です」などと言うので、「あ、左側は道なのか」とかろうじてわかる程度だ。そして葬《ほうむ》ったものを生き返らせまいとするように、さらに粉雪が降り積もっていく。

「世界の果てみたいですね……」と私がつぶやくと、運転席の竹村先輩も言う。

「よくこんなところに人間が生活してるよな……」

そして、二人は心の中で思っていた。こんなところで納豆を作っているのか。しかもわざわざ雪の中に埋めて――。

長いこと、日本で昔ながらの方法で納豆を作っている人（もしくは場所）を探したが、結局たった一カ所しか発見できなかった。岩手県西和賀町《にしわがまち》。しかもそれは真冬に雪の中に穴を掘って藁苞《わらづと》を埋めて発酵させるという。通称「雪納豆」。今でも一部の人が作り続けているとインターネットでいくつか記事がひっかかってきたのだ。一九八四年（昭和五十九年）に発行された古沢典夫他編『日本の食生活全集③　聞き書　岩手の食事』と二〇〇三年（平成十五年）発行の農山漁村文化協会編『聞き書　ふるさとの家庭料理16　味噌《みそ》・豆腐・納豆』（ともに農文協）にも写真入りで記されている。両方とも取材先は同じで、小柄で腰の曲がったおばあさんがスコップで雪を掘って藁苞を埋めようとしている、なかなか強烈な写真が掲載されている。

「どうやったら雪の中で納豆が作れるんだろう？」「ふつうは温めなければいけないのに」私たちの頭は「？」でいっぱいだった。

雪の中は意外に温度が高いと言われる。でもそれは氷点下にならないという程度の意味でしかない。納豆の発酵には四十度くらいの温度が必要なのだ。

もしかすると、何かそこに納豆の新たな可能性を示すものがあるのかもしれない。世界で最も謎《なぞ》に包まれた雪納豆の真実を解き明かすべく、私たちは西和賀町に向かったのだった。

ここでも私は納豆のネバネバした赤い糸を感じずにはいられなかった。なぜなら、西和賀町は前年に訪ねた秋田県美郷町や横手市の隣にあったのだ。それだけではない。泊まった旅館のおやじさんと女将《おかみ》さんによれば、ここは岩手県といっても奥羽《おうう》山脈のやや西側にあり、天気予報も岩手県南部より秋田県南部（横手市）の方が当たるという。横手市まで雪がなければ車で二十分程度、買い物もそちらへ行く人が多い。納豆汁を食べる（しかも行事には欠かせない）のも岩手県ではこの町だけだという。話を聞くかぎり、秋田県南の文化圏にある。

期せずして、またもや「日本のシャン州」に舞い戻ってきてしまったのだ。

翌日、納豆作りの現場を訪ねた。この日は快晴。だが、風が軽く吹いただけで、家の屋根の雪が飛び、視界が真っ白になる。ニュースによれば、この日の積雪量は二メートル十センチ。雪深いのではなく「雪が高い」。歩いていても車に乗っていても、たいてい目線より雪の方が上にあるからだ。

雪納豆を作っている旧沢内村の「味工房かたくり」に着き、建物の脇《わき》に車を停めて挨拶《あいさつ》しかけたところ、まず言われたのが「そこに車を停めておくと危ない」だった。実はすでに宿屋根から象のような雪の塊が落ちてきて、しばしば車が潰《つぶ》れるという。警察官の多いでも「そんなところに車を停めちゃダメだ」と移動を指示されていた。

東京都内よりも路上駐車には注意を要するのだ。

車を停め直すと、工房を主宰する中村さん夫妻ににこやかに迎え入れられた。納豆作りを主導しているのは妻のキミイさん。六十九歳というが、肌がつややかで表情が生き生きしている。カチン州の納豆名人カプラジャン的な若々しさを感じる。

つなぎを着た夫の一美さんは、芯《しん》は強そうだが、気さくで親しみやすい人柄だった。

中は土間で、入口近くに薪《まき》が積まれ、ダルマストーブが燃えている。至る所に大小の箱や道具類が積み重ねられ、農家の納屋《なや》と作業所をかねている様子だ。中村さんたちはここで農業加工体験の機会を提供している。納豆をはじめ、大根や山菜などの加工を都会の人に体験してもらうという、今の言葉で言うと「ワークショップ」である。

唯一《ゆいいつ》ここが農家の作業所とも普通のワークショップ会場ともちがうのは、壁一面に芸能人やテレビ番組の色紙が貼《は》られていること。驚くことに、雪納豆を作り出して二十年になるが、テレビだけでも六十回も取材を受けているという。その他、新聞や雑誌、ネットの取材を加えたら、一体何回取材を受けているのかわからないとのことだ。

「取材に来るっていうから、（雪納豆作りを）止《や》めるに止められない」とキミイさんは笑った。

雪納豆、私たちが思っている以上に有名なようだ。

その雪納豆のあらましについてさっそく訊《たず》ねたのだが、まず衝撃だったのは「ここでは誰も作ってないなあ」という一美さんの一言だった。それどころか、中村さん夫妻は一度も他の人たちが雪納豆を作るのを見たことがないし、昔西和賀で作っていたという話すら聞いたことがないという。

——一体どういうことだろう……。

雪納豆造りは西和賀の伝統じゃないのか!?

狐《きつね》に化かされたような気分になったが、順を追って訊《き》いていくと、だんだん話の全《ぜん》貌《ぼう》が見えてきた。

キミイさんは一九四四年（昭和十九年）生まれ。ただし西和賀の人ではない。福島県東和町《とうわまち》（現二本松市）の出身。郡山《こおりやま》市に近い山間部だ。そこも山形県尾花沢に負けず劣らず、生活が厳しいところだったらしい。

五人兄弟に祖父母や叔母がいる十一人家族。白米はめったに口にできず、キミイさんにとっては「納豆はいちばんのおかず」だったという。他におかずといえば、しょっぱい塩魚くらい。学校から帰ると、納豆に味噌をつけ、麦がいっぱい入ったバサバサの冷たいご飯にかけて食べた。「納豆に育てられたという感じ」だという。

実家でも納豆を作っていた。樽《たる》の中に熱湯を満たした鉄瓶を入れ、その周りに煮豆を包んだ藁苞を立てて入れる。樽は大黒柱にしっかりと巻き付け、「それはそれは大事に作った」。

　昔の納豆の粘り具合を訊くと、「今ほど粘らない。今のは粘りすぎ。かき混ぜて粘る程度でいい」ときっぱり。やっぱり、そうか。秋田、山形、そして福島でも昔ながらの納豆はさして粘らなかったという証言が得られた。

　一九六七年（昭和四十二年）にこちらに嫁いだとき、あまりの環境の違いに呆然《ぼうぜん》とした。「こんなすごい雪の中でどうやって暮らせばいいのか」。

　納豆は作っていたが、雪納豆ではなかった。お菓子の空き箱に新聞紙か何か紙をしいて上に煮豆を敷き詰め、市販の納豆を一つ半入れて、それをこたつの中に入れていた。一晩でできたというが、「こたつが臭くてしかたなかった」とキミイさんは苦笑する。

　雪納豆の存在は「農文協の『岩手の食事』という本で知った」という。

　ええ!?　と声が出そうになった。私たちのネタ元と同じじゃないか。前述したように、そこではおばあさんが雪を掘っている写真が載っている。おばあさんはキミイさんの近所に住んでいた高橋ヒメさんという人だそうだ。一九八七年（昭和六十二年）に亡《な》くなったとき七十代半ばだったというから、今生きていれば百歳を過ぎているだろう。なぜか西和賀でもそのヒメさんだけが雪納豆の作り方を知っていたらしい。ヒメさんが亡くなってだいぶ経《た》った頃、キミイさんは「この雪納豆を再現してみよう」と思い立った。

「藁の納豆が懐《なつ》かしい」という郷愁と、「雪で作る？　どうして？　温めなければいけないのに？」という不思議さからだという。「好奇心というか探究心というか」なんとも意外なことに、キミイさんが雪納豆を知った経緯も、作ってみようと思った動機も、われわれとほぼ同じだったのだ。

キミイさんは外部から来たからこそ、この雪深いというより「雪高い」西和賀の伝統に興味をもった。いつしか地域の生活改善グループのリーダーとなり、地元の伝統食品を復活させたいと思ったのだ。

彼女はチャレンジャーである。田畑を耕し、牛を育てるという昔からの農業を続けながら、地元の名産品である「大根の一本漬け」をホテルと組んで売り出そうとしたり、お土産用の山菜の瓶詰めを開発したり、とにかくいろんなことに挑戦してきた。この辺もカプラジャンに似ている。中でも「ビスケットのてんぷら」は大ヒットし、何度もテレビに取り上げられたり、東京国際フォーラムで行われる見本市に出品したりしているという。

夫の一美さんは、七十代初めだが、この年代の男性には珍しく、奥さんと全く対等の関係を築いている。「キミイさんは地域のいろんなことを率先してやって、ダンナさんはいつもにこにこしてそれに協力している。お二人とも本当にえらい」と私たちの泊まっている宿の女将さんも感心していた。

一美さんは美味《うま》そうにタバコを吹かしながら、飄々《ひょうひょう》とした口調で「最近は冒険する奴《やつ》が減った」とか「馬鹿《ばか》なやつがいれば、どこかで何かが生まれる」などといった〝名言〟を吐く。

キミイさんも「未知の世界を見てみたいという思いで雪納豆を作っている」と語り、この夫婦の合い言葉は「未知」と「冒険」なのだった。探検部の大先輩と話しているようである。

なぜ、究極の謎納豆の現場でこんな人たちと出会うのか、私たちは戸惑いつつも感銘を受けていたのだった。

雪納豆にはタネも仕掛けもあった！

翌日から納豆作りが始まった。煮豆を仕込み、雪の中に埋め、二日後に掘り出す。掘り出したあとは一日、土間に転がして寝かす。そして完成——というのが試行錯誤の結果、キミイさんが編み出したベストな雪納豆製造法とのことだ。自分たちで創意工夫を行うだけでなく、納豆工場に見学に行ったり、県の農業改良普及センターの協力を仰いだりと手を尽くした。それでもうまくいかなかった。「二十年もやってきたけど、ほとんど失敗。確実にちゃんとできるようになったのはつい二年前」

テレビが六十回も取材に来て、十八年間はほとんど失敗だったとはどういうことなのかよくわからなかったが、帰りの車の中で竹村先輩があっさり謎を解いた。

「テレビはこの取材に何日もかけられないだろうね。ロケは一日くらいじゃない？　だから仕込みと出来上がりを同じ日に撮影しようとするよね。〝出来上がったもの〟を準備してほしいって言って、別の納豆を撮影したんじゃないの……」

なるほど！　私も何度かテレビの仕事をしているから、すぐ腑《ふ》に落ちた。

厳密には「やらせ」だろうが、テレビ業界ではこの程度は「やらせ」のうちに入らない。そのような行為は、納豆ではないが、それこそ「仕込み」と呼ばれている。

私たちが「全工程を体験したい」と言うと、キミイさんは「そんな人は初めて」と驚いた様子だった。テレビだけでなく、他の全メディアが「仕込み取材」か「部分取材」で済ませていたのだ。

驚くのはこっちの方で、なんと今回が日本初、いや世界初の雪納豆本格取材なのである。正直テレビが六十回来ていると聞いたときにはちょっとがっかりしたが、俄然《がぜん》やる気になってきた。一日で端折《はしょ》るのと全工程をしっかり体験するのでは絶対に内容がちがってくるからだ。

当日の朝九時に工房を訪ねると、薪ストーブの上で大鍋《おおなべ》に入った大豆が静かにコトコト煮えていた。前日の夕方から煮込みはじめ、夜寝る前にいったん火を止めたが、早朝、起きるとともにまた火をつけたというから、都合十時間以上は弱火で煮続けていることになる。

「豆の皮がとれないように弱い火でゆっくり煮るのよ」とキミイさん。

へえ、と思った。ふつうアジア納豆の作り手は、ぐつぐつ煮て皮をとばすからだ。キミイさんは豆を一つとり、親指と小指でつまむ。「にゅうっと潰《つぶ》れるのがいい」。タイでもミャンマーでも親指と薬指、あるいは小指でつまんで潰れるといいと同じように聞いてきたので、思わず微笑《ほほえ》んでしまう。もう十分やわらかいが、まだ水が少し残っているので煮続ける。汁を極力煮詰めるというのも、シャン州タウンジーやカチン州、ナガ山地などで見たのと同じだ。

煮豆が完成する前に、藁苞作り。あれだけ「日本では藁苞で包むが……」などと言ってきたにもかかわらず、本格的に藁苞を作るのはこれが初めてである。

別棟の作業所に行くとワラが山積みになっていた。

「最近じゃこんなワラもなかなかない」とキミイさん。今は稲藁を使わない農家が多いので、コンバインで細かく刻んで、そのまま田んぼにすき込んでしまうという。中村さんたちはバインダーを使い、根っこ近くから切り取る。納豆のためでなく、牛のため。ここでは「牛の子とり」（仔牛《こうし》を出産させ、ある程度まで育てる）を行っている。そのとき、一般の飼料だけでは仔牛の胃が大きくならないので、ワラを与えるのだそうだ。

稲藁をあげる？　無農薬なんだろうか？

キミイさん曰《いわ》く「最近は生物に害のあるような薬を使わないのよ。雑草が生えにくくなるような薬を一、二回撒《ま》くだけ」。

そうか、だから牛にも与えることができ、納豆も作れるということなのだ。

「今年は稲刈りのとき天気がよかったからこんなにいい稲藁がとれた」とキミイさん。稲刈りのときに雨が降ると、ワラが雨に濡《ぬ》れてしまい、よくない。

刈った稲藁は「はせ」という木の柵のようなものに掛けて干す。それだけでも長い時間と手間がかかっている。

苞作りを始めた。これがまた難しい。あえてその手順を書いてみよう。
①パスタのように手で一摑《つか》みする。
②とんとんと床で叩《たた》いて長さをそろえる。
③短かかったりぐしゃぐしゃになっていたりする藁のかすを取り除く。
④根元を藁二、三本でとめる（ぐるぐる巻くのはシャンやカチンの竹紐《たけひも》を思い出す）。
藁はねじったあと中に押し込んで結ぶ。
⑤膝《ひざ》で半分に折る。
⑥根元側を放射状にかぶせるように折り曲げる。
⑦もう一度、藁紐で留める。
⑧根元を腹に当てて、中をぐいぐい広げる。
読んでもよくわからないと思うが、手間がかかることだけは想像してもらえるだろう。

二人で苞を十五本くらい作ったが、それだけで三十分もかかった。「十本もやると手が痛くなる」と農作業のベテランであるキミイさんですら言う。しかも出来上がった藁苞にはいくらも豆は入らないのだ。市販の納豆のパック（五十グラム）二つ分程度だろうか。簡単でたくさん包めるアジア納豆に比べ、効率の悪さに呆《あき》れてしまう。

「おーい、そろそろ雪掘らねえと〜」外から一美さんの声がする。

次は納豆を納める雪室作り。といっても、雪が人の背丈以上に降り積もっており、穴を掘る場所まで行くことさえできない。まずは手押しの除雪車で道を作るところから。ガガガという小型戦車のような音をたて、キャタピラが回り、ノズルから雪を噴出する。青い空に白い雪が舞っていく。風景としては美しい。

「この除雪車、いくらすると思う？」と一美さん。「四百万円だ」

しかも今年はガソリンを二百リットルは使うだろうという。豪雪地帯は住むだけで恐ろしく金がかかる。もっとも、十年前まではそれも手作業だったのだ。スコップで掻《か》き出すのは当然重労働である。

十メートルくらい雪道ができると、穴掘り。一メートル四方くらいの穴を掘る。シャベルで直角を作り、まるで雪の四角い塊を作るようにして、上に放り出す。

いざやってみると、さっぱりできない。すぐに疲れる。腰が痛む。これまた重労働だ。でも、一美さんは力感《りきかん》なく、まるで豆腐を切って掘り出すように、ひょいひょいと作業を続け、あっという間に一メートル半ほど掘ってしまった。まさに〝名人〟。

一美さんは自力で穴から出られず、キミイさんが手を差し出して引っ張り上げる。

「こういうときじゃねえと手にぎってくれねえんだ」

一美さんはひょうひょうと笑った。

さて、いよいよ藁苞に豆を詰める作業。

作業台の上に藁苞と煮豆の鍋を用意する。

ここで一つショックなことがあった。煮豆に「タネ」を入れるのだ。市販の納豆をタネに自分で菓子箱に入れて作った納豆を混ぜている。要するに、市販の納豆の「子」を使用しているわけで、純粋に稲藁の納豆菌で作るわけではないのだ。

しかし、感傷に浸る暇はなかった。「素早くやらなきゃ」とキミイさんがいつになく緊迫しているのだ。藁苞をパカッと開いて豆を入れる。豆の真ん中に〝おまじない〟とここでは呼ぶ軽く結んだワラを一本突っ込む。納豆菌が浸透しやすくするようにである。それを包んで藁紐で縛る。藁苞はバスタオルを敷いた大きなカゴに入れておく。ほんの少しの時間でも温度の低下を防ごうとする。

そして、「もう三十年以上使っている」といういかにも丈夫そうな藁の筵《むしろ》を持ってきて広げ、上にばらけた藁を敷き、その上に苞を載せると、ぐるぐるとくるむ。一美さんとキミイさんが二人でぎゅうぎゅうと縛り上げた。

筵を私が、中村さんたちは大量の藁を抱えて、室に急ぐ。急ぐあまり、キミイさんがすてんと転んだほど。藁は室の底と外側にぎっしり敷きつめた。見た目にも保温効果は完璧《かんぺき》だ。もし温度を高く保つ工夫がされるのなら。そして、工夫はちゃんとあった。

キミイさんは敷いたワラの上に平たい鍋を置き、やかんの熱湯を注いだ！失敗続きの果て、二年前にようやく開発したのは「中に熱湯入りの鍋を入れる」という工夫だった。なるほど、これなら温度を高く保つことができる。昔の雪納豆はさておき、現在の雪納豆の「謎」はこれで解けた。

ふたをして、上から藁を敷き詰める。その上に苞の入った筵をおき、さらに藁をかぶせた。こんなに厳重に藁でくるむなら断熱材になるだろう。一体、ワラをどれだけ使っているのか。家庭のバスタブ五杯分くらいあるんじゃないか。

キミイさんも同じことを考えているらしく、「これくらいでいいか。あまりワラを使うと牛に怒られるから」と笑った。

中村さん夫妻は間髪入れずに室を雪で埋めていく。キミイさんが上にのり、雪を踏んで固めるそばから、一美さんがどんどんスコップで雪をかけて埋める。上背のないキミイさんまで半分埋まってしまった。

「土葬は昔こうやってたんだ」と一美さんは笑いながら容赦なく雪をかける。気にも留めず、作業を続けるキミイさん。この二人は夫婦であると同時に、映画に出てくるような「相棒《バディ》」でもある。

土葬寸前のキミイさんが雪から這《は》い出すと、みんなで足で踏んで雪を固めた。細いコードが雪の下から出ている。中の温度を測るため、私は筵の中に温度計のピンをさしておいたのだ。

最後に目印の棒を立て、温度計を緑色のビニール紐で棒の先端にくくりつけた。温度計を見ると、外気が九・〇度、納豆が二十四・七度。筵のいちばん外側にピンをさしたので、温度が低いのだろう。中心部はもっとずっと温かいはずだ。

真っ白な雪原の中、緑色の紐が風になびく。そこで記念写真を撮ると、なんだか南極点に初めて立ったみたいな誇らしい気分になった。

竹村先輩に至っては「未来への希望って感じがするよ」。

どうしてそんな気持ちになるのかわからないが、たしかにそうなのである。

昔の雪納豆の秘密

仕込みを一緒に行うことにより、現代の雪納豆の秘密はわかった。だが、逆に、「昔の雪納豆とは何だったのか」という謎が深まってしまった。

・熱湯を使わず、どのように温度を高く保ったのか？
・そもそもどうして雪の中で作らなければいけなかったのか？
・一体どこでどのように伝えられた技術なのか？

最初の問いへの答えは皆目見当がつかない。二番目の問いは、キミイさんが推測するには、「昔はものすごく貧しい家があったからじゃないか」。炭焼き小屋や家の中でも吹雪が吹き込むような貧しい農家では、外に納豆を埋めた方がマシだったんじゃないかということだ。三番目もまるっきり謎。なにしろ、キミイさんは二十年間雪納豆を作り続けているが「西和賀だけじゃなく、岩手県全体でも他に聞いたことがない」という。県外でももちろん皆無だ。

私が知るかぎり、「味工房かたくり」関連以外で、雪納豆が登場するのは、五十嵐《いがらし》大介《だいすけ》氏の漫画『リトル・フォレスト』とその映画化作品「リトル・フォレスト　冬・春」だけだ。五十嵐氏は岩手県胆沢郡《いさわぐん》衣川村《ころもがわ》（現奥州市）に住んでいたことがあり、そのときの体験をもとに農業や農産物加工をテーマにした物語を描いたという。漫画と映画の両方を見た私は驚いた。ちゃんと雪の中に埋めている。しかもお湯を入れたりもしてない。

もしかしたらその地域の伝統なのか？

衣川の役場に電話で訊くと、「見たことも聞いたこともない」という答え。最終的に五十嵐氏本人に出版社を介して訊ねたら「農文協の『岩手の食事』で読んで参考にしました」という返事だった。

何のことはない、全ては高橋ヒメさんに戻ってくる。

肝心の高橋ヒメさんは亡くなって久しいが、幸い、息子さんがまだお元気だという。ちなみに、息子さんの奥さん（ヒメさんにとっては嫁）はキミイさんが雪納豆を作るときは二十年前からずっと手伝ってくれているそうだ。

翌日、私たちはキミイさんの案内で、息子の英徳《えいとく》さんを訪ねた。といっても、キミイさん宅からたった二軒隣だ。

英徳さんは一九三六年（昭和十一年）生まれ、七十九歳だが、頭脳明晰《めいせき》ではきはきした話し方をする。話は実に興味深かった。

英徳さんの家では昔から納豆を作っていたが、樽の中に藁苞を入れ、家の中の温かいところに置くという方法だった。ところが、ヒメさんは「腰が曲がってから突然、雪納豆を作るようになった」という。「何の虫に刺されたのか……」と飄々とした口調で独特の表現をする英徳さん。

虫……。なつかしの虫というものがあるんだろうか。

ヒメさんもそのお母さんも西和賀の出身だというから、外から持ち込まれた習慣ではない。でも最初に作ったときから——英徳さんは手伝わされたからよく憶《おぼ》えている——迷いなく作業を進めていったというので、明らかに知っていたらしい。

英徳さんも、他で雪納豆のことを実際に作ったという人の話を聞いたことがない。昔、この地区の教育長だったという人が「行き倒れになった人が豆を残し、それが納豆になった」とか「戦《いくさ》のとき豆を雪の中に隠したら納豆になった」と話していたというが、それも単なる憶測らしい。

しかもヒメさんも継続して雪納豆を作っていたわけではない。思いついて一回か二回作っただけだという。

「そのあと、新聞や雑誌が取材に来て、しかたなく何度も作ることになった」というので、私たちは目をぱちくりさせてしまった。キミイさんのときと同じじゃないか。正確にはヒメさんが一、二回やってみたのを聞きつけ、マスコミが来て取材報道し、雪納豆は全国に知られるようになった。それをキミイさんが再現し、マスコミが伝え、さらに有名になっている。ここ四十年ほどにかぎって言えば、メディアが「西和賀の伝統・雪納豆」作りに一役買っていたのだ。

だが、ヒメさんが雪納豆をどこかで見たことがあるのは間違いない。そして、キミ

雪の中に大きな穴を掘り、ぎっしりとワラを敷き詰めてから、納豆の入った莚を入れる。

仕込みから三日後、いよいよ開封。

イさんの言うとおり、この地域は――山形県尾花沢や福島県東和と同様――かつてはひじょうに生活が厳しい土地だった。

　昔は肉はもちろん、魚もめったに手に入らなかった。ダシもめったに使わなかった。口にするのは山のものばかり。キャベツも味噌につけて芯まで食べていた。だから納豆をせっせと作って食べた。

　英徳さんは七、八人家族、ヒメさんの実家にいたっては十七、八人家族で、ご飯も二回か三回に分けて食べていたという。

　うーん、それなら屋外に穴を掘って豆を埋めるというのもわかる気がする。家族がそんなに多ければ、納豆を発酵させる場所もろくになかったろう。あるいは家の中と外の二カ所で同時に作っていたという可能性もある。

　家の中では作れない（作りきれない）ので、やむを得ず外の雪の中に仕込んだのだという結論に落ち着きかけたが、一応、英徳さんご自身の意見も聞いておこうと思った。

――どうして雪の中で納豆なんか作ったんでしょうね？

　すると英徳さんはさらりと言ったものである。

「人間には好奇心ってもんがあるからなあ」

またか！　中村さん夫妻といい、英徳さんといい、どうして西和賀の古き良き世界にどっぷり浸《つ》かっているはずの人たちが私たち探検部出身者みたいなことを言うのだろうか。

しかし、この訪問のクライマックスは、ヒメさんによる雪納豆製造について、英徳さんに確かめたときである。

「雪に穴を掘った後、鉄瓶にお湯を入れたな」

英徳さんの気軽な発言に、私と竹村先輩は言葉を失った。

お湯、入れてたのか!!　雪納豆は最初からそういう作り方だったのか!!

またしても同じことだ。ヒメさんの雪納豆を誰もちゃんと取材していないのだ。話を聞いただけなのだろう。ヒメさんはなぜかお湯を入れる説明を端折った。単に言い忘れただけかもしれない。取材者は話を聞くと、ヒメさんが雪の中で仕込むふりをする写真を撮っただけなのだろう。ネタ元としてみんなが当てにした農文協の本も同様である。

これでは誤解が解けるはずがなく、雪納豆はまさに「謎」として定着してしまった。

キミイさんはそれがわからず、十八年も苦心惨憺《くしんさんたん》していたのだ。しかも、英徳さんの奥さんと一緒に試行錯誤していたとは……。

「……英徳さんから奥さんに話がちゃんと伝わってなかったってことですか？」

言いにくいことだが指摘しないわけにはいかない。当事者にとってはあまりに直視しづらい話だと思うが。

でも万事に達観した英徳さんは、これまた一言であっさり片付けた。

「夫婦ってのは、そんなもんだ」

居間は能天気な笑いに包まれたのだった。


雪納豆はアジア納豆だった！

雪納豆の温度は朝晩計り続けていた。

仕込みの二時間後は外気八・六度、納豆二十三・四度。仕込み当日の夕方（約五時間後）は外気一・二度、納豆二十一・五度。仕込み翌日の夕方（約三十時間後）は外気が一・五度で納豆が十七・七度。

つまり、納豆の温度はかなり高く維持されている。藁を敷き詰めた雪室は相当暖かいことがわかる。

二日後の午後一時、掘り出しにかかったときはさすがに外気八・八度、納豆十・五度とガクッと落ちていた。四十八時間も経過しているから無理もない。

掘り出すといっても容易ではない。というより、この土地でこの季節、何をするのも容易でない。除雪車で周囲の雪をどかしてから、スコップで掘る。雪は湿って固まっており、作業はしづらい。

十五分ほど、一美さんと遺跡発掘のように掘っていくと、ようやく藁が姿を現した。それを引っ張りながらさらに掘って、藁苞の入った筵を引きずり出した。

工房に持ち帰り、土間に転がす。「かわいい形だね」とキミイさんが言う。たしかに、まるで小さめの柴《しば》犬が中で眠っているような形と大きさだ。

中村さん夫妻は素敵な人たちだなと心から思う。

キミイさんと一美さんは、朝から晩まで、農作業（農産物の加工）と牛の世話と雪かき、さらに各種のイベント参加、そして私たちの非常識な納豆完全取材への対応と、多忙を極めている。それだけでも頭が下がるのに、なおかつ、「ワラをあんまり使うと牛に怒られる」とか納豆の筵の形が「かわいい」というふうに、生き物や農産物への慈《いつく》しみの気持ちにあふれている。

この土地に生きることは本当に容易でない。でもこの土地には本当の人間の生活がある。

私は、ふだん都会の便利な暮らしに甘んじ、現地をふらっと訪ねて、見たことを文章に書き、それで何かわかったような顔をしているだけだ。他のメディアとの間に本質的な違いはない。自分はどこか根本的に間違っている――。

いつも外国の辺境で感じることをここでも痛切に感じてしまう。

西和賀町は過疎《かそ》化が著しい。岩手県の「二〇四〇年までに消滅する可能性がある自治体」の筆頭に数え上げられているという。一美さんは殊《こと》の外それを憂《うれ》えている。「俺たちはこの土地を守ってるんだよ。それを人が減ったから予算も減らすとかおかしいじゃない？」「人が来なきゃ始まらない」「昔のやり方ってのは財産なんだよ。それを受け継いでいかなきゃいけない。そういうことを書いて人に伝えるのがあんた方の仕事じゃないか」……一美さんは柔らかい口調ながら何度もそう言っていた。

ナガ山地でお世話になったトウテイ母さんの言葉を思い出す。「若い人は、みんな、鳥になったように町へ飛んで行ってしまう」

私も鳥の一人だ。自分自身が町に住み、「まちがった生活」を送っているのに、この土地の容易でない、でも人間らしい生活の素晴らしさをどうやって伝えられるのか。町で伝統とはかけ離れた生活を送っているのに、どうやって自然や伝統を大切にしましょうなどと言えるのか。

何もできないのである。できるのはただ、この土地の人たちがどうやって納豆を作り、食べているのかを極力正しく報告することだけである。

仕込みから四日目。私たちが西和賀に着いてから六日目。ようやく雪納豆を開けるときがやってきた。

土間に転がった筵の縄をほどき、藁苞を一本取り出す。藁紐を解いて開けると、いつもの心温まる匂《にお》いがした。納豆だ。ちゃんと納豆ができている。白くかぶり、糸引きも十分だ。

でも、実はこれまで私はひじょうに重大なことを読者のみなさんに隠していた。タネに市販の納豆から作った納豆を加えているとか、そんなレベルではない。

納豆は「朴葉《ほおば》」に包まれていたのだ。

朴葉は朴の木の葉で、長さ三十センチ、幅は二十センチにもなる。よく料亭などで使うらしい（私は見たことないが）。西和賀では昔から秋のうちに朴葉の枯れ葉を拾っておき、納豆を作るときに使うのだという。

雪納豆もまさにそのようにして作った。煮豆をおたまですくって朴葉に入れ、しっかり包んでから稲藁に入れる。大豆は――藁一本の〝おまじない〟をのぞいて――藁苞とは一切触れていない。この納豆は市販の納豆由来の「タネ」を入れているが、昔はそんなものはない。したがって、藁についた納豆菌が活躍する余地はほとんどなく、それが発酵するとしたら主に朴葉についた納豆菌と考えるしかない。

葉っぱに包んで発酵させる納豆をこの本では『アジア納豆』と呼んできた。謎の雪納豆。それはすなわち『アジア納豆』だったのだ。

私たちはいちばん最初にネットの記事で朴葉を使っている写真を見たときから、「なんだ、こりゃ！」と激しく興奮していた。しかるに、その記事では「朴葉を使うのは殺菌作用があるため」と軽く記すのみだった。「納豆菌はワラにつく」という強い先入観ゆえ、気づかないのである。これまで百回か二百回の取材でも誰ひとり気づかなかった。中村さん夫妻も同様だ。

中村さんたちは「朴葉を使うと豆がこぼれないし便利だ」という。まるでシャン族のような言い方だ。実際、煮豆を鍋でことこと煮ているわきに、大きな朴葉を積み上げた様子はまるでシャン州かナガ山地かネパールだった。

竹村先輩はこんな推理を披露した。「昔は朴葉だけで納豆を作ってたんじゃないか。藁は保温材として使うようになり、そのうち朴葉を使わず、藁だけになったんじゃないか」

藁苞だけになった理由として先輩は「稲作信仰」を挙げる。葉っぱより稲藁の方が御馳走《ごちそう》感があったんじゃないかということである。

中村さん夫妻にもわかりやすいよう、私たちは「実験用」の納豆を取り出した。雪納豆を仕込むとき、「タネ」を混ぜない純粋な煮豆を分けてもらい、半分は朴葉に包んでからタッパーに入れ、もう半分は藁苞でなくただの藁と一緒に別のタッパーに入れた。

それを開けると、予想通り、両方とも納豆ができていた。片方は朴葉の納豆菌で、もう片方は藁の納豆菌による発酵だ。

両方ともしっかり発酵しているが、糸引きは強くない。まるでシャンの納豆みたいだ。これでせんべい納豆を作ったらさぞよいものができるだろう。

「朴葉でも納豆ができるんだ」とキミイさんはびっくりしている。

「世の中には納豆菌がうようよしてるってことだな」タバコをふかしながら、一美さんが笑う。

試食会に移った。キミイさんが白菜の漬け物、たくわん、豚汁、わらび、水菜、大根の一本漬け、そしてご飯を用意してくれた。ふだん食べている菓子箱で発酵させた納豆も出てきた。

朴葉納豆より雪納豆の方がうまい。タネを入れただけあり、粘り気も強いし、豆がキュッとしまっている。キミイさんは雪納豆を仕込むとき、少し穴が開いた朴葉を選んでいた。穴がなければ自分で開けていた。そのようにして空気の通りをよくしていたのだ。ナガのトウテイ母さんと全く同じだ。私たちはそれを怠っていた。またワラは保温材だけでなく水分を吸う。やはり日本人が長らく使っていただけあり、ワラは優秀な素材なのだ。

念願の雪納豆を食べてみた。

すっかり、納豆にうるさくなってしまった私たちだが、塩をかけただけの納豆を一口食べた途端、「おおっ！」と大声を出してしまった。粒がしっかりしていて、豆が実にうまい。中村さん夫妻が自分で作っている大豆自体がおいしいうえ、それを弱火でとろとろ煮たため、皮がついたままだ。皮があると豆の旨味《うまみ》が外に逃げず、中にうまく閉じ込められている。そして、時間が経つとともに、豆がキュキュッと締まって風味が凝縮されていく。市販の納豆も皮付きだが、なぜかこんなふうには締まらない。不思議としか言いようがない。

「納豆がね、一粒一粒が、俺だ！俺だ！って主張してるの。売ってる納豆じゃこうはいかない」とキミイさん。

「市販の納豆は食べたあとすぐ口をゆすがないと気持ち悪いけど、この納豆はいつまでも口の中に残していたいと思う」

たしかに。調味液頼りである一般の市販納豆とは「格」がちがう。

これが幻の雪納豆の味なのだ。感無量だ。

それにしても、いくらワラを敷き詰めて熱湯入りの鍋を入れたとはいえ、雪の中でこんな絶品納豆がよく作れるものだ。現代文明がやってくる以前、この豪雪地帯に暮らしていた人々は、どうしても納豆を食べたいという思いで試行錯誤を繰り返したのだろう。その努力と執念には畏怖《いふ》の念すら覚える。

「こんな過酷な冬の暮らしで食文化の発展に挑んだ先人にはほんとうに頭が下がります」とキミイさんも強い口調で言う。「よくぞ現代まで私たちに命をつないでくれたと感謝の気持ちでいっぱいになるんです」

私たちもその言葉にうなずくしかない。

ところで、もう一つ驚くべき納豆があった。菓子箱納豆だ。

キミイさんたちは自分で栽培した大豆に市販の納豆を「タネ」として混ぜ、菓子箱に、お菓子用のセロファン紙を敷き、その上に敷き詰める。藁の「おまじない」をいくつか載せ、箱は電気毛布に包む。そのようにして作っているというので、私たちは「菓子箱納豆」と名付けた。

西和賀では今でもこの菓子箱による手造り納豆は一般的だという。高橋ヒメさんの息子、英徳さんも「売ってる納豆よりずっと美味い」と言っていた。食べ方は塩のみ。豆の味がしっかりしているから、他の味はむしろ邪魔なのだ。温度管理が安定しているせいだろうか、純粋に味だけなら、雪納豆をも上回る。そして、これをただ「おいしいから」という理由で作り続けているのだから、西和賀町おそるべしである。雪納豆にしても菓子箱納豆にしても、市販の納豆を「タネ」に使っているから、日本の昔の手造り納豆のよさと現代の科学技術を駆使したハイブリッド納豆ともいえる。

見る者を迫力で圧倒する幻の雪納豆と地道に絶品である菓子箱納豆。

私もこの二、三年、アジアと国内各地でずいぶんいろいろな納豆を食べてきたが、納豆料理はともかくとして、納豆単品なら、この両者が「ベスト・オブ・納豆」である（以後、今に至るまでベストのままだ）。

長い長いアジア納豆の旅。それはこの雪に埋もれた奥羽山脈の真っ只中《まっただなか》、想像もしなかった二つの究極の納豆との出会いで静かに終わりを告げたのだった。

雪納豆は朴葉に包まれていた！

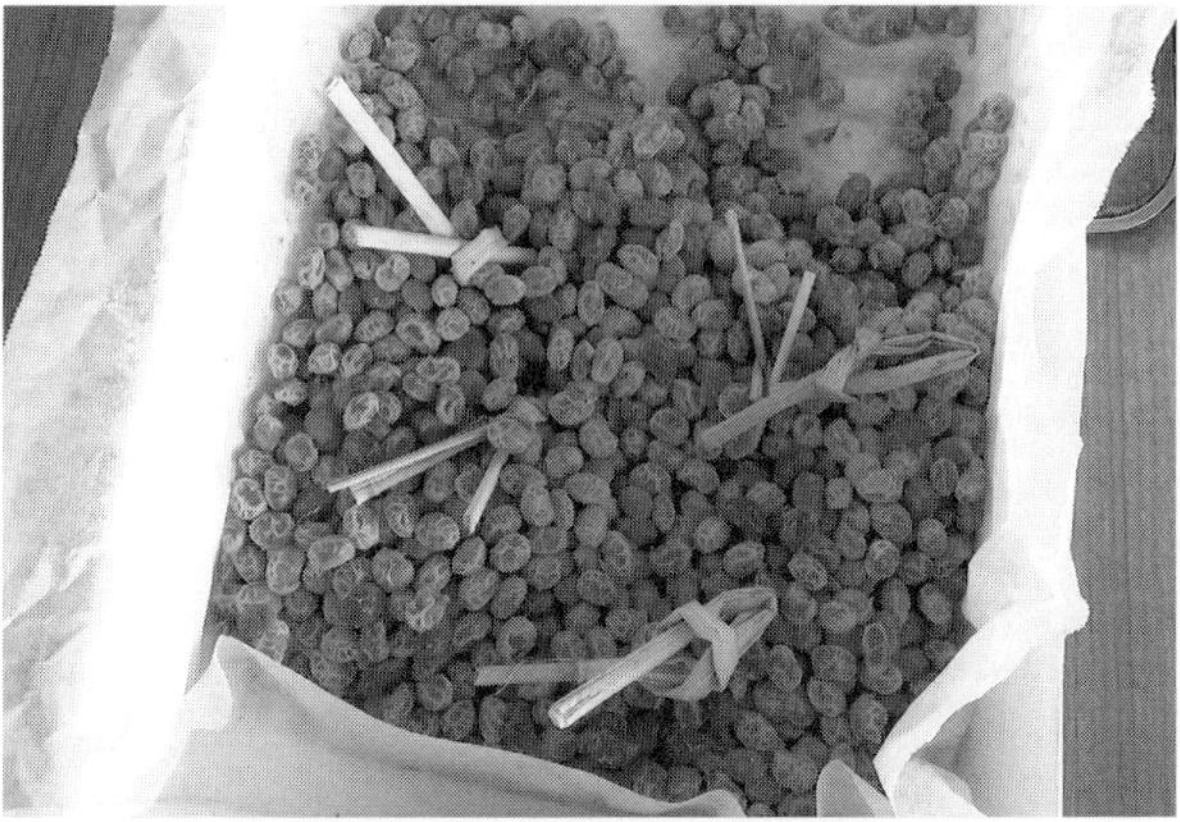

西和賀名物「菓子箱納豆」。これも絶品。

第十三章　納豆の起源

〝アジア納豆〟とは何か

　気軽に始めた納豆探索はいまや私のライフワークだ。世界の全《すべ》ての納豆を食べ尽くしてから本を書きたいと思ったのだが、そうもいかない。現時点でわかった範囲で、「アジア納豆とは何か」をまとめてみる。そして、取材で得た知識や体験をベースに、多くの人を魅了する「納豆の起源」に迫ってみたい。

　アジア納豆とは一言でいえば「辺境食」である。

　東は中国湖南省から西はネパール東部に広がる、標高五百から千五百メートルくらいの森林性の山岳地帯やその盆地に住む多くの民族によって食されている。肉や魚、塩や油が手に入りにくい場所なので、納豆は貴重なタンパク源にして旨味《うまみ》調味料である。

　納豆民族は例外なく所属する国においてマイノリティだ。それは偶然ではない。どの国でも、豊富な人口を擁するのは平野部だ。魚や家畜の肉、あるいは塩や油を入手しやすく、他の有力な調味料が発達している。納豆を必要としないのだ。

例を挙げると、

タイ・ミャンマー…魚醤《ぎょしょう》文化（タイのナンプラー、ミャンマーのンガピを使用）

インド・ネパール…カレー文化

ブータン…牧畜文化（チーズ）

中国…中華文化（漢民族の文化。味噌《みそ》・醤油、油など）

これらの調味料を発達させたマジョリティはあまり納豆を食べない。納豆の存在自体を知らない人々も少なくない。

納豆を食べるのは基本的には「山の民」なのである。

大豆は山のやせた土地でもよく育つ。アジア納豆地帯の大豆は、日本の市販納豆の極小粒と同じくらいの大きさで、かなり小さい。そしてやや細長い。

仕込みに使うスターター（納豆菌のついたもの）は植物の葉である。大きくて包みやすい葉ならなんでもいい。

ただ、民族や地域、個人によってこだわりがある。特にシダ、クズウコン科フリニウム属、クワ科イチジク属の葉を使っている人は「これを使うと味がいい」と主張する。

納豆作りは科学ではなく生活だ。例えば、ナガ族のトウテイ母さんは「もっとよい葉っぱがあるけど、それは畑の近く。冬は畑に行かないから、家の近くにある葉っぱを使う」と語る。

これは私たちが「駅の近くのスーパーの方がおいしい納豆があって、いつもは仕事の帰りに買っていくけど、休みの日はわざわざそこまで行くのが面倒だから、家の近くのコンビニで買う」というのと同じだ。もちろん「絶対に駅前のスーパーで売ってる××納豆でなければダメだ」という人もいるだろう。もっとこだわる人ならお取り寄せを検討する。

対照的に、「どこでも生えているし、一度にたくさん包めて便利だから」という手軽さを理由にバナナの葉を使う人たちもいるが、それは「とにかく家の近くに売っていて、安い納豆がいい」という日本の消費者と変わらない。

こだわりの加減には民族差や地域差、個人差、そのときどきの気分や事情などが影響するのだ。

一つ、付け加えたいのはシダ。シダで食物を包むなど、日本人の私たちにはひじょうに奇抜に思えるが、アジア大陸の納豆民族にとっては決してそうではない。ネパールではシダの麹《こうじ》で酒を造っているし、シャン族の歴史家サイカムモン氏によると、シャンの人々はかつてシダの茎を筆として用いたという（1、文献引用参照）。シダもまた「身近な材料」の一つなのだ。

葉っぱを使わない人もいるが、それは通年で商売として作っている人に多い。納豆菌が袋や籠《かご》につくからだろう。

また、ワラを使うという人たちも中国雲南省には若干いる（あるいは「いた」）。ただし、藁苞にするのではなく、鍋《なべ》や箱にワラを敷き詰めた上に煮豆をのせるというスタイルのようである（2）。でも、ワラが特にいいという話は聞いていない。

仕込みの方法はどの民族も基本的には同じである。葉っぱに小分けして包むところと、一度に大量に作るところがある。

発酵の場所は、日中は日向《ひなた》、夜は火の近くというのが一般的だ。「暖かいかどうかは全然気にしない」「どこにおいてもいい」という人たちもいる。特に大量に作る人はそう言う。納豆の発酵熱で十分なのだろう。

日本では、納豆を発酵させるときの温度は四十度、発酵時間は十八時間程度が目安のようだが（メーカーや研究者によって意見は異なる）、アジア納豆は温度は低めで、時間は長め。二晩が標準的。開けてみて発酵が足りなければ時間を延ばす。全体としてフレキシブルである。

次に食べ方。

日本と同様、生でも食べる。塩、唐辛子、生姜《しょうが》、パクチー、ネギなどと和《あ》えるのが一般的。漬け物と和えるところもある。アボカドや塩魚と和えた例も。

湖南省の後に訪れた中国貴州省の省都・貴陽では納豆にネギと醤油をかけてご飯と一緒に食べていた。限りなく日本に近い食べ方である。強いて違いを見出すなら、ネギの切り方が千切りやみじんではなく、ざく切りだったくらいか。味も感動的なほど日本の納豆ご飯に似ていた。

しかし、全体としては生よりも火を通す方が多い。炒《いた》める。チャーハンにする。カレースープにする。納豆汁にするなどである。

納豆を加工する方法も様々である。代表的なものを挙げてみよう。

・味噌納豆…臼《うす》でついて味噌状にしたもの。餅米《もちごめ》、麺類《めんるい》、米粉の菓子などと相性がよい。シャン州のチェントゥンでよく食べられている。また、北タイではこの味噌納豆を味つけしたあと葉っぱに包んで蒸して食べる。

・せんべい納豆…プレーン納豆を臼でついてから、せんべい状に伸ばして天日干ししたもの。炙《あぶ》ったり炒めたりして食べる。砕いて調味料としても使用する（シャン州北部・雲南省でよく見かける「ブロック納豆」やパオ族の「碁石納豆」、カチン族の「かりんとう納豆」なども形状が多少異なるだけで、このバリエーションである）。

・干し納豆…天日干ししたもの。ネパールでは湯で戻して、生と同じように使う。カチン族や中国の苗《ミャオ》族は塩を振ってから干す。食べるときはそのままご飯のおかずにしたり、炒め物に入れたりする。

・竹納豆…塩と唐辛子に和えて容器に入れる。カチン族だけでなくシャン族も作るという。

・古納豆（長期熟成納豆）…囲炉裏の上で一週間ほど発酵させたプレーンの納豆を臼で搗《つ》いてから再び囲炉裏の上に置き、緩やかに発酵させる。ナガ族が好む。和え物や汁物などなんにでも使える。

・油納豆…中国雲南省の漢族が好む。漢族はその他、粕《かす》漬けにした納豆も食べるらしい（貴州省の名産品として中国全土でよく知られる「老干媽《ローカンマ》」という、発酵させた大豆を油で漬け込んだ調味料がある。もしかしたら納豆菌発酵の油納豆かもしれないが、レシピを公表していないうえ、偽物《にせもの》が大量に出回っているので、はっきりしたことはわからない)。

このように加工の方法は多種多様だが、重要なのはすべて「保存」が眼目であるということだ。

ブータンではチーズと混ぜる方法もあるそうで(3)、それだけ聞くとエキセントリックだが、「保存法の一種」と考えれば理解しやすい。身近にある塩漬け発酵食品を併用するのは理に適《かな》っているからだ。日本の山形にはプレーンの納豆に塩と米麴を入れてさらに発酵させた「五斗納豆」やそれを商品化した「雪割納豆」というものがあり、東北出身のある知人は「納豆界の反則王アブドーラ・ザ・ブッチャー」と呼ぶが、ブータンのチーズ納豆と似かよった発想であり、素顔のブッチャーが紳士であるように、決してアウトローな食品ではない。

もちろん、保存のために加工した結果、いろいろな味が楽しめるようになったわけで、そこに多様なアジア納豆の文化が花開いたのである。

納豆民族にとって納豆とは「身内」

今度は「食べる人」に目を転じてみよう。

当然、納豆の作り手は食べる人であるが、「作らないけど食べる」という現代日本人のような人たちも大勢いる。本来納豆民族ではなくても同じ地域に住む民族は、食べるようになることが多い。

例えば、ミャンマー・カチン州の州都ミッチーナでは、ビルマ族や漢族のみならず、インド人ヒンドゥー教徒、イスラム教徒もふつうに食べていた。頭に大きなターバンを巻いたシーク教徒の若者が「朝は納豆チャーハン」と微笑《ほほえ》んでいたのは忘れがたい。

漢民族は納豆民族ではないが、実は日本納豆ブームの前から食べている人たちはたくさんいる。中国で少数民族エリアに住む漢族やミャンマーなど外国の納豆民族エリアに住む漢族は、食べるだけでなく、自分で作る。自家用ではなく商売のため。何でも利益になれば商売にしようという漢族の根性を見る思いだ。

納豆民族はアジア大陸部でも日本でも、納豆に対して抱く感情が驚くほど似通っている。

納豆は決して客に出すものではないし、基本的に食堂やレストランのメニューにもない。だから、外国人居住者や旅行者には気づかれにくい。まるで土地の精霊のような存在である。

人々は「しょせん、納豆だし」と軽く見ていることが多く、よその人に対してどこか恥ずかしく思っている節がある。匂《にお》いはくさいし、ネバネバしていて、見栄《みば》えもよくないことを自覚している。それを客に食べさせるのは、自分の垢抜《あかぬ》けない親をよその人に見せるような心境に陥るようだ。少なくとも私はいつもそのような印象を受ける。

でも、――というか、だからこそ、彼らは納豆に対して「身内」のような思いを抱いている。心の中は「うちの納豆はいちばんおいしい」とか「うちの納豆こそ本物」という手前納豆意識に満ちている。シャン族やナガ族のように、「民族のアイデンティティ」としている人たちもいる。最近の日本人も同列である。

ここでどうしても紹介しておきたいのが、韓国・朝鮮の納豆「チョングッチャン（「戦国醬」もしくは「清国醬」）」だ。現地調査には行けていないものの、これまた納豆菌を使った大豆発酵食品、つまり納豆の一種であることを知った。聞くところによれば（未確認だが）、韓国で市販されているチョングッチャンには日本から輸入した納豆菌で発酵させているものがあるという。

主にチゲ（汁もの）に入れる。新宿の大久保でこのチョングッチャンチゲを食べてみたら、ナガ族の納豆汁に似ていて驚いた。味噌状にしているが、まだけっこう豆の部分が残っているし、匂いや味も日本の納豆汁ほど濃くはない。肉が入ると、よりいっそうナガの納豆汁そっくりである。

韓国の人たちのチョングッチャンへの意識も面白い。在日コリアン二世で韓国料理研究の第一人者であるジョン・キョンファ先生（モランボン薬念《ヤンニョム》研究所主任）は「これぞ韓国の味。先祖の味！という気がする」と述べ、韓国生まれで現在日本在住の家庭料理研究家キム・ヨンジョンさんは「独特の匂いがとても懐《なつ》かしくて、韓国を感じてホッとしてしまう」と書いている。

「日本独自の伝統食品」と多くの日本人が思っている納豆について、あろうことか、韓国の人たちは「韓国の味」と思っているのだ。ついでに言えば、前述のお二人とも、私がじかに話を聞いたら「日本の納豆も大好き。でもチョングッチャンは納豆とはちがう。もっと臭い。もっとおいしい」と異口同音のように話していた。

自分たちの納豆がいちばん。他の納豆は似て非なるもの。ここにも納豆民族特有の「手前納豆」意識が見える。

アジア大陸部でも極東でも、納豆民族は、どこに行っても納豆を作り、食べ続けるという特性を持っている。ネパール系のモンゴロイドの人々はグルカ兵として、あるいはブータン難民として、イギリスやアメリカ、イラクやアフガニスタンでも納豆を食べている。湖南省で会った苗族の王君は温州市で十六年も出稼ぎしていたが、毎年帰省の度に故郷の納豆をもって出稼ぎ先に戻っていったという。

戦前から戦後にかけて日本に来たコリアンの人たちは、チョングッチャンを懐かしみ、納豆を代用にしてチョングッチャンチゲを作っていたという。「ナットウジャンチゲ」とも呼ばれていたそうだ。

このように納豆民族にとって、納豆とは他に代えがたい故郷の味となる場合が多いのである。

アジア納豆の起源と「西南シルクロード」

アジア納豆の発祥の地はどこだろうか。

というより、アジア納豆には、はっきりした「発祥の地」が存在するのか否《いな》か。

私の結論は「否」。納豆は実に簡単に作ることができる食べ物だ。人に習わなければ作れないほど複雑なものではない。いろいろな場所でいろいろな時期に作られるようになり、いったん作られると、近隣の民族にも「お、これ、なかなか美味《うま》いな」という調子で伝わっていったのではないか。パオ族だって、シャン族と出会って納豆を食べ始め、やがては自分たちで作るようになったと言っていたではないか。

でも、私はもっと突っ込んで考えてみたい。納豆に取り憑《つ》かれていることもあるが、それだけではない。これはかつて私が踏破したことのある「西南シルクロード」とも深く結びついているからだ。

シルクロードといえば、長安（現在の西安）を出て、新疆《しんきょう》ウイグル自治区を通り中央アジアに抜ける「北方ルート」がもっぱら知られているが、実は中国四川省の成都を出発点として、ミャンマー北部を通りインドに抜けるルートも存在したとされる（4）。

紀元前二世紀、北方のシルクロードを「発見」した漢（前漢）の張騫《ちょうけん》は、現在のアフガニスタン北部で、四川もしくは雲南のものと思われる竹の杖《つえ》と布に出くわした。自分のルートではこんなものを目撃していなかったらしく、彼は「南を通るルートもあるのだ」と確信した。張騫の進言により、漢の武帝は探索の使者を四度派遣したが地元民の襲撃を受けていずれも失敗。最終的には数万の兵を動員して雲南に攻め入り、瀾滄江《らんそうこう》（メコン川上流部）の西側まで征服した。漢朝は永昌郡《えいしょうぐん》を設置し、インドとの交易が盛んになったという（5）。

北方シルクロードよりもっと古い可能性もあるこのシルクロードは、中国の西南部を通るため、「西南シルクロード」と呼ばれているが、現在に至るまで本格的な調査が行われたことがなく、謎《なぞ》に包まれている。最大の理由は、ミャンマー北部からインド北東部にかけての地域が険しい密林の山岳地帯で、今現在も政情不安定で反政府ゲリラの活動地域になっているからだ。漢の時代と大差ない状況ともいえる（6）。

私は二〇〇二年に、そのルートの陸路での踏破に挑戦した。中国部分はふつうのバスを乗り継いでまず中国貴州省の苗族を、雲南省ではシャン族を訪ね、ミャンマーから先は反政府ゲリラであるシャン州軍の元リーダーの紹介を受け、同じくゲリラのカチン独立軍の力を借りてジャングルを歩き、インド国境に到達した。

本当はそこから中国国境へ戻る予定が、ミャンマー徒歩横断に二カ月もかかってしまい、心身はボロボロ、雨季のため激しい雨が連日降り、河を歩いて戻れなくなっていた（行くときも兵士たちと手をつないでゴウゴウと流れる河を徒渉した）。結局、ナガ族のゲリラの助けを得て、インドのコルカタまで出た（詳しい経緯については拙著『西南シルクロードは密林に消える』をご参照いただきたい）。

そうなのである。西南シルクロードの旅は苗族、シャン族、カチン族、ナガ族を渡り歩く旅だったのだ。

もちろん偶然ではない。西南シルクロード自体が「納豆地帯」なのである。そして、ここには納豆の歴史を示唆《しさ》するものがある。

私が確認したアジア大陸の納豆民族は、①タイ諸語族（シャン族、北タイ族、ラオ族など）、②チベット・ビルマ語系（ミャンマーのカチン族やナガ族、パオ族、ネパールのライ・リンブー族、ブータンのツァンラ族など）、③ミャオ・ヤオ諸語（苗族など）の言語を話す民族だ。

第十一章で述べたように、彼らは昔、中国南部に住んでいたが、漢族の膨張・南下に伴い、その圧迫を受けて、次第に現在のヒマラヤから中国西南部（貴州省や雲南省、広西チワン族自治区など）、東南アジア北部の山岳地帯へと移り住むようになったと大筋では考えられている（7）。直接漢族と接していなくても、他の民族が漢族の圧迫を受けて南下・西進したために、玉突きのように南へ西へと押し出される形となった民族もいるだろう。

その移動経路のうち、西へ向かい、現在のインドやネパール付近に向かうルートが「西南シルクロード」なのである。

実際、私が旅してみると、一般の日本人がイメージするような「道」などない。険しい山とジャングルである。でも、絶えず小さい村が点在し、伝っていくことができる。重要なのは、大河がないことだ。雨季以外なら歩いて徒渉できる程度の川しかない。大きな川は渡るのが困難だ。たとえ舟があったとしても、川沿いにはきっと強大な他の民族集団が存在し、行く手を阻《はば》んだことだろう。現在のミャンマーでも大きな

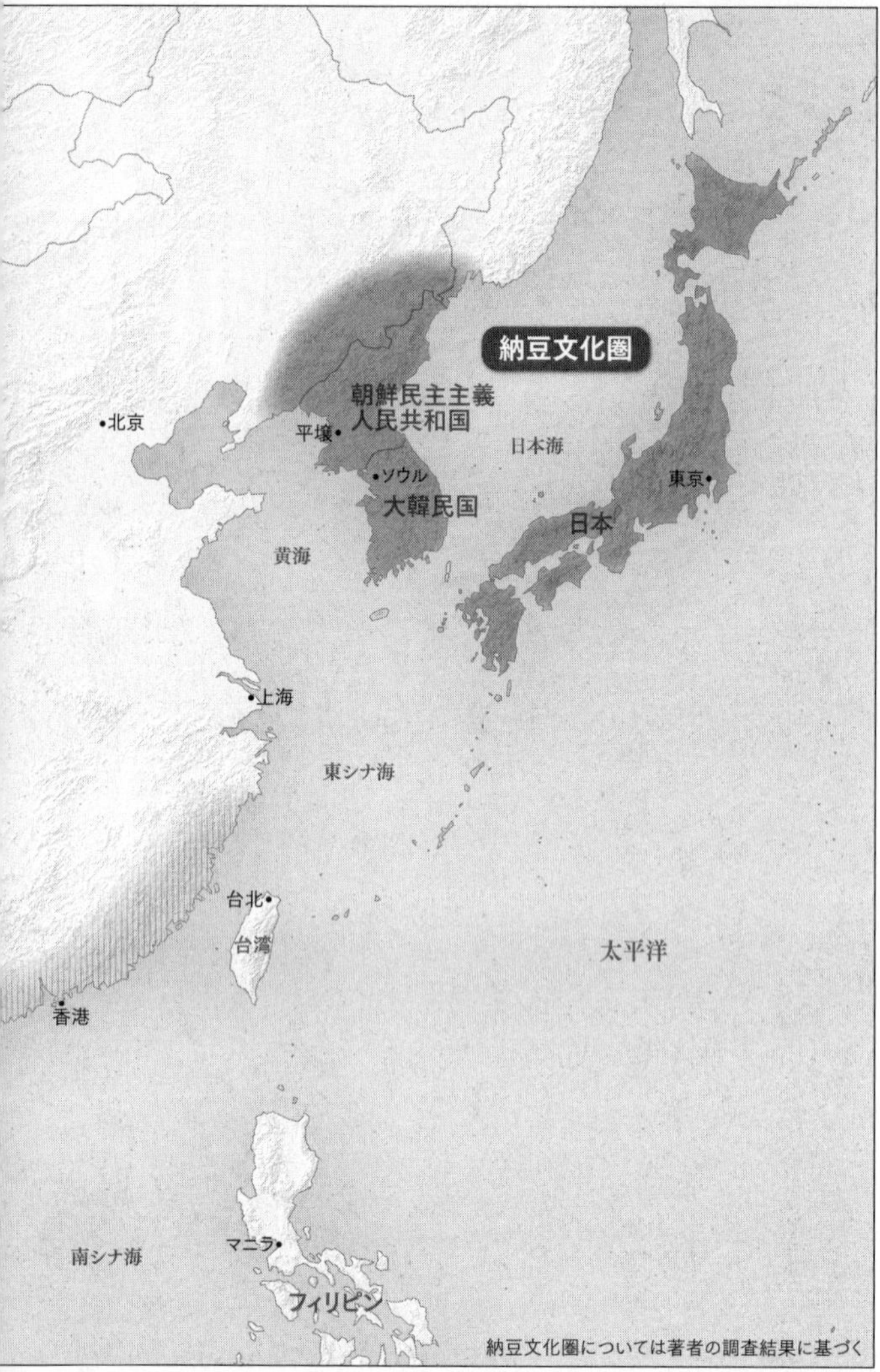
納豆文化圏
朝鮮民主主義
人民共和国
北京
平壌
ソウル
大韓民国
日本海
東京
日本
黄海
上海
東シナ海
台北
台湾
太平洋
香港
マニラ
南シナ海
フィリピン
納豆文化圏については著者の調査結果に基づく

アジア大陸の
旨味調味料文化圏（イメージ）
ウランバートル
モンゴル
牧畜文化圏
（乳製品）
牧畜文化圏
（乳製品）
中華人民共和国
ライ、リンブー
（ネパール、インド、ブータン）
ツァンラ（ブータン）
納豆文化圏
ナガ（インド、ミャンマー）
ネパール
カトマンズ
ブータン
ティンプー
重慶
カチン（ミャンマー、中国）
カレー文化圏
苗族
貴陽
バングラデシュ
ミッチーナ
ダッカ
インド
コルカタ
シャン、北タイ、傣族、ラオ
（ミャンマー、タイ、中国、ラオス）
ミャンマー
マンダレー
チェントゥン
ハノイ
タウンジー
ネーピードー
ラオス
ベトナム
チェンマイ
ビエンチャン
ヤンゴン
タイ
ベンガル湾
魚醤文化圏
バンコク
カンボジア
0
500km
プノンペン

川沿いは政府軍ががっちり押さえている。

中国南部からインド北東部にかけては、小さな民族集団が移動しやすい地域なのである。

漢の張騫がアフガニスタンで見つけた竹や布は、そのような小さな民族集団に手渡しされるように運ばれていったのだろうと私は推測している。そして納豆にまつわる文化も、納豆民族自体も、同じ経路をたどっていったのだろう。

もちろん、〝西南シルクロード＝納豆ロード〟というわけではない。中国南部から押し出された民族は西だけでなく、南へも進んだ。ベトナムやタイ、ラオス、ミャンマーにも移動していった。平野部に降りた人々は他の発酵食品やタンパク源を見出《みいだ》し、納豆を食べるのをやめた。山岳部に残った人たちはいまでも納豆を食べ続けている。

アジア納豆は「西南シルクロード」という大きな歴史の流れに位置づけると、いっそうダイナミックな魅力をかもすのだ。

日本納豆の独自性とは何か

ここまで考えると、どうしても日本の納豆のことを考えざるをえない。アジア納豆のことを考えれば考えるほど、日本納豆に帰って行く。あるいは日本納豆が私の所に帰ってくるのだ。まるでブーメランのように。

真っ先にあげたいのは、アジア大陸同様、日本でも納豆は「辺境食」だったと推測されることだ。

アジア納豆と同様、内陸部でよく食される、貴重なタンパク源と調味料。少なくとも室町時代から江戸後期まで納豆は納豆汁として利用されていた。現在、日本で最も納豆文化が色濃く残ると思われる秋田県南部では納豆汁をメインに食べる。

秋田県は象徴的だ。海岸部での冬の名物は「しょっつる（魚醬）」、内陸部は納豆汁。これは北部の内陸では納豆を作り、沿岸部のバンコクではナンプラー（魚醬）を使うタイや、北東内陸部のシャン州では納豆を食べ、沿岸部のヤンゴンではンガピ（魚醬）が食されるミャンマーと見事に相似している。

本来、納豆は東北地方の内陸部が「本場」だと思う。それは納豆が〝全国制覇〟している現在でも、世帯当たりの都市別納豆購入金額で東北勢が上位を席巻《せっけん》していることからも想像できる（8）。水戸納豆を最初に販売した元祖・天狗納豆の創始者、初代笹沼清左衛門氏も宮城県に行って納豆作りを習い、さらに同県から納豆職人を連れて帰って「水戸納豆」の基礎を築いている。

なぜ西日本ではあまり食べられていないのか。これは答えるのが難しい問題だが、

「東日本は山文化が優勢で、西日本は海文化が優勢だから」というのが一つの答えだろう。

地図を見ればわかるように、西日本は東日本に比べて海が近い。流通も東日本に比べれば昔から発達している。

室町時代から江戸にかけて、納豆汁は関西でもよく食べられたが、明治以降は記録がほとんどないという。なぜ幕末から明治にかけて納豆汁が絶滅してしまったのか不明だ（この現象にはひじょうに興味があり、いずれ調べてみたいと思っている）。納豆汁が廃《すた》れて納豆を食べなくなった地域は、おそらく、環境的には納豆を必要としない土地だったのではないだろうか。東北や北関東では生活になくてはならないものだから、廃れようもなかったのだと思う。

日本の納豆の独自性は藁苞《わらづと》で作ることだ。納豆菌はワラにいるもの、だから納豆はワラで作るもの、というのが日本人の固定観念である。雪納豆は朴葉《ほおば》の納豆菌で作るのに、誰ひとりそれに気づかなかったことがそれをよく証明している。

日本で納豆をワラで作るのにはいくつも理由が考えられる。まず、日本では多くの地域で冬に葉が落ちてしまう。東北の内陸部にいたっては、草木は雪に埋もれる。そんな状況では、アジアの納豆民族のように、大きな葉を探して使うことが困難だ。

一方、稲作が広く行われているので、わらじや蓑《みの》、縄の材料として、あるいは家畜の餌《えさ》としてワラはふんだんにある。ワラで包むようになったのは自然の流れだろう。竹村先輩が推測するように、かつては朴葉か他の葉で作っていたのが、やがて保温用にワラを併用するようになり、しまいには葉が割愛されて藁苞だけになったのかもしれない。

アジア納豆を探索してきた人間の目から見ると、ワラでの仕込みというのは実にユニークで興味深い。

初めに思うのは「どうしてこんな面倒くさいことをするんだろう」。藁苞を一本作るのには大変な労力が要る。しかも藁苞一本に市販の納豆二パック分程度しか入らない。場所ももものすごくとる。朴葉を敷かなければ、ワラの間に豆がひっかかってとりづらい。

そんな苦労をするくらいなら、朴葉を秋のうちに集めておいて、朴葉で包んでおしまいにすればいいんじゃないか。アジア納豆のように……。

そう思ったりもしたが、ワラにはワラの長所があるのだ。

一つは保温。ワラは保温力が高い。藁布団《ぶとん》というくらいだ。ネパール東部では煮豆をプラスチック袋で覆《おお》った上からワラをかけていた。保温のためである（もしかすると、ワラの納豆菌もプラスチック袋の編み目から中の豆に浸透しているのかもしれないが）。

もっと大きな長所は「保存」だ。

前に述べたように、アジアの納豆民族は保存のためにさまざまな工夫を凝らしていたが、どこも必ず、スターターの葉っぱからいったん取り出す。なぜかというと、葉っぱが先に傷《いた》むからだ。

私は取材中、しばしば入手した生の納豆を持ち歩いていたが、保存には毎回悩まされた。冷蔵庫のない場所では気候がけっこう冷涼でも、一週間ともたず傷んでしまうのだ。葉が腐ったりカビが生えたりしてくる。そこから中の納豆も傷んでいく。また葉っぱは通気性がよくない。しばらく置いておくと、中に水分が少しずつたまっていく。発酵を続ける納豆から出る水分もあれば、包みの中の空気中に含まれる水分や、葉が乾燥する過程で放出される水分もあるだろう。それも納豆を傷みやすくさせる。

ところがすでに乾燥しきったワラにはそういう心配がない。私は登喜和食品からいただいた藁苞納豆を持ち歩いていたが、抜群の保存力があった。ワラは傷まないし、吸水性も兼ね備えている。中国湖南省のミャオ族の村では、鍋にシダを敷いて納豆を作っていたが、シダの下にわざわざワラを敷いていた。「水を吸うから」とのことだった。登喜和食品の遊作社長の「納豆は保存食なんです」という言葉がようやく実感として理解できた。

藁苞納豆の特徴がまさにここにある。仕込むときにはえらく労力がかかるが、いったんできてしまえば、手間入らずなのだ。

日本でワラを使うのは、シャン族がせんべい納豆を作ったり、ネパールのライ・リンブー族が干し納豆を作るのと同じ方向性の工夫にも思える。つまり、保存のためなのだ。

明治期以降、藁苞納豆がまず「土産物」として販売されたというのもこの「保存性」による。江戸時代、江戸の町で売られていた納豆は行商人がザルに入れて売り歩くものだった。その日かぎりの商品だ。

水戸納豆は明治期に鉄道の開通に伴い、偕楽園に来る観光客に土産物として売り出したのが最初だそうだし、秋田県の大保納豆も同じく鉄道の開通で、花火大会を見に来る観光客や鉄道関係者に売り出したことでスタートしたという。

保存性の高さが商業生産化につながったのである。

その意味では藁苞納豆はカチン族の竹納豆と似た位置にある。

日本の納豆は外国の納豆とはちがうと言われるが、所詮《しょせん》それは「うちの納豆がいちばん。他の納豆はうまくない。別物」という納豆民族に共通する手前納豆意識によると思う。

もし、本当に「ちがう」とすれば、現在の日本納豆が、菌メーカーと納豆メーカーの企業努力と科学者の研究開発による「栽培品種」であることだろう。伝統的な日本の納豆ではないのだ。

「(アジアの納豆は)日本の納豆と似て非なるもの」と言った総本山納豆連の方々も、実際に私たちがミャンマーの納豆製造過程を詳細に説明し、映像を見せると、「日本の昔の納豆を連想させる」と大きな共感を示してくれた。やっとわかってもらえた！とそのときは本当に嬉《うれ》しかった。登喜和食品・遊作社長も「これはいいものを見せていただいた」と喜んでくれた。日本では近代納豆時代に入って百年、昔の納豆作りを知る人は納豆関係者にもほとんどいない。単純に伝統的な納豆を見る機会がないだけなのである。

昔の日本の納豆はもっと匂いや香りがしっかりしており、粘り気が少なかった。

二〇一五年、茨城県の納豆メーカーがパリの国際見本市に納豆を出品した際、「思い切って粘り気を三分の一くらいにした」とのことだが（9）、それはアジア納豆の標準だ。そして、日本の昔ながらの納豆も「こんなには粘らなかった」と実際に昔の手造り納豆を知る人々は証言する。

要するに、「日本独自の伝統食・納豆」を「国際的に広めるために形を変えた」ところ、「本物の伝統的な納豆」に近づいてしまったわけだ。

もう一つ、現代日本納豆の特徴は「たれ」（調味液）がついていること。納豆大好き！という人で、たれなしで、例えば醤油とからしだけで喜んで納豆を食べる人がどれだけいるだろうか。

八〇年代半ばから市販納豆に調味液がつけられるようになった。納豆の科学的研究の基礎文献である『納豆の科学』によれば、「納豆の生産量が飛躍的に増加した要因の1つに調味液付きでの販売があると言われる」（10）。

たれとは旨味調味料であり、主にグルタミン酸とイノシン酸からなる。グルタミン酸は納豆にも含まれているが、イノシン酸は含まれない。そして、グルタミン酸とイノシン酸が合わさると人の感じる旨味は飛躍的に強くなるとされている。グルタミン酸は昆布に、イノシン酸はかつおぶしに多く含まれる（11）。

つまり、海藻や魚由来の旨味成分と似たたれを合わせることで、日本納豆は「辺境食」を脱し、世界で初の〝全国制覇〟をなしとげたのだ。

日本納豆の起源

最後に、どうしてもこれを語らずには話が終わらないテーマについて考えたい。「日本の納豆はどこでどのようにして生まれたのか」。

従来の考え方は大きく二つに分けられると思う。一つは大陸からやって来て日本に広まったという「渡来伝播《でんぱ》説」、もう一つは国内で独自に見いだされたという「国内独立起源説」である。

前者には根強い支持者がある。なぜなら、日本の食べ物の多くが大陸からやってきているからだ。特に大豆、稲作、そして塩辛納豆は中国から渡来したとされている。糸引きの納豆だって当然、中国から来たんだろうと考えるわけだ。また、日本では納豆は全国どこでもこの「納豆」という漢語が使われ、他の言葉がない。ひじょうに幅広い方言が存在する日本で、特に日常の食べ物である納豆に方言がほとんどないことはたしかに不思議だ。熊本県に納豆を「こる豆」もしくは「この豆」と呼ぶ地域があるというが(12)、それ以外は聞いたことがない。ゆえに「味噌」や「豆腐」同様、納豆も大陸から名称とともに渡ってきたと推測するわけだ。

ただ、「納豆」という言葉が中国に存在したことがない(13)という大きな問題が横たわっている。

一方、国内独立起源説については確たる根拠を見聞きした記憶がない。「八幡太郎義家が発見した」とか「加藤清正が最初に食べた」といった、「国内のどこそこで誰それが発見した」話ばかりだ。私の「蝦夷《えみし》発祥説」もその一つだが。

誰も言わないので私が代わりに「国内独立起源説」の根拠を挙げると、「渡来したと考えるのは無理がある」という反論となる。渡来したなら関西や西日本に納豆がつい最近まで根付いてなかった理由が説明できない。大豆作も稲作も渡来後、全国に広まったが、だからといって、関西や西日本、沿岸部や平野部で廃れることはなかった。実際、塩辛納豆の方は渡来してからずっと京都を中心に現在に至るまで地元に根付いている。

国内の発祥地としては、秋田県南部が有力とされている。例の「八幡太郎」源義家伝説である。驚くことに、戦後まもなく（昭和二十四年）ＧＨＱ（連合国軍総司令部）に見せるために東京・三越本店で「大豆文化展覧会」なる催しが行われ(14)、大保納豆を出品した柴田専務の祖父・権一郎氏は「納豆の起源を明確に指示せられたるに依《よ》りGHQ関係方面に認識を深め得た」という功績を讃《たた》えられ感謝状を納豆連の前身である全国納豆工業組合協会からもらっている。柴田専務は私に感謝状を見せてくれた。納豆義家起源説が米軍に認識されていたとはびっくりだ。それはさておき、終戦直後にはすでに「日本の納豆の起源は秋田県南部」というのが納豆業者のコンセンサスを得ていたのはまちがいない。

なぜ、秋田県発祥説と源義家伝説はかくも強いのだろうか。秋田大学の志立正知《しだちまさとも》教授の『〈歴史〉を創《つく》った秋田藩　モノガタリが生まれるメカニズム』を読むと、大変興味深いことが記されていた。

関ケ原の戦いの後、北関東から秋田藩に移封されてきた佐竹氏は、反発する土地の豪族（旧領主の家臣たち）を押さえ込むために、「佐竹氏は源義家の直系の子孫である」というフィクションをこしらえた。実際には、佐竹氏は義家の弟・新羅三郎義光《しんらさぶろうよしみつ》の子孫だとされる。〝先祖・義家〟の秋田における功績を讃えることで、自分たちの統治を正当化し、旧領主の家臣たちと新たな関係を結んでいったというのである。

なかでも大きな役割を果たしたのが、佐竹氏に協力する一部の豪族ゆかりの神社で、佐竹氏にとって都合の良い「縁起」——義家伝説——を創作することによって、藩より手厚い保護を受けていた。それが他ならぬ「納豆神社」こと沼館八幡宮《ぬまだてはちまんぐう》だという

(15)。

義家が納豆を発見したという伝説が広く、しかも強力に流布《るふ》している理由は、佐竹氏秋田藩による積極的な政治工作の結果だと考えられる。

とはいえ、秋田にも食品はいろいろあるはずだ。伝説づくりの材料にあえて義家ゆかりのものに納豆を選んだのは、よほど昔から現地の人たちにとって重要な食べ物だったということだろう。「納豆発祥の地」かどうかはわからないが、少なくとも戦国時代辺りから現代に至るまで秋田県南部は日本納豆の一つの本場と考えていいと思う。

さて、これら二つの説とは別次元でもっと大きな、そして有名な仮説がある。

「照葉樹林文化論《しょうようじゅりんぶんかろん》」だ。

この仮説は六〇年代に植物学者で探検家でもある中尾佐助・元大阪府立大学教授によって唱えられ、一世を風靡《ふうび》した。

照葉樹林文化論とは何か、一言で説明するのは難しい。なぜなら、議論される過程で、新しく付け加えられたり修正されたりした部分が多く、まるで増改築を繰り返して迷路化した温泉旅館みたいな説であるからだ。また、支持者の間でも見解の相違があり、しかも支持者各人の意見も時代を経るに従って変化しているので、なおさらややこしい。

ここではいちばん核心的と思われる部分だけを取り上げてみる。

中尾佐助を始めとする、植物学や民族学の研究者は、中国南部から東南アジア北部、ヒマラヤにかけての内陸山岳地帯で、日本とそっくりの文化を数々発見して驚いた。餅《もち》、赤米、なれ寿司《ずし》、こんにゃく、茶、納豆、竹細工、絹、漆、歌垣《うたがき》、鵜《う》飼い、そして家の造りまで似ている(16)。私が想像するに、人間自体が似ていることにも驚いたのだと思う。実際、中国、タイ、ミャンマー、ネパール、インドとどこから入っても、平野部から山岳地帯へと行くに従い、人の顔つきや雰囲気が日本人に似てくる。平野部は自己主張が強かったり、陽気で開放的な人が多いが、山地に行くと、物静かで控えめな人が優勢になる。

そこから、彼らは、日本とこのアジア大陸部分は何か本質的に関係があるんじゃないかと思った。誰だってそう思う。私だって初めて行ったときは興奮したものだ。

中尾先生が考えたのは、「環境が似ているから同じような文化が発達したのではないか」ということだった(中尾先生は世界規模で栽培食物の起源や分布を考えられるほどの学識と経験があったのだ)。そして、どちらも照葉樹林帯にあることに着目した。照葉樹とは表面がてかてかと光り、冬にも葉が落ちない、つばきやお茶のような

照葉樹林帯と「東亜半月弧」

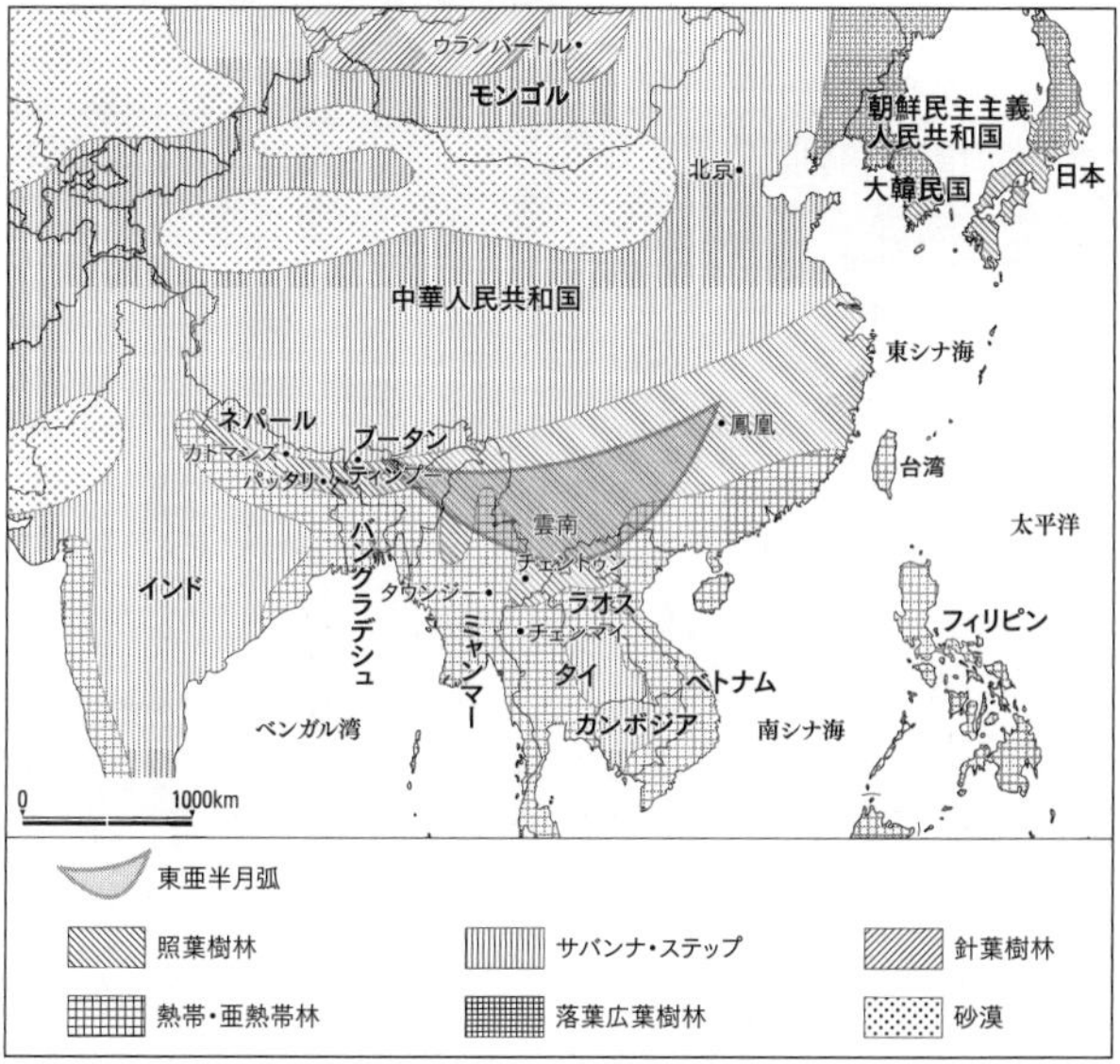

『照葉樹林文化とは何か　東アジアの森が生み出した文明』佐々木高明（中公新書、二〇〇七年）を参考に作成

葉を持つ木のことだ。現在は九州南部や高知県や紀伊半島の海岸部など、温暖な西日本の一部にしか見当たらないが、それは人間が木を切ってしまい、植生が変わったためだという(17)。また、縄文時代は世界的に今よりも気温が高かったため、照葉樹林帯は東日本の沿岸部まで北上していたという(18)。

照葉樹林帯は日本、中国の長江以南からネパールまで続く広大なエリアだが、そのうち現在特にその特徴をよく残す場所(つまり、餅や納豆を食べているところ)を「照葉樹林文化のセンター」と位置づけ、「東亜半月弧《とうあはんげつこ》」と名付けた。ここを中心に大陸から数千年というスパンで、日本へ文化が伝播したと考えるわけだ(19)。

壮大でロマンあふれる仮説だけに、一時はひじょうに人気を博し、今も知る人は少なくない。私が「アジア大陸にも納豆がある」と言ったら、何人かの人に「あー、照葉樹林文化論でしょ」と言われた。そこに「照葉樹林文化圏に納豆があるのは当たり前。今頃何言っているの」というニュアンスを感じることもあった。実をいえば、私がチェンマイで最初にシャンのトナオに出くわしたとき、あまり深く考えなかったのは、当時現地に何人もいた文化人類学の研究者にやっぱり「照葉樹林文化圏だからね」と軽く言われたからでもあった。

しかし、この仮説は最近新たな増改築の話を聞かない。つまり議論が発展している気配がない。はっきり否定する研究者も多い。私のような素人《しろうと》から見ても、疑問に思う点が多々ある。

一つは「時間」を無視していること。東亜半月弧がセンターだというが、そこに住む民族は千年前、二千年前もそこにいたわけではない。前述したように、納豆民族は中国南部各地から移動してきていると思われるのだ。

二つめは、日本納豆の「本場」である東北地方内陸部に関わってくる。ここは、縄文時代でさえ照葉樹林帯ではなかったのだ。照葉樹林文化論の主要な論者である佐々木高明《こうめい》氏は東北地方内陸部を「ナラ林文化圏」としている(20)。日本納豆はそもそも照葉樹林文化とは関係ないということになる。

三つめは、アジア納豆を仕込む葉っぱは私が見た限り、照葉樹の葉は一つもなく、ほとんどが熱帯雨林のものであること。そもそも「東亜半月弧」を照葉樹林帯と呼んでいいのかどうかも疑問だ。照葉樹林と熱帯雨林が混ざっている地域ではないのか。新石器時代（日本の縄文時代）に地球の気候が今より温暖だったときには、熱帯雨林の地域はもっと広かったと考えられる。「東亜半月弧」はほとんど熱帯雨林だったのではないか。

そのようなわけで、納豆は照葉樹林文化論の枠組みでは説明できない。

でも……。照葉樹林文化圏の地図は興味深い。

現在、納豆食が見られる地域は東亜半月弧とかなり重なっている。そして、東は日本列島と朝鮮半島。どうして、ざっと三千キロも隔たった二カ所に納豆があるのか。偶然なのだろうか。

いや、偶然じゃないだろうと思うのだ。

アジア納豆の起源について、私は、「漢族が納豆を食べなくなり、その漢族が膨張することで、納豆民族は西や南に移動を余儀なくされたのではないか」と推測した(四三八頁《ページ》の旨味調味料文化圏地図も再びご参照頂きたい)。

その説は日本と朝鮮を含めたアジア東部全域にもあてはまるのではないか。つまり、納豆食はもともとアジア東部(中国文化圏とそこに隣接する地域)に広く普及していたが、漢族の支配地域でいつの間にか消滅し、東北の辺境(日本と朝鮮半島)と西南の辺境(アジア納豆のエリア)にかろうじて残ったという見方だ。たいへんエレガントで合理的な説明だと我ながら思う。

ただし、この見方にも問題点はある。アジア大陸部では味噌と納豆が並び立たないのに、日本と朝鮮半島では味噌と納豆が両方ともあることはなぜなのか。もっと問題なのはアジア大陸と日本では納豆は主に山(内陸部)の食べ物だが、朝鮮半島では海辺でも食べられているということだ。あー、コリアンの人々よ！　美しくまとまりかけた仮説が成り立たなくなるじゃないか!!

でも、こういう奇妙な不調和がまた、実に面白い。納豆が未知の大陸たる所以《ゆえん》だ。コリアンの納豆事情を解明することが今後の課題だろう。

縄文人は納豆を食べていた!?

納豆発祥の地の話に戻ろう。私としては、納豆は日本と朝鮮半島を含め、アジア大陸東部の各地で非同時多発的に生まれていったという考えに傾いている。

日本は日本で独自に発見、発達していったのではないかと思う。

理由は、繰り返しになるが、納豆はあまりに簡単に作れるからだ。そしてもともと山と相性のよい食べ物だけに、海を越えて伝わったとは考えづらい。

平安時代よりも奈良時代よりももっと古くから納豆はあったのだろう。大豆と稲作が大陸から伝わったと推測される弥生《やよい》時代にはもう日本人は納豆を食べていたのではないかという説は昔からある（21）が、私もそんな気がする……。

と、長いこと思っていたのだが、つい最近（二〇一五年九月）、書店で驚異的な本を発見してしまった。

『ここまでわかった！　縄文人の植物利用』工藤雄一郎／国立歴史民俗博物館編。帯を見ると、「マメ類を栽培し、クリ林やウルシ林を育てる……」などとある。

マメ!?

急いで買って読むと、さらに驚くべきことが書かれていた。縄文人は大豆を食べていたことが明らかになったというのだ。その箇所を記しているのは熊本大学の考古学研究者、小畑弘己《おばたひろき》先生だ。

研究で使用されたのは圧痕《あっこん》レプリカ法という新しい考古学の手法である。

縄文人は家の中で土器を作っていたらしく、土器の表面にはいろいろな植物や虫の痕跡（これを「圧痕」と呼ぶ）が残っている。それを歯科医が患者の歯型をとるのと全く同じように、シリコン樹脂を注入・型どりし、電子顕微鏡で形状を細かく調べるという手法だ。

二〇〇三年くらいから九州で、圧痕レプリカ法により、土器の中から植物の種子を探す研究が盛んになってきた。熊本県の遺跡から発見された小さな粒のような圧痕は、当初「イネ科植物の種じゃないか（ただし稲ではない）」などと思われていたが、あるとき、それがマメの臍《へそ》じゃないかと気づいたという。

小畑先生は商店街の穀物屋に行って、ありったけのマメを買い、手当たり次第それらと見比べたというから素晴らしい。まさに私たちと同じ、体当たりの方法だ。そしてその結果、平べったい大豆であることが判明した。やはり臍の部分で判別できたのだという。この気づきを小畑先生は「縄文時代の農耕史を書き換えた瞬間」と呼んでいる。

臍とは別名「目」とも呼ばれる。

そう、アジア納豆探索の初期に、「ワラが混じっているんじゃないか？」と物議をかもした「大豆の目」、それこそが大豆が縄文時代に存在したことを証明する決め手となったのだ。

小畑先生たちはこの縄文時代の扁平《へんぺい》型大豆を「熊本の大豆＝クマダイ」と名付けた。縄文土器の圧痕を調べていくと、一万三千年前からすでに野生のツルマメが発見されるという。ツルマメは大豆よりはるかに小さい。十分の一くらいの大きさだろうか。それが時代とともに大型化してくる。これは人間が種子を栽培化した結果だという。

ツルマメが急激に大型化して「クマダイ」になるのは縄文中期。いちばん早い例は山梨県の酒呑場《さけのみば》遺跡《いせき》という素敵な名前の遺跡から発見された。今から六千年前のものだ。

それだけではない。同じく圧痕レプリカ法による最近の調査の結果、黄河流域、朝鮮半島、日本とそれぞれ独自に栽培化されたことがわかった。豆の形が異なるのである(22)。

日本も大豆の起源地の一つなのだ。しかも、中国や朝鮮半島とほぼ同時期か若干早いくらいらしい。

いや、びっくりである。土俵際《ぎわ》でいきなりすくい投げをくらったような気分だ。

納豆は人間が大豆を食べ始めたごく初期の段階ですでに存在していたのではないかと前に書いた。これは別に私だけの見解ではなく、少なからぬ納豆関係者が「大豆と稲作が伝わった弥生時代に、当時の人が納豆を作って食べていても不思議はない」と考えているとも。

でも、大豆食は弥生時代ではなく縄文時代に遡《さかのぼ》ることができるのだ。六千年前といえば稲作伝来より三千年も前だが、納豆作りと稲作は直接的に関係がないと知ってしまった以上、気にすることはない。次のように訂正すべきだろう。

「大豆が栽培化された縄文時代に、当時の人が納豆を食べていても不思議はない」

私は熊本大学に小畑先生を訪ね、アジア納豆の写真を見せながら、説明した。小畑先生はアジア納豆のことを知らなかったようで、葉っぱから納豆が作れるという話に「目から鱗《うろこ》です」と驚いていた。

そして、私は最新仮説「縄文人は納豆を食べていた」を披露した。

煮豆が余ったら、ひとまず葉っぱに包むか籠《かご》に葉っぱを敷いてそこに入れるかして、囲炉裏の上の棚にのせたのではないか。虫もネズミも来ないし、煙でいぶされるから傷みにくい。そして、温度が高く保たれるので、納豆になりやすい。というより、煮豆が納豆にならないほうがおかしいんじゃないか――。

「考えてもみなかったけど、その可能性は十分ありますね」と小畑先生は唸《うな》った。

「縄文遺跡では囲炉裏の上の棚が落ちて崩れたあとも出てきてますからね」

私の熱気に押されたのか、小畑先生も同調してくれた。

しかし、問題はわかっている。証明の方法がないのだ。天下の圧痕レプリカ法でも納豆のネバネバやナットウキナーゼを検出することはできない。

私が悩んでいるのを見かねてか、小畑先生は「状況証拠なら見つけられるんじゃないですか」とアドバイスをくれた。「縄文人が使っていた葉っぱと同じ葉っぱで納豆が作れれば、縄文人が納豆を作って食べていた可能性があるといえるでしょう」

縄文人が使っていて納豆が作れそうな大きめの葉っぱは何だろう。

先生の答えは「トチノキくらいでしょうか」。

なるほど！　トチノキか。縄文人はトチの実を常食していたという。その木の葉なら彼らの身近にあるはずで、煮豆を包むにはふさわしい。アジア納豆の感覚とも一致する。

最後の納豆合宿

このような経緯で、私たちは最後の納豆合宿を行うことにした。実は笹《ささ》の葉やビワの葉で納豆を作ったあとも、私たちは飯田で桐《きり》の葉や蕗《ふき》の葉などで納豆を作っていたのである。純粋な好奇心からだ。どんな葉っぱからも納豆ができた。

トチの葉でも納豆ができるにちがいない。そうは思うものの、推測と体験はちがう。自分の目で確かめないといけない。

二〇一五年十一月、私はまたしても国際納豆犬のマドを連れて飯田の竹村家を訪ねた。

「この辺は縄文遺跡ばっかりだよ」と先輩は言う。「今度、飯田をリニア（モーターカー）が通るんで、そのための工事でなおさらたくさん出てくる。縄文時代の方が今より人口が多かったんじゃないかなんて言われてるよ」

最後のはジョークとしても、驚きである。いちばん近い切石遺跡は竹村邸から徒歩一分のところにあるという。

トチノキも豊富だ。竹村さんがすでに愛犬のナズナを連れて軽トラであちこち走り回り、トチノキを見つけてくれていた。日本で三番目に大きいというトチの大木が山の上の神社にあるが、残念ながらその木はもう葉を落としていたので、私たちは風越《かざこし》公園という市内の公園に行った。葉っぱは半分以上、黄葉《こうよう》で見事に真っ黄色だが、緑の葉も残っている。

「縄文人もこんな鮮やかな黄葉を見ていたんだろうか」と不思議な気持ちになった。黄色の葉と緑の葉を両方採集した。

五分に一度くらいの頻度で「パーン！」と鉄砲の音がする。リンゴや柿《かき》の収穫時期なのでサルや鹿《しか》よけに空砲を鳴らしているのだ。案の定マドがブルブル震えだしたので、急いで竹村邸に帰った。

夕方、仕込みを始めた。大豆を圧力鍋で煮て、黄色の葉と緑の葉に半分ずつ包む。黄色い葉は枯れ葉に近いので、やや固い。

今回は秘密兵器を用意した。「納豆製造器」だ。本来はヨーグルト製造器だが、納豆も作れると書かれている。

これには温度を一定に保つという機能がついている。今のテクノロジーからすれば、ごく原始的な保温器だが、私たちにはカルチャーショックに近いものがあった。なにしろ、温度を一定に保つのは至難の技なのだ。

「これ、めちゃくちゃ便利ですねえ！」

「文明の利器ってやつだな！」

感心しながら、午後五時四十分に「温度：四十度　時間：四十八時間」にセットした。保温器は私が寝ている部屋の隅に置いた。保温器に入れておくと匂いもしないのか、犬たちは興味を示さない。

四時間後の九時半ごろ、ふと保温器を見たら、なんと電源が入っていない！　温度と時間をセットしてから電源をオンにするという仕組みなのを忘れていた。相変わらずの杜撰《ずさん》さで一瞬青ざめたが、先輩は平然として、「縄文人はそんなこと気にしないよ」。まあ、そりゃそうだ。というより、「てきとうにできてしまった」という仮説なのだから、厳密にいえば「てきとうにやるべき」なのかもしれない。

翌朝、八時二十分。まだ十五時間。完成には早いが、様子をみることにした。保温器から黄色と緑の包みを一つずつ取り出し、開いてみると……。

「うぉー！」

黄色の葉のものも緑の葉のものも、すごい糸引きである。今まで十種類近い葉っぱで納豆を作ってきたが、史上最高の糸引き具合だ。

「やったー！　縄文納豆、できたー!!」

味見すると、雑味のないクリヤーな味である。糸引きのわりにはあっさりしている。まだ発酵がさほど進んでないのだろう。

それにしても、前回と同じだ。「絶対トチの葉でも納豆はできる！」と思ってはいても、本当にできるとやはり感動してしまった。縄文人もこれを食べていたと思うからなおさらだ。

先輩に至っては、一口味わうと、「なんだかキュンとするよ」と柄にもなく少女のように左胸をおさえていた。

私たちが快哉《かいさい》を叫んでいると、珍しくマドより先にナズナがやってきた。試しに納豆をあげると、今回はパクッと食べた。食べ終わってもぺろぺろ舌なめずりし、「もっとちょうだい！」と寄ってくる。

よかった。縄文納豆はナズナ嬢のお気に召したようだ。

ナズナが何か食べているのに気づき、マドも慌《あわ》てて飛んでくる。こちらはもちろん、がっついて食う。縄文納豆のありがたさにも気づいていない。二匹は争うように、納豆をせがむ。

犬たちに納豆をあげながら、トチの葉は優秀だということに気づいた。豆を包む葉は、固すぎると使いづらく（包みにくい）、柔らかすぎると破れやすく傷みやすい。トチの葉はちょうどよい。葉脈も固くないので柔軟に曲げ伸ばしできる。縄文人もきっとこの葉っぱを重宝したにちがいない。納豆だけでなく、他の食べ物を包んだり、お皿のかわりに使ったりしていたのではないか。

世界で最初に納豆を食べた人類は縄文人かもしれない。いや、その可能性は高いだろう。大豆は人体に有害な成分を多く含み、栄養分を摂取しにくい。今でも熟した大豆を煮たり焼いたりするだけで食べる民族はいない。ほとんど発酵食品やもやし、枝豆という形で食べている。野生種に近い大豆はもっと食べにくかったことだろう。それを食用にしていたということは、かなり早い時期に食べやすくする工夫を見つけていたと考えたくなる。ひょっとしたら、納豆にすることで大豆を栽培種化していったのかもしれないと思うほどだ。しかも大豆の栽培化が始まったのは、「中部高原か西関東」というから、ちょうど飯田や八王子を含む地域だ（23）。納豆発祥の地は「うちの近所」だったかもしれない。

そして、縄文人は犬と一緒に暮らしていた。縄文犬は人間と同じものを食べていたと小畑先生は言う。

私は思うのである。最初の最初に納豆を食べたのは縄文犬ではないか、と。

腐った豆だと思えば、最初は捨てる。でも犬ならそれを拾って食べるだろう。犬は人間より本能が優れているので、匂いを嗅《か》いで、「腐っているのではなく食べられる」と判断した可能性が高い。

人間はそれを見ていたのではないか。犬は人間より胃腸が丈夫で多少腐ったものでも平気で食べるという人がいるかもしれないが、仔犬《こいぬ》はどうか。胃腸は決して強くない。そんな仔犬でも腐った豆を食べて下痢一つしない。むしろ元気に走っているのを見たら、飼い主はどう思うか。「俺たちも食えそうだ」と思うのではないか。

というより、そもそも、人は犬の様子を観察してそれが食べられるかどうか判断していたかもしれない。犬という動物にはそんな役割があったのかもしれない。

いや、もっと大事なことは犬がどうこうではない。

人間は昔から未知のものに対する好奇心をもっていたと思うのだ。知らない場所に行ってみる。知らないものを探索してみる。そして、知らない植物や腐ったように見える種をなんやかんや工夫して食べられるようにしてみる。その好奇心やチャレンジ精神こそが人類誕生からの最強のサバイバル術であり、現代にまで至る人間の文化や文明をはぐくむ原動力だったのではないか。

私としては手前納豆的にどうしてもそう思いたくなるのである。

エピローグ　手前納豆を超えて

いったんのめりこむとどこまでも突き進む性格だが、まさか納豆などというものにここまでとり憑《つ》かれてしまうとは取材を始めた頃には夢にも思わなかった。

当初考えていたのは、シャンを中心とした知られざる東南アジア山岳部の民族を、「納豆」という切り口を通して日本の読者に紹介しようというものだった。要するに納豆を〝ダシ〟に使うつもりだったのだ。

ところが、取材を行っているうちに納豆そのものに惹《ひ》かれていった。しまいには日本の納豆にまで突進し、歴史を遡《さかのぼ》ってしまった。シャン文化の導師《グル》センファーがこれを知ったら「おいおい、話がちがうじゃないか」と苦笑するだろう。

いったいどうしてこうなってしまったのだろう。思い返すと、ターニングポイントは他ならぬシャンの納豆を自分で作ったときじゃなかろうか。煮豆を仕込んで三日後に籠《かご》を開けたとき、納豆はよく発酵していたものの、全く糸を引いてなかった。なのに、プックおじさんやキンヌーさんたちは意に介す様子もなく、せんべい納豆の製作にとりかかった。この出来事は私にとって相当のカルチャーショックだった。

なぜなら、それまで日本で二回、ワラで納豆を作ったのだが、二回とも納豆の味はしたものの全然糸を引いておらず、「失敗だ……」と肩を落としていたからだ。味見したあと、残りは捨ててしまった。

「あれは〝失敗〟じゃなかったのか!!」

コペルニクス的転回といってよい。

納豆は強く糸を引くもの――。そういう日本人的先入観から自由になった瞬間である。同時に納豆はご飯にかけるものとか、和食の食材とかいう固定観念からも解放された。

私は主夫なので、帰国後、趣味と仕事と実益を兼ねて、納豆をいろんな料理に入れてみた。結果はというと、「ほぼ何に入れても美味《おい》しい」。

チャーハンに入れてもよし、バターを塗ったトーストに載せてもよし、野菜や肉のチーズ焼きに混ぜてもよし、麺《めん》に入れてもよし、おかゆに放り込んでもよし。

ただ、問題は糸引きである。ラタトゥイユに入れたとき「合わなかった」のも、日本の納豆の粘り気が強すぎるからだ。その証拠に粘り気の少ない黒豆納豆を入れたら見事な「納豆ラタトゥイユ」ができた。サラダも同様。ネバネバしすぎると見栄《みば》えが悪くなったり、スプーンやフォークがべとついて食べにくくなるばかりでなく、糸がソースを吸うため、料理全体の味付けにムラができてしまうのだ。炒《いた》め物のときも粘り気が強いと、フライパンにくっついて焦《こ》げやすい。また、日本納豆の極小粒の豆は味が平板なので、濃い味付けの料理に入れるとかすんでしまう。

そんなときは糸引きが弱くて豆の味がしっかりした納豆がいいのである。すなわち、私が自作して「失敗した」と思った納豆が適している。

要するに、「いろいろな料理に使うには、いろいろな種類の納豆があった方がいい」という、ごく当たり前のことに気づいたのだった。

例えば、私が外国から持ち帰った納豆の中には、衛生的な日本のマンションで食べるには「くさい」納豆がある。市販の日本納豆も発酵しすぎるとときどき、「これはちょっと……」というアンモニア臭を発する（あちこちから持ち帰ったり取り寄せたりした納豆が家の冷蔵庫におさまらず、ベランダに箱ごと放置するので、よくそういう状況に陥る)。

そんなときも「これはダメだ……」と捨てたりしてはいけない。匂《にお》いのキツい納豆はラーメンに入れるとよい。スープの味が濃いせいか、不思議と中和されて良い感じに落ち着くのだ。不良少年をワイルドな現場に放り込んだら意外に使える人材だったという感じだろうか。むしろ、市販の納豆をラーメンに入れると存在感が薄くなってしまう。

「適材適所」とか「多様性」という言葉を目《ま》の当たりにする思いだ。

ちなみに、麺類には何にでも合うが、断然お薦めなのはやはりラーメン。というのは、蓮華《れんげ》があるから。すくいやすいのだ。そばやうどんは納豆を箸《はし》でうまく拾えず苦労する。炒め物も箸ではちょっと苛《いら》つく。中国人（漢族）が納豆から遠ざかった理由は箸と炒め物のせいじゃないかと思えるほどだ。ただし、タイ人のように、スプーンとフォークを用いるなら、納豆炒めは何も問題ない。納豆がどの料理に合うのかは食器や食べ方にも関わってくる。

その意味では洋食は納豆にたいへん適している。とくに粘り気の少ない大粒。

納豆にこだわりだすと、多くの人は大粒を好むようになる。私も妻もそうだ（マドは関係なく何でも好き）。豆の味わいが納豆の本領なのだ。糸引きの強さが気になるのはご飯にかけるときぐらいじゃなかろうか。

糸引きに「強」「中」「弱」があればいいのに、と思う。私だって朝はご飯にかけて食べるから、そのときは「強」がいい。大粒の「強」がいい。極小粒を食べるくらいなら風味のしっかりした挽《ひ》き割りを選ぶ。

とどのつまり、いろんな種類の納豆を個人の好みや用途に応じて食べれば、納豆食の幅が広がっていいだろうということだ。

粘り気に固執する「手前納豆」を超えたところに日本納豆の未来がある。


もう一つだけ語らせてほしい。忘れられない記憶があるのだ。

雪納豆を取材したあと、昔ながらの手造り納豆を作製しつづけている人が全国にちらほらいることを知った。

うち一人は京都市右京区に住む鳥居美恵さん、九十二歳（二〇一五年十一月当時）。京都府は今では世帯別の納豆消費量が全国でも最下位近くなのに、どうして？と大変不思議だったが、訪ねてみれば即座に納得した。右京区でも旧京北町《けいほくちょう》の「山国」という素晴らしい地名で、その名の通り、JR京都駅からバスを乗り継いで一時間半もかかる山奥の細い盆地。まるでシャン州やカチン州の小さな町のようだった。

実はこちらも納豆発祥の伝説がある土地なのだ。南北朝時代にこの地に逃れてきた光厳《こうごん》法皇が発見したとも、あるいは後三年の役にこの地から大量に出兵した記録があり、そのときに（八幡太郎義家が発見した納豆を）持ち帰ったとも言われているらしい(24)。鳥居さん以外に、まだ他にも数軒、納豆を自作している家があるという。

また、ここでは正月に納豆を餅《もち》に包んだ「納豆餅」を食べる習慣が残っている。納豆汁こそないが、やはり納豆が文化として根付いている土地なのだ。

鳥居さんは家族用に、稲藁《いなわら》で納豆を作っていた。手造りにしては相当粘り気の強い納豆である。子供の頃からご両親と一緒に作っていたというから、納豆製作歴八十数年。ギネス級のベテランだ。

一通り、作り方や食べ方などを聞いたあとである。鳥居さんに一つお願いをした。ちょうどそこへ行く直前にブータンの納豆を入手し、持参していたので、味見してもらったのだ。

怪訝《けげん》そうな顔で一口食べた鳥居さんは、驚いた顔で一言「おんなじや」。

ブータンの納豆は糸引きが全くなかったにもかかわらず、日本でおそらく最も長年手造り納豆を食べ続けている人の感性で本質的に「同じ」と認識された。そのことに私は感動した。

さらに面白いのは、鳥居さんの納豆とブータンの納豆は味が驚異的にちがうことだ。鳥居さんのはワインや日本酒風にいえば「華やかでスパイシーな辛口」。一方、ブータンのは「まったりまろやかな甘口」。

市販の納豆にはこれほどの個性の差はない。登喜和食品・遊作社長が「今の納豆は個性がない」と嘆いていたのはまさにこのことだと実感させられた。

にもかかわらず、どちらも完璧《かんぺき》なほどに「納豆」なのである。しかも美味しい納豆。その意味では「同じ」なのだ。銘柄によって全く味が違っても、ワインがワインであり、日本酒が日本酒であるように。

私はこれで心底安堵《あんど》したのである。

近年「納豆」の国際規格化が進められているという話を聞く。今後、日本国内や国際的な規準で「日本の納豆菌を使用していなければ『納豆』と認めない」とか、「ワラから採集した納豆菌から作っているものだけが『納豆』だ」などと決められるかもしれないが、一般の人間には関係ない話である。どんなに権威ある研究機関や団体より、私はこの道八十数年の鳥居さんの感覚を信じたい。

納豆は納豆。それだけだ。

さて、今後についてだが、まだまだ実際に食べたことのない納豆や作り方を見ていない納豆がたくさんある。特に気になるのはブータンのチーズ入り納豆と朝鮮半島のチョングッチャンだ。それから西アフリカで広く食されているという納豆「ダワダワ」。個人的には中世マリ王国の都トンブクトゥでアフリカン納豆を食べてみたい。一体どんな味がするのだろう。見当がつかない。最近はアルカイダ系のイスラム過激派が出没するらしいので注意が必要だが。

最後になったが、今回の納豆取材を進める過程で、東京都立食品技術センターと私が顧問として関わっている株式会社ニムラ・ジェネティック・ソリューションズ（NGS）は「共同開発研究」を行うことに同意し、契約を交わした。本書はその成果の一つという側面も持っており、ブータンとミャンマーの納豆菌については、NGS社が、両国政府の許可を得て、分析や実験を行っていることを明記したい。今後、もし両国由来の納豆から面白い納豆菌が見つかったら、全く新しい納豆が作られる可能性もあり、その際にはもちろん両国に成果を還元する予定だ。

ちなみに、NGS社はブータンの国立生物多様性センターとの共同事業において、ブータンの納豆と納豆菌をデータベース化し、その中から有用な納豆菌を探索することをプロジェクトの柱の一つに想定している。できることなら私もささやかながらお手伝いしたい。

納豆の旅は糸を引きながらどこまでも続くのである。

文献引用

(1)『ミャンマー概説』伊東利勝編（めこん、二〇一一年）、四〇八頁。

(2)『本当に旨い納豆』dancyu 監修（プレジデント社、刊行年不明）、四二頁。
「中国雲南省の『糸引き納豆』」難波敦子、成暁、宮川金二郎（日本家政学会誌 Vol. 49, No. 2、一九九八年）、一九四頁。

(3)『マメな豆の話　世界の豆食文化をたずねて』吉田よし子著（平凡社新書、二〇〇〇年）、七六頁。

(4)『謎の西南シルクロード』鄧廷良著、王矛・王敏編訳（原書房、一九九一年）、一七、一八頁。

(5)『攀枝花《パンジィホア》の咲くところ　雲南タイ族の世界』古島琴子著（創土社、二〇〇一年）、一九―二七頁。

(6)『西南シルクロードは密林に消える』高野秀行著（講談社文庫、二〇〇九年）、九一、二二九、三九二―四〇三頁。

(7)『ミャオ族の歴史と文化の動態　中国南部山地民の想像力の変容』鈴木正崇著（風響社、二〇一二年）、八頁。
『ミャンマー概説』、四八〇―四八三頁。

(8)『物語　タイの歴史　微笑みの国の真実』柿崎一郎著（中公新書、二〇〇七年）、一五一―一三三頁。
「トーヨー新報」二〇一三年八月一日　2012年全国51都市の1世帯当たり購入金額　都市別ランキングより

(9)「朝日新聞」二〇一五年二月一二日夕刊「納豆　美食の国へ渡る」

(10)『納豆の科学　最新情報による総合的考察』木村啓太郎・永井利郎・木内幹編著（建帛社、二〇〇八年）、二二頁。

(11)日本うま味調味料協会HP　https://www.umamikyo.gr.jp

(12)『納豆沿革史』（全国納豆協同組合連合会　一九七五年）、四五頁。

(13)張競・明治大学教授へのインタビューによる。

(14)『納豆沿革史』、一二七―一三〇頁。

(15)『〈歴史〉を創った秋田藩　モノガタリが生まれるメカニズム』志立正知著（笠間書院、二〇〇九年）、一二、一八、一〇六、一二五、一八一、一八四頁。

(16)『照葉樹林文化とは何か　東アジアの森が生み出した文明』佐々木高明著（中公新書、二〇〇七年）、「はじめに」より。

(17)探検家で林業技師の山田高司氏へのインタビューによる。

(18)『全集　日本の歴史　第一巻　列島創世記』松木武彦著（小学館、二〇〇七年）、七八頁。

(19)『照葉樹林文化とは何か　東アジアの森が生み出した文明』、一七七―一八〇頁。

(20)同、一七四―一七五頁。

(21)『納豆沿革史』、二四頁。
(22)「ここまでわかった！ 縄文人の植物利用」工藤雄一郎・国立歴史民俗博物館編（新泉社、二〇一四年）、七〇―八九頁。
(23)同、七九頁。
(24)『納豆沿革史』、三三頁。

謝辞

今回の取材においては、実に大勢の方にお世話になった。中にはお話をうかがったものの、直接的には文章に反映できなかった方々もいる。その方々のお話は間接的には確実に本書の肥やしとなっているので、一緒に御礼申し上げる。

〝納豆総本山〟こと全国納豆協同組合連合会（納豆連）の松永進専務理事と広報担当の緒方則行さんには、まだ私が取材を始めたばかりのときに、納豆について初歩の初歩から丁寧に教えていただいた。

株式会社登喜和食品の遊作誠社長には、藁苞《わらづと》納豆製造の意味や工程を教えていただいたうえ、アジア納豆についてのご意見もうかがった。遊作社長の言うことはそのときわからなくても後になって理解でき、まるで「予言者」のように思うこともあった。

東京都立食品技術センターの細井知弘先生には、ミャンマーとブータンの納豆や私たちが自作した納豆を分析していただいたうえ、納豆菌の作用や特性などについて、たいへん詳しく教えていただいた。

名古屋大学教授の横山智さんは、私を除けば唯一《ゆいいつ》のアジア納豆研究者であり、しかも私よりだいぶ先にその獣道に突っ込んでいったパイオニアである。ご本人のご説明およびその著書『納豆の起源』（ＮＨＫブックス）からは多くのヒントを得、参考にさせていただいた。

株式会社ニムラ・ジェネティック・ソリューションズ（ＮＧＳ）社長の二村聡さんには、ミャンマーとブータンの政府から同国で入手した納豆を分析する許可を取得していただいた。また同社の沼田恵一取締役研究開発部長には微生物学一般についてご教示いただいた。

倉敷芸術科学大学教授の須見洋行先生には、ナットウキナーゼ及び納豆由来の有用な成分についてご説明いただいた。

農研機構・食品総合研究所の稲津《いなつ》康弘《やすひろ》先生には、納豆菌の働きについて伺った。

秋田県の納豆メーカーの方にもお世話になった。美郷町の株式会社ヤマダフーズの新保守さんには同社の歴史および挽《ひ》き割り納豆についてお聞きした。

大仙市のサン食品工業株式会社の柴田了専務には「大保納豆」の由来をご説明いただいたうえ、源義家伝説について示唆《しさ》をいただいた。

「二代目　福治郎」を販売する有限会社ふく屋の古屋和久社長には、横手市における納豆汁の話をうかがい、沼館八幡宮と雄物川郷土資料館をご紹介いただいた。雄物川郷土資料館の学芸員さんには同地の納豆汁について興味深いご指摘を受けただけでなく、志立正知著『〈歴史〉を創《つく》った秋田藩　モノガタリが生まれるメカニズム』（笠間書院）という重要な文献を教えていただいた。

沼館八幡宮の宮川正哉宮司には同神社の歴史および当地の納豆事情についてご教示いただいた。

岩手県全体の納豆事情については、一関市にある株式会社鈴清《すずせい》食品の鈴木達郎社長、そして同県奥州《おうしゅう》市の有限会社すずらん食品の鈴木幸男社長に教えていただいた。

元祖檜山《ひやま》納豆株式会社の十五代目・西村庄右衛門社長には、檜山納豆の由来と秋田県全体の納豆事情についてご教示いただいた。

株式会社笹沼五郎商店の笹沼隆史会長には水戸納豆の歴史についてご説明いただいた。

筑波大学教授の石塚修先生には、日本文学史上に登場する納豆についてご教示いただいた。

明治大学教授で友人でもある清水克行さんには『精進魚類物語』などの文献を紹介

していただいたほか、日本史における食文化についていろいろと伺った。

千葉県在住の栗原和子さんには山形県尾花沢市スタイルの納豆汁の作り方や当時の暮らしぶりを教えていただいた。

元小学館編集者で秋田県能代在住の「Tさん」こと高橋浩太郎さんには、同級生である高橋錬太郎さんをご紹介いただいた。そして、高橋錬太郎さんには文字通り〝秋田県南文化の導師〟として、同地のさまざまな文化をご教示いただいたうえ、取材にも協力していただいた。

岩手県西和賀町の中村キミイさんと一美さんのご夫婦には、雪納豆の完全取材において大変お世話になった。キミイさんの雪納豆に対する深い想《おも》いと一美さんの飄々《ひょうひょう》とした「名言」なくして本書は完成しなかったろう。

雪納豆唯一の情報源である高橋ヒメさんの息子さん、高橋英徳さんには同地の伝統および雪納豆の秘密についてお話を聞いた。

京都市右京区京北塔町山国在住の鳥居美恵さんには今も続く貴重な納豆作りを教えていただいた。息子さんの剛さんにもお世話になった。

京都市大徳寺瑞峯院《ずいほういん》の前田昌道師には「大徳寺納豆」(塩辛納豆の一種)についてご教示いただいた。

在日生活二十年以上のシャン族であるサイ・サムさん（Sai Sam）には、シャン語とシャンの納豆についてご教示いただいた。全《すべ》てはここから始まったといってよい。

広島大学教授の高谷紀夫《たかたにみちお》先生にはシャン（タイ）族の歴史や文化についてご教示いただいた。

ジャーナリストの吉田敏浩さんには、シャン族とカチン族の納豆や食文化についてご教示いただだいた。

明治大学教授の張競先生には中国の納豆事情や食文化についてご説明いただだいた。

ジャーナリストの多良俊照さんにはナガという民族の定義や性質についてご示唆をいただだいた。

熊本大学教授の小畑弘己先生には縄文時代における大豆栽培の状況をご教示いただいたうえ、縄文人が納豆を食べていた可能性を探る方法についてご教示いただだいた。

作家の古処誠二さんには、太平洋戦争中にビルマを占領していた旧日本軍の将兵が納豆を食べていたかどうかお聞きした。

ヤンゴン在住の写真家で友人でもある後藤修身《おさみ》さんはミャンマーの納豆について写真や情報を多数提供してくれた。奥さんのエティダさんは実際に納豆を入手してくれた。また、新婚三日目の後藤家に泊めていただき、これは御礼というよりお詫《わ》び申し上げたい。

かつてミャンマーで辺境旅行会社を経営していた友人の金澤聖太さんには、元部下であるナガ族の女性でヤンゴン在住のションティさんを紹介していただいた。ションティさんは本書には登場しないが、ご両親であるアロンさんとトウテイさん、それに弟のコウ・パイン・ソウさんを紹介してくれた。

同じくヤンゴン在住の友人、横飛裕子《よことびゆうこ》さんにはカチンの納豆について教えていただいた。横飛さんのダンナさんはカチン族で、日本から納豆が届いてもカチン州から納豆が届いても二人で〝取り合い〟になるという。でも、二人ともどちらかといえば、やはり自分たちの納豆がいいとのことである。本文中に書けなかったのでここに記す。

ミャンマーの文学及び文化の研究者である土橋泰子《どばしやすこ》先生、そして同じくミャンマー文学及び文化の研究者にして私の義姉でもある高橋ゆりさんには、ミャンマーにおける納豆をはじめとする食文化についてご教示いただいた。

日本ミャンマー・カルチャーセンターのマヘーマー先生とその夫君の落合清司さんにもミャンマーの納豆やその文化的背景についていろいろと興味深い事柄を教えていただいた。

バンコク在住の雑誌編集者、杉山博昭さんにはタイにおける納豆の状況を教えていただいた。

マガジンハウスの編集者である稲葉小太郎さんには、取材当時「ナポレオンフィッシュ」でシェフを務めていた小山内耕也さんをご紹介いただいた。小山内さんには貴州省の苗族の豆豉を見せていただき、情報も提供していただいた。小山内さんは現在、港区白金にて中国料理店「蓮香《レンシャン》」を経営。貴州省の豆豉を使った料理が食べられるのは日本でここだけだろう。

早大探検部で同期の高橋洋右君と奥さんの孫暁渝さんには、重慶在住の孫さんのお兄さん、孫世中さんをご紹介いただいた。孫世中さんは重慶では宿泊と食事、移動など一切の面倒を見ていただいた。また、これまた孫暁渝さんの友人である譙林梅先生には、中国取材の前後に私の錆《さ》び付いた中国語のリハビリに付き合っていただいただけでなく、中国での納豆事情を調べるのも手伝っていただいた。中国のソーシャルネットワーキングサービス（ＳＮＳ）の使い方も教わり、現地で大変役に立った。

ネパールのカトマンズでレストラン「ムスタン・タカリ・チューロ」を経営するミラン・ラージ・スベディ（Milan Raj Subedi）さんには、流暢な日本語でネパール料理に使われるスパイスや食材について説明していただいた。

韓国料理研究家のジョン・キョンファ先生にはチョングッチャン及び韓国料理全般

について ご説明いただいた。韓国家庭料理研究家のキム・ヨンジョンさんにはチョングッチャンについて話をうかがった。
その他、ここでは書き切れないが、本当に大勢の方々のお世話になった。外国でお世話になった方々は次ページにアルファベットでの名前を列記させていただく。

本書の取材・執筆にあたっては、新潮社の西麻沙子《まさこ》さん、白川絢子《あやこ》さん、青木大輔さんに本当にお世話になった。このお三方は〝新潮納豆組〟とも呼ばれ、ときには仕事だということも忘れて私と一緒に納豆世界へ没入してくれた。もちろん、鋭い指摘も多数いただいた。

竹村拡先輩が何度も取材に同行し、映像撮影を行ってくれたのもありがたかった。先輩と納豆について何十時間語り合ったことかわからない。

最後になったが、妻・片野ゆかとマドが納豆取材に喜んで（たぶん）協力してくれたのは大いに励みとなった。

みなさまに深く感謝申し上げます。

Acknowledgements（外国の方々への謝辞）

I would like to thank all the people who helped my research in Thailand, Myanmar, Nepal and China（Including Bhutanese friends).

〈Chiang Mai & Northern THAILAND〉
Sai Hsenghpa Namhkok, Nang Hkonpaokham Namhkok（Arn）
Sao Kaew, Yay Phin, Sunaree Sumana, Huen Kham

〈Chingtung（Keng Tung)/ MYANMAR〉
Sai Sam, Nang Hong, Lung Kui, Pa Puk

〈Taunggyi/ MYANMAR〉
Pa Nang Lay Nu Hkunhla, Nang Noom Kham, Nang Khin Nu,
Lung Phuek, Me Pa Long, Sai Naung & Nang Tui

〈Mitkyina/ MYANMAR〉
Daw Khawng Naw（Kaprajan), Kiat Kiat Tui,
Ma Zwing Mu Lwin（张如广）

〈NEPAL〉
Rubina Magar, Nita Gurun, Bam Dewan, Rupa Hangma Limbu,
Purna Bahadur Rai, Gopan Shresta

〈Naga/ MYANMAR〉
Shoentei, U Alon, Thaw Tay, Ko Paing Saw, U Gyaw Long,
Ko Pi San, Tung Tie, Inu, Saya Nyang, Tin

〈BHUTAN〉
Singay Dorji, Tshering Gyeltshen

文庫版あとがき

本書を上梓《じょうし》したのは四年前のことだ。夏休みの自由研究のような内容にもかかわらず、想像していた以上に読者のみなさんには驚かれ、感心してもらえた。とりわけ納豆業界や研究者の方々（微生物学、人類学、アジア地域研究、考古学など）に興味を持っていただけたのは嬉《うれ》しかった。

さて、その後、新たに得られた情報をいくつかお知らせしたい。

まず、アジア納豆についてだが、ベトナムとカンボジアからも報告があった。ベトナムは山岳地帯に住むタイ系民族が作っていたというから「さもありなん」という感想だったが、カンボジアは、トンレサップ湖周辺でも作っていると聞き、驚いた。魚が無尽蔵にとれるような場所だからだ。
「魚醬《ぎょしょう》や魚ダシが簡単に入手できるところに納豆があるのか？」と疑問を抱いたが、その情報を教えてくれたカンボジアの人は「（納豆は）魚よりずっと値段が安いですから」と笑っていた。納豆は安い。だから水辺でも食べる人はいるのである。
作家の古処誠二《こどころせいじ》さんには二度にわたり、「シャン州の納豆に触れている資料を見つけました」と文書の当該箇所を写真で送っていただいた。
最初の資料は戦時中、ビルマで諜報《ちょうほう》活動を行っていた國分正三《こくぶしょうぞう》という人物が質疑応答形式で語っているものだ（以下、わかりやすくするため現代仮名遣いに改めた）。
問　納豆はどの辺で食べるのですか。
答　シャンだ。
問　作り方は日本と同じですか。
答　同じだ。
問　藁苞《わらづと》に入れてあるのですか。
答　いや、一般に売る時を見ていると丼鉢《どんぶりばち》の中に入れ、杓子《しゃくし》ですくって目方なんぼなんぼで売っている。日本の納豆のようにあまり糸は曳《ひ》かないが、同じものですね。

問　味噌汁《みそしる》のようなものは……
答　味噌汁もあります。但《ただ》し味噌の作り方がちょっと違い、向こうではペボと言う。ペというのは豆でボというのは腐らせるといった意味ですから、字から言えば豆腐ということになる訳だが、日本で言う豆腐は別にあって、それから作る油揚もある。
(後略)
(南洋資料第三二九号　昭和十八年十二月「ビルマの風俗習慣」(國分正三氏座談)其の一　財団法人　南洋経済研究所)

さすが帝国陸軍の諜報部員、よく調査している。ペボとはビルマ語での納豆の呼び名だ。

もう一つは『菊の防給』(「菊の防給」編集委員会編　汲粋会　一九八〇年)という部隊の回想録。「菊」とはビルマ攻略戦に参加した第十八師団を示し、「防給」とはその防《ぼう》疫《えき》給水部のことである。

当該部分の筆者は、ビルマ・シャン州と中国雲南省の国境近くに滞在していたとき、上司からけっこうな額のお金をあずかり、食べ物の買いだしを行ったという。野菜や肉のほか、「時には糸引き納豆や黄色い豆腐まで持ち込まれて、遠い故国を思い出させた」と明記している。

このように、数万人にも及んだシャン駐留日本軍兵士の中にはごく少数だが、納豆の存在に気づいた者がいたということである。ひじょうに貴重な情報だ。古処さんには心より感謝申し上げたい。

偶然ながら、二つの証言とも豆腐が登場するので、これについても簡単にご説明したい。しばしば「トウフのことを腐った豆と書くけど、あれはもともと納豆のことじゃないのか。日本人が中国から納豆を取り入れたとき、字を間違えたのではないか」と友人知人あるいは読者の方に訊《き》かれるのだが、それは間違いだ。なぜなら中国語でもトウフは「豆腐」と記すからだ。

ネット上のあるサイトには、「『腐』はもともと『腐っている』ではなく『ぶよぶよしている』という意味だ」と書かれているが、私の友人でもある中国文学・言語学研究者の橋本陽介《ようすけ》・お茶の水女子大学助教は、「『腐』にそのような意味があるとはどんな漢字辞典にも載っていないので信用できないですね」と述べている。もしかしたら、西の遊牧民のチーズを見た農耕民が大豆から似たような発酵食品を作り、やがてそれが今の豆腐に変わっていったんじゃないかなどと妄想してしまうが、根拠は何もない。

『菊の防給』に出てくる「黄色い豆腐」とは、今でもシャン族の人がよく食べる、ひよこ豆から作る豆腐だ。ひよこ豆の豆腐には固形ではなくどろどろした状態のものもあり、これに味噌納豆をかけて食べると、寒い冬の朝など最高に美味《おい》しい。

以上が単行本発売後に得られた情報だ。

私自身も納豆探索を続けている。

気になっていた韓国のチョングッチャンについては、悪戦苦闘の結果、驚くべき真実を知ることとなった。幸いにも、「納豆はアジアの辺境食」という私の仮説は覆《くつがえ》されることはなく、むしろ補強され発展した。

そしてアフリカ納豆。サハラ砂漠の周縁地帯で納豆を探すという夢のような取材をおこない、しまいにはハイビスカス納豆やバオバブ納豆といった、日本人の想像をはるかに超える納豆に遭遇した。

また、最後には日本、韓国、アジア大陸、アフリカの納豆を集めて、どの納豆から得られた納豆菌がいちばん美味しい納豆を作るのかを決める、「第一回　納豆菌ワールドカップ」まで開催してしまうなど、夏休みの自由研究感は健在である。

それらの経緯については二〇二〇年八月に刊行予定の『幻のアフリカ納豆を追え！

そして現れたサピエンス納豆』に詳しく記したのでぜひお読みいただきたい。

最後に哀《かな》しいお知らせを。ナガ族の納豆料理を作ってくれた「トウテイ母さん」は単行本刊行直後に亡《な》くなった。取材時、すでに体調が悪そうだったが、頑張って料理を作ってくれていたことを思い出す。

雪納豆の唯一《ゆいいつ》の作り手である中村キミイさんも、二〇一九年に病気で亡くなった。私はその半年ほど前、前述の「納豆W杯」に日本代表として参加してもらうため、キミイさんに頼んで雪納豆を送ってもらっていた。おそらくそれが彼女の作った最後の雪納豆となったことだろう。そして、キミイさんの逝去とともに、雪納豆の歴史は閉じられた。

娘さんによれば、キミイさんは病室に『謎《なぞ》のアジア納豆』の単行本を持ち込み、お見舞いの人たちに嬉しそうに見せていたという。

本書によって、お二人の納豆名人の技術と心遣いを後世に残せればと思う。心より感謝申し上げるとともにご冥福《めいふく》をお祈りします。

二〇二〇年四月　葉桜の東京にて

参考文献

◎書籍

『納豆の科学　最新情報による総合的考察』木村啓太郎・永井利郎・木内幹編著（建帛社、二〇〇八年）
『中華料理の文化史』張競著（ちくま文庫、二〇一三年）
『〈歴史〉を創《つく》った秋田藩　モノガタリが生まれるメカニズム』志立正知著（笠間書院、二〇〇九年）
『ここまでわかった！　縄文人の植物利用』工藤雄一郎・国立歴史民俗博物館編（新泉社、二〇一四年）
『タネをまく縄文人　最新科学が覆《くつがえ》す農耕の起源』小畑弘己著（吉川弘文館、二〇一六年）
『物語　ビルマの歴史　王朝時代から現代まで』根本敬著（中公新書、二〇一四年）
『納豆の起源』横山智著（ＮＨＫブックス、二〇一四年）
『中国の豆類発酵食品』伊藤寛・菊池修平編著（幸書房、二〇〇三年）
『照葉樹林文化とは何か　東アジアの森が生み出した文明』佐々木高明著（中公新書、二〇〇七

年）
『照葉樹林文化の道　ブータン・雲南から日本へ』佐々木高明著（ＮＨＫブックス、一九八二年）
『発酵　ミクロの巨人たちの神秘』小泉武夫著（中公新書、一九八九年）
『納豆の快楽』小泉武夫著（講談社文庫、二〇〇六年）
『本当に旨い納豆』dancyu監修（プレジデント社、刊行年不明）
『物語　タイの歴史　微笑《ほほえ》みの国の真実』柿崎一郎著（中公新書、二〇〇七年）
『マメな豆の話　世界の豆食文化をたずねて』吉田よし子著（平凡社新書、二〇〇〇年）
『聞き書　ふるさとの家庭料理16　味噌《みそ》・豆腐・納豆』農山漁村文化協会編（農山漁村文化協会、二〇〇三年）
『納豆近代五十年史』（全国納豆協同組合連合会、二〇〇四年）
『納豆沿革史』（全国納豆協同組合連合会、一九七五年）
『平安時代の納豆を味わう』松本忠久著（丸善プラネット、二〇〇八年）
『東南アジア市場図鑑【植物篇】』吉田よし子・菊池裕子著（弘文堂、二〇〇一年）
『首狩の宗教民族学』山田仁史著（筑摩書房、二〇一五年）
『韓国食生活文化の歴史』尹瑞石著、佐々木道雄訳（明石書店、二〇〇五年）
『日本の食生活全集③　聞き書　岩手の食事』古沢典夫他編（農山漁村文化協会、一九八四年）
『納豆の研究法』木内幹監修、永井利郎・木村啓太郎・小高要・村松芳多子・渡辺杉夫編（恒星社厚生閣、二〇一〇年）

『日本の食と酒』吉田元著（講談社学術文庫、二〇一四年）
『全集　日本の歴史　第一巻　列島創世記』松木武彦著（小学館、二〇〇七年）
『戦争の日本史3　蝦夷と東北戦争』鈴木拓也著（吉川弘文館、二〇〇八年）
『戦争の日本史5　東北の争乱と奥州《おうしゅう》合戦』関幸彦著（吉川弘文館、二〇〇六年）
『県史3　岩手県の歴史』細井計・伊藤博幸・菅野文夫・鈴木宏著（山川出版社、二〇〇九年）
『県史5　秋田県の歴史』塩谷順耳・冨樫泰時・熊田亮介・渡辺英夫・古内龍夫著（山川出版社、二〇一〇年）
『エミシ・エゾからアイヌへ』児島恭子著（吉川弘文館、二〇〇九年）
『シャン（Tay）語音韻論と文字法』新谷忠彦、Cao Caay Hän Maü 著（アジア・アフリカ言語文化研究所、二〇〇〇年）
『ネパールを知るための60章』日本ネパール協会編（明石書店、二〇〇〇年）
『ブータン「幸福な国」の不都合な真実』根本かおる著（河出書房新社、二〇一二年）
『入門ナガランド　インド北東部と先住民を知るために』多良俊照著（社会評論社、一九九八年）
『ミャンマー概説』伊東利勝編（めこん、二〇一一年）
『ミャオ族の歴史と文化の動態　中国南部山地民の想像力の変容』鈴木正崇著（風響社、二〇一二年）
『謎の西南シルクロード』鄧廷良著、王矛・王敏編訳（原書房、一九九一年）
『攀枝花《パンジィホア》の咲くところ　雲南タイ族の世界』古島琴子著（創土社、二〇〇一年）

『西南シルクロードは密林に消える』高野秀行著（講談社文庫、二〇〇九年）
『ミャオ族の歴史と文化の動態　中国南部山地民の想像力の変容』鈴木正崇著（風響社、二〇一二年）
『最新　納豆製造法』村松舜祐・成瀬金太郎著（明文堂、一九五〇年）
『御伽草子《おとぎぞうし》　精進魚類物語　本文・校異篇』高橋忠彦・高橋久子・古辞書研究会編著（汲古書院、二〇〇四年）

◎論文
「納豆のルーツを求めて」原敏夫（化学と生物 Vol.28, No.10, 1990）
「ネパールの発酵食品　ネパールの麹《こうじ》『マーチャ』と納豆様大豆発酵食品『キネマ』」新国佐幸（日本調理科学会誌 Vol.29, No.3, 1996）
「中国雲南省の『糸引き納豆』」難波敦子、成暁、宮川金二郎（日本家政学会誌 Vol.49, No.2, 1998）

◎新聞記事
“Soya cheese goes commercial” Bhutan Observer, 6 June 2010
「2012年全国51都市の1世帯当たり購入金額」二〇一三年八月一日、トーヨー新報

「納豆　美食の国へ渡る」　二〇一五年二月一二日、朝日新聞夕刊
「納豆人気　中国上陸」　二〇一五年一〇月一九日、朝日新聞夕刊

解説

小倉ヒラク

書店で本書を手にとって、巻頭パラパラと数ページめくってからこの解説文で概要を知ろうとする人も多いと思うので、まず結論から言う。

この本は傑作だ。あなたの納豆観を覆《くつがえ》し、しかも納豆を入り口にアジア中の辺境民族文化の旅へと誘《いざな》い、さらに現代におけるディープな旅とは何か？という問いかけまでが含まれている。「買おうかな？どうしよっかな？」と悩んでいる暇はない。今すぐレジに持っていって納豆を食べながら本書を貪《むさぼ》るように読まれたい。以上終わり！

…というのは解説文としては不親切なので、数ページもらって本書の魅力、そして納豆文化の魅力についてガイドしようと思う。申し遅れたが、僕は発酵文化の専門家として、世界各地の不思議な発酵食や微生物を訪ねてまわるのを生業《なりわい》としている。本文中の著者の問いかけに僕なりに答える形式で、本の理解をさらに深める手伝いができれば幸いだ。（ちなみにここから先はネタバレを多数含むので、もう絶対に買う！

と決めた人はここで本を閉じてレジに直行されたい）

高野秀行さんとの出会いは二〇一七年。高田馬場にあるシャン族料理店、ノングインレイだった。高野さんと僕の母校である早稲田大学の広報誌の企画で、世界の辺境食を巡る旅についての対談を打診されたのだ。編集部から「対談場所の希望はありますか？」と聞かれノングインレイを指定したら、なんと高野さんも同じくこの店を希望していたらしい。

本書はミャンマー山岳民族、シャン族の納豆「トナオ」との邂逅《かいこう》から始まる。トナオは煮大豆に納豆菌をつけて二晩発酵させ、それを薄く伸ばしてからパリパリに乾燥させたおせんべい状の納豆だ。シャン族流の調理法では砕いて炒《いた》めものに使ったり、さらに香辛料をまぜて料理の味付けにつかう。現在日本で一般的な納豆の食べかたはご飯にかけて食べる「主食のおとも」だが、シャン族の文化では調味料に近い使われ方もする。このエピソードでまずあなたの「納豆観」がコペルニクス的転回を遂げるだろう。納豆は単なるおかずにとどまらず、味のベースとなる「基本調味料」でもあるのだ。本書では東南アジアからインド文化圏へと続く西南シルクロード（高野本の愛読者ならご存知だろう）に散在する謎《なぞ》のアジア納豆たちを紹介、時に自分で再現しながら納豆という概念の拡張をあの手この手で試みる。シャンのスパイス納豆や味噌《みそ》納豆、ネパールの漬物納豆やスープ納豆、もちろん日本の糸引き納豆もあるのだが、これらは広大な納豆ユニバースのいちバリエーションでしかない。

僕の友人のカレーやスパイス料理の専門家による主張では「インドにカレーという料理はない。むしろガンジス＝川と同じレベル※で料理＝カレーと言ったほうがいい」のだそうだ。同様に、著者が訪ねた土地においては、納豆は単一のレシピというより、料理の基礎となるOS（オペレーションシステム）のように機能しているものなのだ。

※ガンジスはもともとサンスクリット語で「川」を意味する単語

つまり納豆は脇役《わきやく》でなく主役。日本の味噌や醤油《しょうゆ》のように日々の食事になくてはならないもの。そういう意味で、日本よりもシャンやナガのほうが納豆をより使いこなす「納豆先進国」であると言える。この衝撃だけをもってしても価値のある本なのだが、著者はそこからさらにディープな領域へと踏み出す。

アジアの納豆文化を訪ねた後は、日本へと舞台が移る。アプリ（主食のおとも）ではなく、料理のベースとなるOSとしてのアジア納豆が果たして日本に存在しているのだろうか？　そのヒントは東北にある。秋田の納豆汁や岩手の雪納豆など、米の相

性や糸引き具合を必ずしも重視せず、旨味《うまみ》や香りに着目したオルタナティブ納豆にたどり着いた著者は、

「実は糸引き納豆はたまたま現代日本でメジャーになっただけで、起源はアジア納豆的なものであったのではないか？」

と仮説を立てることになる。ここから本書はビックリグルメ本の範疇《はんちゅう》を超え、納豆というテーマでアジアの食文化のダイナミズムを紐解《ひもと》く人類学的な展開を迎えることになる。文章が面白すぎるので、すいすい読み進めてしまうのだが、第九章あたりから明らかにギアが変わる。意識して読まれたい。

さて。ここでいったん納豆の基本的な定義をすることにする。蒸すか煮るかした大豆に、枯草菌と呼ばれるバクテリア（Bacillus Subtilis）の変種である納豆菌をつけて発酵させ、風味を増したものが納豆、と本書では定義されている。日本では「大徳寺納豆」や「浜納豆」のように、同じ大豆を使いながらバクテリアではなくカビ（麹《こうじ》菌《きん》）で発酵させたものもあるが、これは中国の豆豉《トウチ》の系譜なので一旦《いったん》脇におく。納豆菌は30℃以上（糸引きを強くしたい場合は40℃以上）の温暖で湿った環境で活発に増

殖し、主に豆の糖分を分解して旨味をつくる。西南シルクロード沿いや日本の温暖湿潤な気候で発達し乾燥した冷涼な北アジアでは見られないのは、気候風土の影響が大きいだろう。ただし納豆菌の属する枯草菌自体は世界中に見られるメジャーな野良《のら》菌だ。僕は毎年ヨーロッパで欧米の微生物研究者と話す機会があるのだが、みんな実験に使いやすい枯草菌の存在は知っていても、納豆の話をすると「えっ、食べものに使うの？」と怪訝《けげん》な顔をされる。

話が逸《そ》れた。現代日本において納豆に期待されるのは、ご飯と相性のいい「糸引き具合」であり、アジア納豆のワイルドな香りや豆の食感はあまり重視されない。しかし本書に登場するアジア納豆は必ずしも日本のように高温度で加温せず、糸引きよりも風味を重視する。この系譜は日本において岩手の雪納豆。僕もキミイさんのもとを訪ねて一緒に雪納豆をつくらせてもらったのだが、低温で発酵させた納豆は大豆のホクホク感や滲《にじ》み出てくる旨味が特徴で、ご飯のおともというより、そのままおかずとして、あるいは酒のアテにしたいような味だった。

それでは人類学的な納豆のパースペクティブに話を戻そう。ミャンマーのシャンやネパールのナガ、東北内陸の山間地など、アジア納豆が分布している場所を訪ねてみると、そこが山地の民族の世界であることに著者は気づく。なぜ山間地で納豆なのか？それは魚醬《ぎょしょう》などをつくる水産物が手に入りづらく、かつ流通から隔離されて街で生産される調味料が手に入りづらい。つまるところ「辺境民族」だからこそ、自前で手に入る豆からなんとか料理を美味《おい》しくする調味料兼おかずである万能食材、納豆を生み出して重宝しているのではないかと推測する。つまり「納豆はアジアの山岳辺境民の食のシンボルなのではないか？」と、各地に散在する多種多様な少数民族文化を納豆でマッピングする独創が炸裂《さくれつ》する。この視点には僕も「なるほど！」と膝《ひざ》を打った。

後半、納豆と味噌の境界はどこかという興味深い問いが出てくるのだが、これについては僕にも心当たりがある。青森県十和田《とわだ》に「ごど」という不思議な納豆がある。これは手作りに失敗した納豆に麹と少量の塩を混ぜてドロドロに発酵させ、旨味と酸味を加えた「納豆菌×麹菌×乳酸菌」のトリプル発酵による、ラーメンのトッピング全部載せのようなアヴァンギャルドな発酵ブツだ。十和田周辺は湿地帯で現代になるまで米作が根付かず、豆を主食として食べる文化があった。当然お母さんたちが日々納豆を手作りすることになるのだが、納豆を自分で作った人ならおわかりの通り、温度管理を失敗すると酸っぱくてビシャッとした、なんならアンモニア臭のするイマイチな納豆ができあがってしまう（本書には手作り納豆は博打《ばくち》のようなものだという記述がある）。この納豆に麹を混ぜたら食べられるようになるのではないか？というのが「ごど」のスタートだ。

実は山形や岩手など他の地域にも納豆と麹を混ぜる文化があるのだが「ごど」のポイントは塩分が少ないこと。これによってどうやら乳酸発酵が促進されるようだ。ごどは発酵浅めのソフトタイプはご飯にかけて食べたり雪納豆のようにおかずにするのだが、麹の酵素でドロドロに溶け、さらに乳酸発酵が進んだ状態のハードタイプ（見た目はネパールの古納豆によく似ている）は、なんと調味料にして使う。炒めものに入れたり、ドレッシングのように野菜にかけるお母さんもいる。これはどう考えてもアジア納豆の系譜にあると言えよう。

大豆に麹と塩を混ぜ、多様な菌で醸《かも》しペースト状にする。そしてそれを調味料に使う。これは言ってみれば納豆であるとも味噌であるともいえる。アジア的な気候で大豆を醸すと、多様な発酵菌たちが入ってきてしまう。アジアの主食、米や豆や麦など穀物に含まれるでんぷん質や糖分、タンパク質などは、納豆菌や麹菌はじめ、多種多様な微生物が好むエサだ。日本酒の醸造家たちには、酒造りの季節になると納豆を食べない、という慣習があるのだが、これは酒の原料から納豆菌をシャットアウトしたいということだ。納豆菌は温暖な環境下では他の微生物を圧倒する強靭《きょうじん》な菌。酒や味噌の原料となる麹をつくる時に、温度を上げすぎると納豆のようにヌルッとした麹(すべり麹と呼んだりする。僕も一度ほど作ってしまったことがある)ができてしまう。醤油も仕込み中の手入れを怠《おこた》ると、納豆菌が混入してしまう。そして納豆菌は雑菌を駆逐してしまうのに、乳酸菌のような発酵菌と共生する謎の特性も持っている。

つまりだな。気を抜くと麹は納豆になってしまうし、納豆は味噌になってしまうのだ。温暖湿潤なアジアでは、発酵菌たちのエサや環境はかぶってしまう。だから工業的に厳密に管理しないかぎり、著者が見てきた「手作りの世界」では納豆も味噌も醤油もグレーゾーンに同居することになるのかもしれない。

それでは最後に、大学時代からの大ファンとして、この本をきっかけとしてさらなる高野ワールドへのディープ旅を提案したい。前述の「グレーゾーンのおおらかさ」は数多い高野本に通底するテーマではないかと僕は思っている。多民族が混じり合うアジアでは、言語や宗教、価値観もまた多種多様。特に著者の好む国境のボーダー地帯では、交わらなさそうな文化が混じり合ってしまう。『イスラム飲酒紀行』は、タブーの裏側にある愛すべき酒好きの実態を描いた、おおらかにも程がある快作だ。そして納豆文化の伝播《でんぱ》ルートである西南シルクロードの危険地帯を旅した『西南シルクロードは密林に消える』はハードコアな旅のルポルタージュの傑作。本書の続編とも呼べそうな、世界中の辺境食を食べ歩く『辺境メシ　ヤバそうだから食べてみた』も高野節が炸裂する痛快な一冊。さらに次作としてアフリカや韓国などさらに未知なる納豆文化をレポートする納豆本が近々刊行予定だそうだ。

「誰も行かないところへ行き、誰もやらないことをやり、それをおもしろおかしく書く」

をモットーに世界各地の辺境を踏破してきた高野さん。世界中が観光地化され、地球の隅々までGPSが張り巡らされ、どんな風景もSNSで手軽に共有される。そんな時代の「探検」は、もしかしたら単なる「場所に行くこと」を突き抜けて、旅を通して既知の感覚を覆すことにあるのかもしれない。「食べる」という行為は日常的なものであると同時に、実は己の感覚を拡張し、新たな世界の扉を開く非日常の要素も含んでいる。旅の本質を「未知の世界を体験すること」だとすると、食の世界にはまだまだフロンティアが残っている。

納豆という身近な文化にコペルニクス的転回をもたらし、アジアの雑多でおおらかな民族世界への旅へと誘い、謎のアジア納豆を食べに世界を旅したい！と思わせる本書は、探検の達人である著者がたどり着いた、新たな旅の提案だ。この提案に乗らないテはない。活字の旅が終わったら、次は納豆をめぐる冒険に出発だ！

（二〇二〇年四月、発酵デザイナー）

この作品は二〇一六年四月新潮社より刊行された。

謎《なぞ》のアジア納豆《なっとう》
そして帰《かえ》ってきた〈日本納豆《にほんなっとう》〉

新潮文庫　た－131－1

令和二年六月一日発行

著者　高《たか》野《の》秀《ひで》行《ゆき》

発行者　佐藤隆信

発行所　株式会社新潮社

郵便番号　一六二―八七一一
東京都新宿区矢来町七一
電話 編集部(〇三)三二六六―五四四〇
読者係(〇三)三二六六―五一一一
https://www.shinchosha.co.jp

価格はカバーに表示してあります。

乱丁・落丁本は、ご面倒ですが小社読者係宛ご送付ください。送料小社負担にてお取替えいたします。

印刷・大日本印刷株式会社　製本・加藤製本株式会社

ISBN978-4-10-102151-5 C0195